Marketing Management 6

Herausgegeben von Günther Haedrich
in Zusammenarbeit mit
Edgar Kreilkamp und Alfred Kuß

Günther Haedrich · Roland Berger

Angebotspolitik

W
DE
G

Walter de Gruyter · Berlin · New York 1982

Dr. Günther Haedrich,
Professor für Allgemeine Betriebswirtschaftslehre und Marketing am Institut für Markt- und Verbrauchsforschung der Freien Universität Berlin

Roland Berger,
Geschäftsführer und Mitinhaber der Fa. Roland Berger & Partner GmbH, International Management Consultants, München

Das Buch enthält 47 Abbildungen, 27 Tabellen und 15 Übersichten

CIP-Kurztitelaufnahme der Deutschen Bibliothek

Haedrich, Günther:
Angebotspolitik / Günther Haedrich ; Roland Berger. – Berlin ; New York : de Gruyter, 1982.
(Marketing-Management ; 6)
ISBN 3-11-007410-9
NE: Berger, Roland:; GT

 Satz und Druck: Arthur Collignon GmbH, Berlin. Bindearbeiten: Dieter Mikolai, Berlin. Einbandentwurf: Dirk Ulrich, Berlin. – Printed in Germany.

Vorwort

Über Produktpolitik ist viel geschrieben worden, gerade in den letzten Jahren. Die meisten Autoren betrachten allerdings das Produkt isoliert und nehmen nicht oder nur am Rande Bezug auf Instrumente, die untrennbar mit produktpolitischen Entscheidungen des Unternehmens verbunden sind, z. B. Produktausstattung, Verpackung, Kennzeichnung des Produktes und Service. Außerdem wird der Produktpreis vielfach stiefmütterlich behandelt; hier liegen erst in jüngerer Zeit Ansätze vor, die den Preis als wichtige und gleichberechtigte Instrumentalvariable des Marketing begreifen und sich damit abkehren von der „klassischen" Preistheorie, die für eine erfahrungswissenschaftliche Disziplin wenig aussagekräftig ist.

Das vorliegende Buch geht von einem neuen, *strategieorientierten Ansatz* aus: *Produkt* und *Preis* werden – mit den jeweils dazugehörigen Instrumenten – als *Leistungseinheit* aufgefaßt, die sich in dem *Angebot* des Unternehmens konkretisiert. In dieser Vorgehensweise kommt der *praxisbezogene* Aspekt zum Tragen, der dem Buch als Leitlinie dient: In einem theoretisch fundierten Rahmen, dessen Gerüst die einzelnen Instrumente der Angebotspolitik bilden, erscheinen der *Phasenablauf* der Angebotsplanung und Entscheidungen zur *Markenführung* (Variation, Differenzierung, Eliminierung) und zur *Erweiterung des Angebotsumfanges* mittels *Diversifikation* in neuem Licht.

Die Darstellung konzentriert sich dabei auf *wesentliche Kernprobleme* der Angebotsplanung, und die Anwendung der theoretischen Grundlagen erfolgt im zweiten Teil anhand von zwei Fallbeispielen aus der Praxis der Angebotsplanung der Unternehmensberatungsfirma Roland Berger & Partner International Management Consultants, München. Wir glauben, mit diesem Buch einen nützlichen Beitrag für Studierende und Praktiker in Industrie- und Dienstleistungsunternehmen zu liefern.

Herrn Dipl.-Kfm. Edgar Kreilkamp, wissenschaftlicher Mitarbeiter am Institut für Markt- und Verbrauchsforschung der Freien Universität Berlin, der den theoretischen Beitrag im Teil II zum Thema „Portfolio-Managment: Analyse und Planungskonzept auf der Basis strategischer Erfolgsfaktoren" verfaßt hat, um das nachfolgende Planungsbeispiel einzuleiten, gebührt besonderer Dank, ebenso Frau Dipl.-Kfm. Hannelore Selinski und Herrn Dipl.-Kfm. Manfred Adam für die Mühe, die sie sich mit der kritischen Durchsicht des Manuskripts gemacht haben.

Berlin und München, im September 1981

Günther Haedrich
Roland Berger

Inhalt

I. Theoretische Grundlegung

1. Der Entscheidungsrahmen für angebotspolitische Maßnahmen

1.1 Stellung der Angebotspolitik im Rahmen der Instrumentalbereiche

Der Begriff *Angebotspolitik* stellt in der absatzwirtschaftlichen Literatur ein Novum dar. Angebotspolitik umschließt die Bereiche *Produkt-* und *Preispolitik*, und die begriffliche Zusammenführung soll der Tatsache Rechnung tragen, daß jede Planung in dem Instrumentalbereich *Produktpolitik* zwangsläufig parallel zu treffende *preispolitische Entscheidungen* herausfordert. In der Praxis der Marketingplanung werden preispolitische Maßnahmen häufig automatisch produktpolitischen Entscheidungen zugeordnet, wodurch die Interdependenzen unterstrichen werden, während in der Literatur die notwendige Verzahnung und Abstimmung beider Planungsbereiche oft nur am Rande berücksichtigt wird.

Das Angebot eines Unternehmens – als Ausdruck seiner Leistungssubstanz und Kommunikationsbereitschaft mit dem Markt [1] – ist nach der hier vertretenen Auffassung eine Ganzheit aus einer Vielzahl produkt- und preispolitischer Entscheidungen, die in engem Zusammenhang stehen. Berger, der diese Zusammenschau der Betrachtung eingeführt hat, spricht von „Leistungs- oder Angebotspolitik" und geht folgerichtig davon aus, daß durch Maßnahmen in diesem Planungsbereich der *Wert* eines Angebots bestimmt wird, während durch die Vertriebs- und Strukturpolitik, häufig Distributionspolitik genannt, die *Verfügbarkeit*, durch die Kommunikationspolitik das *Image* eines Angebots festgelegt werden (Abb. 1) [2]. Der Wert bzw. die Wertigkeit ergibt sich wiederum aus dem Zusammenwirken zahlreicher Sub-Instrumente, auf die in Abschnitt 1.2 eingegangen werden soll; besondere Rücksicht ist dabei auf die *komplementären* Einflüsse zu nehmen, die zwischen einzelnen Instrumenten bestehen.

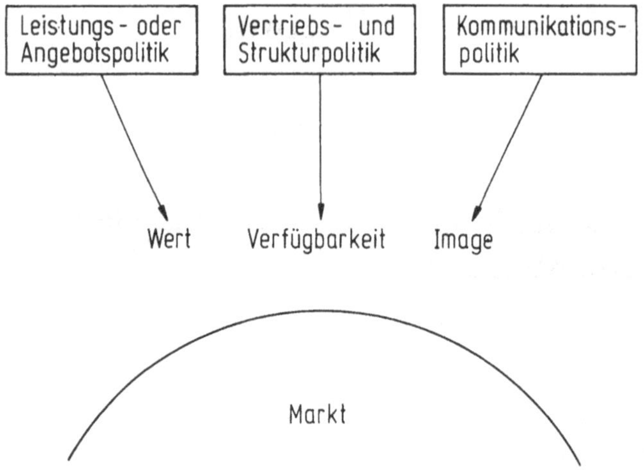

Abb. 1 Wirkungsweise der Instrumente Angebot, Vertrieb und Kommunikation

Sämtliche im Hinblick auf einzelne Instrumente zu treffenden Teilentscheidungen richten sich nach der *Angebots-Positionierung* als zielgerichteter Maßnahme der Differenzierung des Angebots vom Wettbewerb aus, die – auf der Basis einer gründlichen unternehmensinternen und marktlichen Informationsanalyse – eine Leitlinie für die Angebotsplanung liefert. Mit anderen Worten: Die Problemstellung lautet, Leistungen für den Markt vor dem Hintergrund konkreter angebotspolitischer Zielvorstellungen des Unternehmens zu entwickeln und zu realisieren. Bei der oben eingeführten Untergliederung der Marketinginstrumente in drei große Instrumentalbereiche spielt der Angebotssektor insofern eine maßgebliche Rolle, als die Marketingziele eines Unternehmens – konkretisiert in quantitativ umrissenen Marktanteils-, Absatz-, Umsatz- und Gewinnvorgaben – eng mit den angebotspolitischen Chancen zusammenhängen. Die *Sachzielsetzung*, auf bestimmten Märkten tätig zu werden, ist eine konstitutive Entscheidung, die das Unternehmen zunächst für einen festgelegten Zeitraum bindet; sie wird im Hinblick auf bestimmte Absatz- und Gewinnvorstellungen in diesen Märkten gefällt und kann revidiert werden, sofern sich neue Voraussetzungen ergeben. In jede sachliche Entscheidung sind an erster Stelle produktpolitische Entscheidungen involviert: Es gilt, „die Produktlinie zu fixieren, also den Rahmen abzustecken, innerhalb dessen das Unternehmen mit spezifischen Leistungen als Anbieter auftreten will. Es sind Entscheidungen über den Qualitätsstandard, die Präferenzschwerpunkte u. ä. zu treffen."[3] Lazo und Corbin sprechen in diesem Zusammenhang von der

Produktplanung als dem Herzen des modernen Marketing [4] – wobei nach unserem Verständnis produkt- und preispolitische Aspekte nicht voneinander getrennt werden können.

Unmittelbar damit zusammen hängen Entscheidungen über die Distribution des Angebots. Im Hinblick auf die Angebotsplanung ist es beispielsweise keineswegs gleichgültig, wie ein Verkaufssystem zu strukturieren ist, um das aufgestellte Marketingziel zu realisieren. Konkret gesagt: Wenn die Aufgabe etwa lautet, eine neue Zahnpasta zu konzipieren, die aufgrund der Erfolgsaussichten in erster Linie für die Vertriebsform Lebensmittel-Selbstbedienung bestimmt ist, wirken auf die Produktplanung sicherlich distributionspolitische Gesichtspunkte ein, die sich u.a. in der Ausstattung des neuen Produktes niederschlagen werden. Ebenso ist durch die getroffene Absatzwege-Entscheidung ein bestimmter Preisrahmen vorgegeben. Das komplementäre Zusammenwirken zwischen Angebots- und Distributionsplanung wird noch deutlicher sichtbar bei einem Unternehmen mit einem eingespielten Distributionssystem: Einerseits ist es zweckmäßig, das durch das entsprechende Distributions-Know-how gegebene Verkaufspotential möglichst voll zu nutzen, indem sich die Angebotsplanung auf die Distributionsmöglichkeiten einstellt (Ausschöpfung „angestammter" Märkte, in denen das Unternehmen für kompetent gehalten wird); auf der anderen Seite müssen die Gefahren beachtet werden, die u.U. mit einer Verlagerung der Distribution verbunden sein können. Abgesehen von Abwehrreaktionen der Abnehmer in traditionellen Märkten und Distributionskanälen resultieren viele Mißerfolge in diesem Zusammenhang aus einer Überschätzung der eigenen Ressourcen.

Obwohl Maßnahmen in dem dritten Instrumentalbereich – der Kommunikation – auf eine vorgelagerte Angebots- und Distributionsplanung angewiesen sind, sind auch hier komplementäre Überlegungen zu berücksichtigen: Beispielsweise wirken sich Vorstellungen über den Produktpreis auf die Gestaltung kommunikationspolitischer Maßnahmen aus; welche Aktivitäten im Bereich der Kommunikation unternommen werden, hängt u.a. mit dem Lebenszyklus eines Angebots eng zusammen (vgl. auch Abschnitt 3.2).

Abbildung 2 veranschaulicht die Zusammenhänge zwischen der Angebotsplanung und der Planung der Instrumente Distribution und Kommunikation anhand des Marketing-Zielsystems. Das *Marketingziel* ist aus strategischer Sicht dominant; um es realistisch formulieren zu können, ist die Abstimmung mit der *Angebotsstrategie* (d.h. mit realistischen Angebotszielen und -maßnahmen) notwendig. Zwischen *Marketing-* und *Unternehmensziel* ergeben sich insofern gegenseitige Beeinflussungsprozesse, als das Unternehmensziel seinerseits Restriktionen setzen kann (z.B. finanzieller Art), die Auswirkungen auf das Marketingziel und auf die Angebotsstrategie nehmen können.

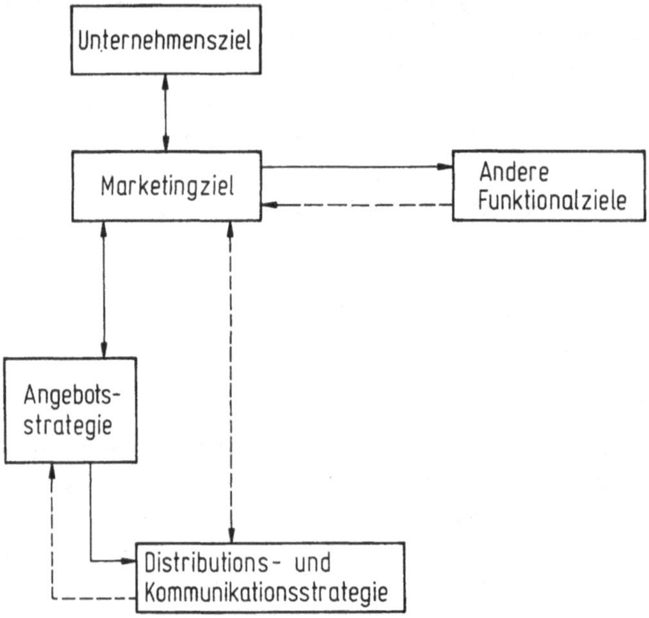

Abb. 2 Planungszusammenhänge, dargestellt anhand des Marketing-Zielsystems

Sind Marketingziel und Angebotsstrategie fixiert, dann sind davon ausgehend die anderen unternehmerischen Funktionsziele festzulegen, ebenso kann jetzt die detaillierte Planung der Distributions- und Kommunikationsstrategie vorgenommen werden (ausgezogene Pfeile in Abb. 2). Die gestrichelten Linien deuten Rückkopplungen an; sie berücksichtigen Einwirkungsmöglichkeiten der Distributions- und Kommunikationsstrategie auf die Angebotsstrategie (die durch die dargestellten komplementären Prozesse zustandekommen), direkte Wechselbeziehungen zwischen Marketingziel und Distributions- bzw. Kommunikationsplanung (etwa, wenn die Distributions- bzw. Kommunikationspolitik Restriktionen für die Marketingplanung setzen), ferner mögliche Einflußnahmen der Ziele für die übrigen unternehmerischen Funktionsbereiche auf das Marketingziel (z.B. in Form von Produktions- oder Personal-Restriktionen).

Marketingplanung darf niemals als Einbahnstraße aufgefaßt werden; wenn die Angebotsplanung als „Herz des Marketing“ apostrophiert wird, so soll damit vielmehr die Bedeutung einzelner angebotspolitischer Teilentscheidungen und Teilstrategien im Rahmen der Marketingplanung hervorgehoben werden. Der Angebotsbereich nimmt auf die Marketing-Zielsetzung und die Realisationschancen von Marketingzielen so starken Einfluß, daß es vorrangig ist, diese beiden strategischen Zielsysteme in Einklang zu bringen, einerseits, um die in dem Angebotspotential des Unternehmens liegenden Möglichkeiten voll zu nutzen, auf der anderen Seite, um den Gefahren zu entgehen, die aus der unrealistischen Fixierung von Marketingzielen resultieren können. Gleichzeitig wird eine Konsequenz deutlich: Die Marketingzielsetzung ist den Angebotszielen hierarchisch übergeordnet, und es kommt darauf an, die in dem Angebotssektor möglicherweise liegenden Restriktionen mindestens mittel- bis langfristig zu überwinden, indem Engpässe in anderen Bereichen des Unternehmens – u.a. in der Produktion, der Beschaffung, dem personellen Sektor – beseitigt werden. Unter Umständen können kurzfristig „Übergangs-Strategien“ eingesetzt werden – z.B. der Zukauf zur Zeit nicht herstellbarer Produkte von anderen Lieferanten.

1.2 Das Instrumentarium der Angebotspolitik

1.2.1 Überblick über die Instrumente

Ausführungen über die *Produktpolitik* beschäftigen sich auch in der neueren absatzwirtschaftlichen Literatur überwiegend mit produktpolitischen Entscheidungen i.e.S.: „Produktpolitik umfaßt alle an den unternehmerischen Zielsetzungen orientierten Strategien, die darauf gerichtet sind, neue Produkte oder Produktgruppen auf den Markt zu bringen (Produktinnovation), bereits auf dem Markt befindliche Produkte zu modifizieren (Produktvariation) oder bisherige Produkte oder Produktgruppen aus dem Programm herauszunehmen (Produktelimination).“ [5] Anschließend ist bei Bidlingmaier davon die Rede, daß bei Entscheidungen bezüglich der Sortimentspolitik – ausdrücklich eingegrenzt auf Dienstleistungs-, insbesondere auf Handelsbetriebe – die Ausführungen über die Produktpolitik analog Anwendung finden können. Das produktpolitische Instrumentarium der Herstellerbetriebe wird von Bidlingmaier auf diese Weise eindimensional dargestellt, indem die Aufmerksamkeit des Planers lediglich auf das Produkt i.e.S. gelenkt wird; nur indirekt fließen Gesichtspunkte ein, die das Produktprogramm, die Produktausstattung, die Verpackung oder Kennzeichnung des Produktes betreffen. Die Tatsache, daß Entscheidungen beispielsweise über die technische Beschaffenheit eines Produktes eine Fülle paralleler bzw. zeitlich nachgelagerter Maßnahmen auslösen, die erst in ihrer Gesamtheit die angestrebte Positionierung eines Produkts im Markt ergeben – wobei der Positionierungskern nicht unbedingt aus einem technischen Qualitätsvorteil des Produktes („Hardware") zu resultieren braucht, sondern u.U. auf „Software"-Faktoren wie Ausstattung oder Service beruhen kann – bleibt unberücksichtigt. Der praktischen Handhabung der Instrumente der Produktpolitik, über die im folgenden zu sprechen sein wird (vgl. die Abschnitte 1.2.2 bis 1.2.5), dient das folgende Untergliederungsschema (Abb. 3).

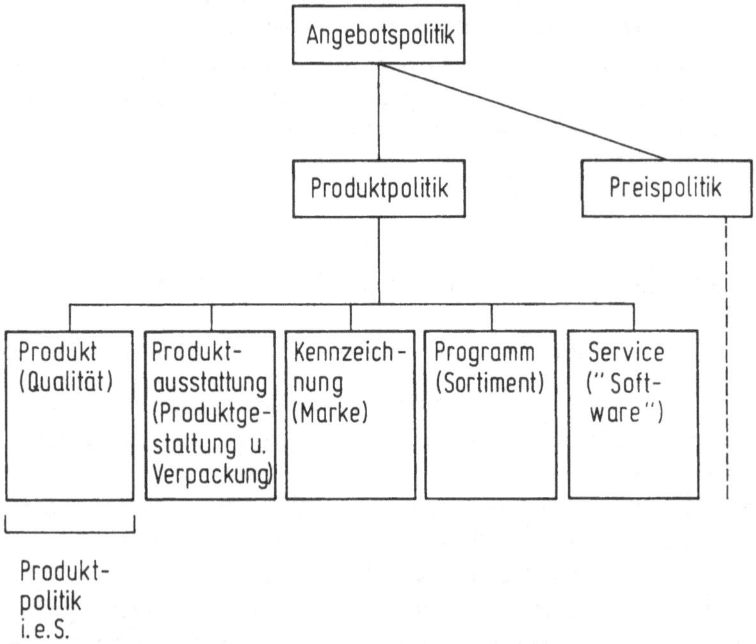

Abb. 3 Instrumentarium der Produktpolitik

Nieschlag/Dichtl/Hörschgen tragen diesen Gedanken neuerdings deutlicher durch die Ausgliederung und getrennte Abhandlung der Produkt- und Programmpolitik als Elemente des Marketing-Mix Rechnung [6]; innerhalb des Abschnittes „Programmpolitik" werden auch die Instrumente Garantieleistung und Kundendienst (in Abb. 3 unter „Service“ zusammengefaßt) gesondert gewürdigt, während Gestaltungs-, Verpackungs- und Kennzeichnungsgesichtspunkte im Rahmen des Gestaltungsspielraumes eines Produktes dargestellt werden.

Die *Preispolitik* – die zweite Komponente der angebotspolitischen Planung – hängt eng mit konditionspolitischen Entscheidungen zusammen, die dem Unternehmen als wichtige Steuerungsfaktoren dienen; die Vorstellung von einem einheitlichen Produktpreis – etwa in Form des Listenpreises – widerspricht der marktlichen Realität. Insofern ist es konsequent, Überlegungen hinsichtlich der Rabatte, Lieferungs- und Zahlungsbedingungen und der Kreditgewährung im Rahmen preispolitischer Entscheidungen gesondert aufzuführen, wie es beispielsweise Nieschlag/Dichtl/Hörschgen unter dem Oberbegriff „Entgeltpolitik“ tun [7].

Wir legen den weiteren Ausführungen über preispolitische Maßnahmen die Darstellung in Abb. 4 zugrunde. Auf die einzelnen Instrumente gehen wir in den Abschnitten 1.2.6 und 1.2.7 ein.

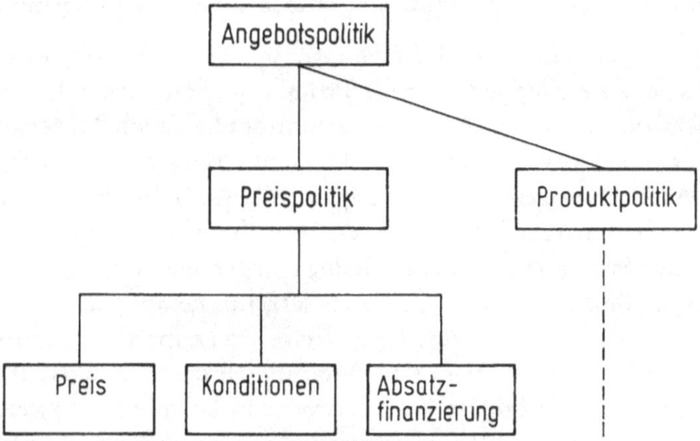

Abb. 4 Instrumentarium der Preispolitik

1.2.2 Produkt, Produktausstattung und Verpackung

Entscheidungen bezüglich eines Produktes selbst (seiner technischen Beschaffenheit, d.h. seiner Qualität) und seiner Ausstattung (Gestaltung und Verpackung) bilden den Kern der produktpolitischen Maßnahmen. Nieschlag et al. sprechen im Zusammenhang mit der *Produktqualität* vom Grundnutzen eines Produktes: „Als Qualität sollen diejenigen Eigenschaften verstanden werden, die den Grundnutzen eines Erzeugnisses ausmachen und je nach der Art eines Gutes etwa die Gebrauchs- oder Funktionstüchtigkeit und Funktionssicherheit, Störanfälligkeit, Haltbarkeit oder Wertbeständigkeit umfassen. Darunter fallen z.B. auch der Leistungsgrad einer Maschine, deren Betriebssicherheit und deren Lebensdauer." [8] Wir können uns dieser eingrenzenden Definition nicht anschließen, weil die Qualität eines Produktes *vom Markt – von der Abnehmerzielgruppe* – nicht nur nach *objektiven Kriterien* beurteilt wird, sondern weil gleichzeitig im allgemeinen auch *subjektive Komponenten* einfließen. Beide zusammen sind bestimmend für den *Nutzen* (die *Leistung*) eines Produktes. Die Einteilung in einen (objektiven) Grund- und (psychologischen) Zusatznutzen [9] ist als Steuerungsinstrument der Produktplanung insofern fragwürdig, als sich diese Dimensionen im Laufe der Zeit ständig verschieben und Qualitätsbestandteile, die früher als Zusatznutzen eines Produktes deklariert werden konnten, heute u.U. zu seinem Grundnutzen gehören (Beispiele: Die Grundausstattung von Automobilen ist in den letzten Jahren ständig erweitert worden; bei vielen Lebensmitteln gehört der Convenience-Aspekt heute zur festen Vorstellung vom Grundnutzen dieser Nahrungsmittel).

Der Markt beurteilt die *Produktleistungen*, in denen sich objektive und psychologische Vorstellungen über die Produktqualität vermischen und in die außerdem neben der Produktqualität untrennbar auch Merkmale der Produktgestaltung, Ausstattung, Verpackung und Markierung eingehen, *als Ganzheit*; Anforderungen und Leistungen sollten im Idealfall deckungsgleich sein. Stehen den Anforderungen der Abnehmer-Zielgruppe hinsichtlich bestimmter Produkteigenschaften keine entsprechenden Leistungen gegenüber, dann könnte eine wichtige Grundsatzentscheidung des Unternehmens darin bestehen, in die auf diese Weise erkennbare Angebotslücke durch strategische Maßnahmen – Veränderungen des Produkts, Planung und Realisation neuer Produkte, beispielsweise in Form einer Erweiterung des Angebotsprogramms [10] – vorzustoßen um zu verhindern, daß Mitbewerber die Marktlücke besetzen. Auf der anderen Seite werden Produktleistungen, die über die Anforderungen des Marktes hinausgehen, u.U. nicht durch einen entsprechenden Preis honoriert; hier liegen – oft nicht erkannt – Ansatzpunkte für Ergebnis-Verbesserungsmaßnahmen, die mit Hilfe der Wertanalyse aufgedeckt werden können [11].

In Abb. 5 sind die Erwartungen beim Kauf von Herrenstrümpfen (*Produktanforderungen*) den Profilen der Strumpfmarken X und Y (*Produktleistungen*) gegenübergestellt worden. Die eigene Marke X wird relativ selten als preiswert eingestuft und schneidet auch in den meisten anderen dargestellten objektiven und subjektiven Eigenschaften schlechter ab als die Vergleichsmarke Y, die von einem der wichtigsten Mitbewerber angeboten wird [12]. Der Anbieter der Marke X muß aufgrund der Forschungser-

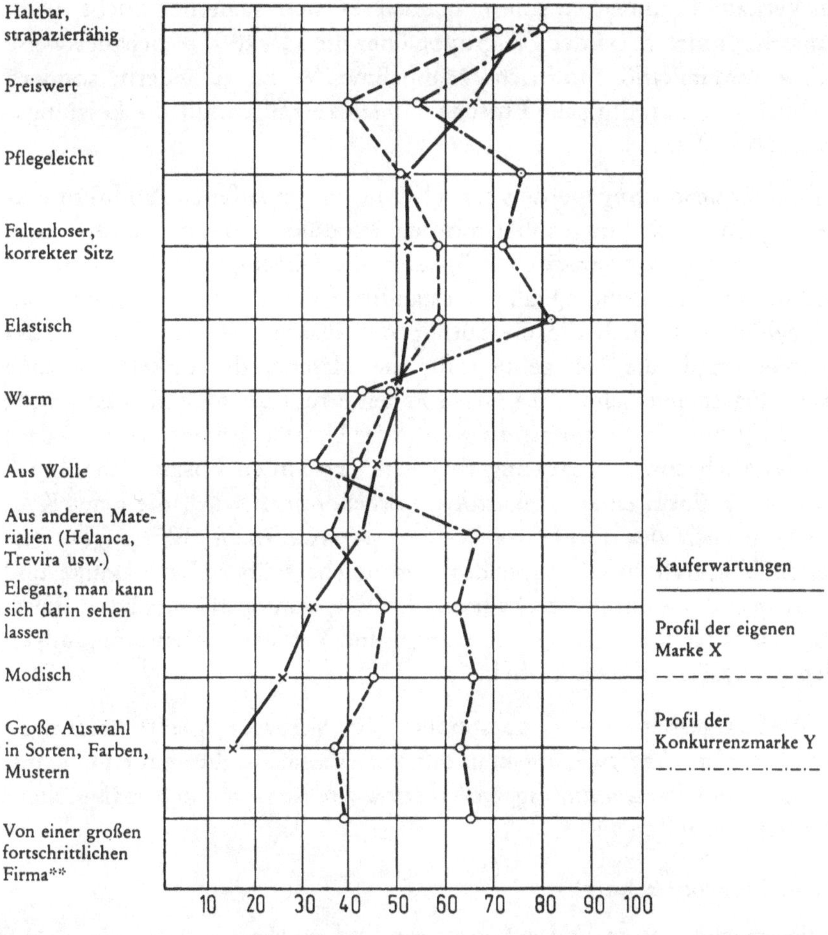

Abb. 5 Erwartungen beim Kauf von Herrenstrümpfen im Vergleich zu den Profilen der Marken X und Y*

* Die Profile der Marken X und Y sind jeweils für Herrenstrumpf-Käufer dargestellt, denen diese Marken für Herrenstrümpfe bekannt sind. Repräsentativ-Befragung GfM – Gesellschaft für Marktforschung, Hamburg/Dorland Werbeagentur, Berlin, 1966; Basis: 4.018 Personen ab 18 Jahren in der BRD einschließlich Berlin (West).

** Nicht als Kauferwartung erhoben.

gebnisse entscheiden, welche Maßnahmen zu treffen sind, um das Preis-Leistungsverhältnis bei X zu verbessern und damit den dauerhaften Absatzerfolg seiner Marke sicherzustellen. Unter der Marke X werden ausschließlich Wollstrümpfe auf verhältnismäßig hohem Preisniveau angeboten, während unter der Marke Y Strümpfe aus verschiedenen Gewirken zum Verkauf kommen; insofern handelt es sich sicherlich nicht allein darum, die Information der Zielgruppe über die Marke X – beispielsweise durch kommunikationspolitische Maßnahmen – zu verändern, sondern u. U. auch produktpolitische Entscheidungen zu treffen, die die Leistungssubstanz betreffen.

Als *Produktausstattung* werden zunächst diejenigen äußeren Produktmerkmale bezeichnet, die untrennbar mit dem Produkt verbunden sind – z. B. bei einem flüssigen kosmetischen Produkt die Färbung und die Parfümierung, sofern dies keine Qualitätsbestandteile des Produktes selbst sind; dazu gehört u. a. auch die Gestaltung der Flasche, in der das Produkt angeboten wird, die Farbgebung für die Flasche, die Etikettgestaltung und der Flaschenverschluß. In vielen Fällen erfüllt die Produktausstattung gleichzeitig eine *Verpackungsfunktion*; unter Umständen wird entschieden, daß zusätzlich eine Verpackung (bei dem erwähnten kosmetischen Produkt etwa in Form eines Umkartons) vorgenommen wird, die beim Kauf oder Verbrauch des Produktes weitere *akquisitorische Wirkungen* entfaltet (z. B. durch Information des Verbrauchers über das Produkt und seine Anwendung durch Beschriftung der Verpackungsflächen bzw. durch Beilage eines Handzettels). Ausstattungs- und Verpackungsentscheidungen bilden grundsätzlich eine Einheit.

Für Produktgestaltungs-, insbesondere für Verpackungsentscheidungen sich auch *technische* Erwägungen und Informationen in Zusammenhang mit den *Kauf- und Verwendungsgewohnheiten der Konsumenten* maßgeblich; gemeinsam betreffen sie

- den Transportschutz
- die zweckmäßigste Verpackungsform und -größe
- Erleichterungen bei der Entnahme bzw. Aufbewahrung des Produktes („eingebaute Services“)
- die Wieder- bzw. Weiterverwendungsmöglichkeit der Verpackung, die heute u. a. unter den Gesichtspunkten des Umweltschutzes und der Verringerung der Abfallbeseitigung eine große Rolle spielt

- den besonderen Nutzen – „Zweitnutzen" – einer Verpackung (z.B. ihre Eignung zu Geschenkzwecken).

Auf *Absatzmittlerebene* erfüllen zweckmäßig gestaltete Produktausstattungen und Verpackungen u.a. wichtige Funktionen

- beim Transport der Ware
- der Stapelung in den Lägern
- der Präsentation der Ware in den Regalen des Handels sowie bei der Preisauszeichnung.

Zunehmend wird heute auf Herstellerseite darauf geachtet, die Produktausstattung entsprechend den Gegebenheiten am Verkaufsort zu gestalten; die selbstbedienungsgerechte Ausstattung eines Produktes weicht u.U. in vieler Hinsicht von derjenigen ab, die in einem Fachgeschäft erfolgreich ist; bei modernen Großformen des Handels, in denen die Warenpräsentation eine weitaus größere Bedeutung als bei traditionellen Handelformen hat, sind diese akquisitorischen Belange besonders zu berücksichtigen.

Entscheidungen über die Qualität eines Produktes können im Konsumgütersektor in der Regel von Entscheidungen hinsichtlich der Produktausstattung deshalb nicht isoliert werden, weil Produkt-Images ganzheitlich erlebt werden und Maßnahmen der Produktausstattung das Produkterlebnis u.U. völlig verändern: „Nicht die objektive Beschaffenheit einer Ware ist die Realität in der Marktpsychologie, sondern einzig die Verbrauchervorstellung . . ." [13]. An der Entstehung der *Wertigkeit eines Angebotes* sind Produktausstattung einschließlich Verpackung im allgemeinen maßgeblich beteiligt, insbesondere dann, wenn die Produkteigenschaften für den Käufer bzw. Verwender relativ wenig differenzierbar sind, so daß sich dieser mehr oder weniger an äußeren Gegebenheiten orientieren muß. An dem Beispiel eines kosmetischen Produktes kann gezeigt werden, daß die Qualitätsanmutungen der Zielgruppe ganz erheblich durch die Produktausstattung beeinflußt werden (Tab. 1). Man sieht deutlich: die günstigste Ausstattung dürfte unter gegebenen Bedingungen das Etikett C darstellen, während das (bisher verwendete) Etikett A die geringsten positiven Assoziationen hinsichtlich der Produktqualität auslöst. Der *akquisitorische Gesichtspunkt* steht daher grundsätzlich bei allen Entscheidungen über die Produktausstattung im Vordergrund; es handelt sich stets darum, Differenzierungsmerkmale gegenüber dem Wettbewerb herauszuarbeiten, die dem eigenen Angebot eine positive Alleinstellung ermöglichen. Erst die Summe aller

Teilentscheidungen unter einer einheitlichen strategischen Leitlinie bildet hierfür die Basis. Unter bestimmten Voraussetzungen genießt eine differenzierende Ausstattung bzw. Packungsgestaltung *Geschmacks- bzw. Gebrauchsmusterschutz*, der das Produkt vor Nachahmungen schützt.

Tab. 1 Reaktionen der Zielgruppe auf ein kosmetisches Produkt mit drei unterschiedlichen Etikettierungen*

	Etikett A		Etikett B		Etikett C	
Uneingeschränkt positiv gegenüber der Produktqualität reagierten . . .	24%		20%		35%	
Eingeschränkt positiv gegenüber der Produktqualität reagierten . . .	30%	54%	44%	64%	35%	70%
Negativ gegenüber der Produktqualität reagierten . . .		46%		36%		30%
		100%		100%		100%

* Die Ergebnisse wurden auf der Basis einer experimentellen Versuchsanordnung (2 Versuchsgruppen B und C, eine Kontrollgruppe A) ermittelt, und zwar anhand einer Reihe von Fragen, die sich an keiner Stelle auf die Etikettierung selbst, sondern stets auf die *Qualität* des Erzeugnisses bezogen. Ein derartiger indirekter Test ist notwendig, um ein unbeeinflußtes Ergebnis hinsichtlich der äußeren Aufmachung und ihrer Auswirkungen auf die Qualität des Produktes zu erhalten.

Repräsentativerhebung bei 1098 Frauen ab 14 Jahren. Dorland Werbeagentur / Institut für Markt- und Verbrauchsforschung der Freien Universität Berlin, 1965.

1.2.3 Produktkennzeichnung (Marke)

Die Produktkennzeichnung stellt wohl die wichtigste Voraussetzung für die Identifizierung und Differenzierung des eigenen Angebots dar. Zur Kennzeichnung gehören der *Name des Produktes* (die Marke i. e. S.), aber auch Merkmale der Produktausstattung, Verpackung bzw. feste Gestaltungselemente, die als *Erkennungssignale* untrennbar mit dem Produktnamen verbunden sind, wie *Herkunftsbezeichnungen* (DRUM halfzware shag = DRUM, halbschwere Tabakmischung aus Holland), *Herstellerangaben* (Douwe Egberts) bzw. *Packungsfarben* mit einer Signalwirkung auf die Zielgruppe (z. B. dunkelblau für eine bestimmte Produktgruppe von Tabaken). Der Markenname kann als *Wort- oder als Wortbildmarke* in Erscheinung treten; die Gesamtheit aller festen Kennzeichnungselemente der

Produktausstattung kann als Markierung bzw. als Marke i. w. S. bezeichnet werden.

Allgemein gilt, daß die Differenzierungsmöglichkeiten eines Produktes um so günstiger sind, je prägnanter seine Kennzeichnung ist. Treten zu dem Produktnamen weitere unverwechselbare Elemente hinzu, dann kann der Hersteller diese mit Aussicht auf Erfolg in sämtlichen Kommunikationsmaßnahmen einsetzen; die Marke spielt nicht nur im Zusammenhang mit der Produktausstattung eine wichtige Rolle, sondern ebenso in der Werbung und Verkaufsförderung für das Produkt.

Man kann unterscheiden [14]

(*1*) bezüglich des *Einsatzgebietes* der Marke lokale, regionale, überregionale, nationale und übernationale Marken

(*2*) hinsichtlich der *Art* der Marke Produkt-, Programm- bzw. Sortimentsmarken (Range-Marken) und Herkunftsmarken

(*3*) nach dem *Markenbesitz* Hersteller- und Handelsmarken

(*4*) Markenartikel von Markenware bzw. von anonymer Ware aufgrund der *Intensität der Markennutzung*.

Zu (1)

Zweifellos besteht heute eine *Tendenz zur nationalen bzw. sogar zur übernationalen* Marke, um die innerbetrieblichen, vor allem aber die marktlichen Investitionen so gut wie möglich zu nutzen. Wie die Praxis zeigt, sind allerdings national erfolgreiche Marken oft nur unter bestimmten Voraussetzungen auf ausländische Märkte übertragbar, so daß auf jeden Fall gründliche Marktanalysen die Ausgangsbasis für derartige Expansionsüberlegungen bilden müssen. Häufig kann zwar der Markenkern übernommen werden, nicht jedoch einzelne Gestaltungselemente, die den besonderen Gewohnheiten des Abnehmerlandes angepaßt werden müssen.

Zu (2)

Programm- (Sortiments-)Marken kennzeichnen nicht einzelne Produkte, sondern abgrenzbare Angebotsbündelungen. Auf der einen Seite verteilen sich die Marktinvestitionen (z. B. die Investitionen in Verkauf und Werbung) auf eine breitere Basis, andererseits bieten Programm- bzw. Sortimentsmarken für das einzelne Produkt oft weniger Profilierungsmöglichkeiten als Produktmarken [15]. Ein besonders erfolgreiches Produkt aus einem Sortiment („Sortimentsführer“) kann andere mitziehen, aber auch umgekehrt:

Ist ein Produkt beispielsweise objektiv oder psychologisch überholt, kann sich dies auch für andere Produkte innerhalb des Programms ungünstig auswirken. Aus diesem Grunde ist eine besonders sorgfältig abgestimmte Programmplanung notwendig [16].

Herkunftsmarken kommen überwiegend in Form von geographischen Herkunftsbezeichnungen vor (z. B. „Kulmbacher Bier", „Emmenthaler Käse"), häufig als akquisitorische Ergänzung von Produkt- bzw. Sortimentsmarken. Als *einzige* Warenmarkierung stellen solche Herkunftsangaben oft nur einen relativ schwachen Differenzierungshintergrund vom Wettbewerb dar; u. U. gelingt es dem Anbieter, auf dem Wege über *Verkehrsgeltung* eine Schutzfähigkeit für seine Marke gegenüber Nachahmungen durch Mitbewerber zu erwirken. In diesem Falle kommt es darauf an, daß das Angebot bei einem „erheblichen Teil" der „beteiligten Verkehrskreise" (Zielgruppe) bekannt ist und feste Vorstellungen auslöst, die u. a. auf ein bestimmtes Unternehmen bzw. Land als Hersteller hindeuten [17].

Zu (3)

Angaben über den Hersteller oder ein Handelsunternehmen als „Absenderangaben" auf Produkten (*Hersteller- bzw. Handelsmarken*) haben die Aufgabe, das vorhandene Goodwill-Potential einer Institution auf ein einzelnes Produkt (oder ein Programm/Sortiment) zu übertragen, um auf diese Weise die Anziehungskraft des Angebots zu erhöhen. Um negative Ausstrahlungen auf den bzw. von dem „Absender" zu vermeiden, werden die einzelnen Produkte im allgemeinen erst gründlich im Markt getestet, bevor der Hersteller bzw. die Handelsgruppe bereit sind, ihr Markenzeichen als akquisitorisches Element hinzuzufügen. Andererseits verbietet sich diese Vorgehensweise von vornherein bei Produkten, die sich von der Abnehmerzielgruppe nicht ohne weiteres unter das „Dach" des Anbieters einordnen lassen, da sich dies für die Produkte mit hoher Wahrscheinlichkeit eher ungünstig auswirken würde (Beispiel: ein bekannter Zigarettenhersteller bietet Fruchtsäfte an, um das Unternehmen langfristig abzusichern).

Handelsmarken ergeben sich heute meist aus der Kooperation zwischen Handelsgruppen und Herstellern. Während der Großhandel bestrebt ist, seine angeschlossenen Einzelhandelsgeschäfte durch eigenständige Markenpolitik zu profilieren und durch längerfristige Zusicherung fester Abnahmemengen günstige Konditionen vom Hersteller auszuhandeln, kann der Hersteller für einen längeren Zeitraum mit der Auslastung freier Kapazitäten rechnen und braucht in Distribution und Kommunikation der Produkte nicht zu investieren.

Laut einer Untersuchung der Rationalisierungsgemeinschaft Handel – RGH – waren 1969 Handelsmarken in ausgewählten Nahrungs- und Genußmittelbereichen wie folgt vertreten (Tab. 2):

Tab. 2 Handelsmarken in ausgewählten Nahrungs- und Genußmittelbereichen

Märkte	Zahl der Handelsmarken	Anteil der Handelsmarken in % aller Handelsmarken
Schokolade	1 148	14,0
Nährmittel	997	12,2
Spirituosen	745	9,0
Wein	638	7,8
Kaffee, Tee	532	6,4
Bier	35	0,4

In den Angaben für einzelne Märkte spiegelt sich u. a. die unterschiedliche Angebots- und Nachfragesituation wider: Im Schokoladen- und Spirituosensektor beispielsweise ist die Handelsspanne bei Herstellermarken u. a. durch die relativ starke Konkurrenz, die mit freien Kapazitäten auf den Markt drückt, und dem daraus resultierenden Preisverfall relativ gering; der Handel versucht hier, eigene Angebote aus Rentabilitätsgründen aufzubauen. In anderen Fällen, (z. B. bei Wein und Kaffee) dürfte der Handel daran interessiert sein, eigene Marken u. a. deshalb zu forcieren, um sich dadurch zu profilieren.

Zu (4)

Der *Markenartikel* schließlich stellt die höchste Intensitätsstufe der Markennutzung dar. Heute müssen folgende Voraussetzungen gegeben sein, um von einem Markenartikel sprechen zu können [18]:

(1) Standardisierte Erzeugnisse für differenzierten Massenbedarf

(2) Garantie für gleichbleibende bzw. jeweils dem neuesten technischen Stande angepaßte Qualität

(3) Durchgängige Verwendung der Marke auf der Ausstattung und Verpackung des Produkts und in sämtlichen Kommunikationsmaßnahmen (Werbung, Verkaufsförderung, Merchandising [19]

(4) Weitgehende Erhältlichkeit in dem festgelegten Distributionssystem

(5) Weitgehende Konstanz in der Preispolitik des Anbieters (das schließt unterschiedliche Endverbraucherpreise in verschiedenartigen Absatzkanälen nicht aus)

(6) Durchsetzung am Markt durch systematische Kommunikationsmaßnahmen *(Aufbau einer Präferenzstellung bei der Zielgruppe).*

Die durchgängige Verwendung der Marke stellt die Basis für die Präferenzbildung im Markt dar, indem sie dem Anbieter Kommunikationsmöglichkeiten mit seiner Abnehmer-Zielgruppe verschafft. Berger spricht von der *Präferenzstruktur* der Marke [20] und faßt darunter die drei Begriffe *Präferenzhöhe, Präferenzinhalt* und *Präferenzdauer* eines Produktes zusammen, die gemeinsam die Zielsetzung des Aufbaus von Markenartikeln verkörpern. Als Beispiel für eine unterschiedliche *Präferenzhöhe* von Produkten kann die (heute gängige) Unterscheidung in normales Pils/Premium Pils gelten. Hier wird die enge Verzahnung der Produktpolitik mit der Preispolitik besonders deutlich: Durch das Präferenzniveau eines Produktes (das u.a. in der Produktqualität und -ausstattung zum Ausdruck kommt) ist ein wichtiger Ansatzpunkt für die Fixierung des Preisrahmens vorgegeben, in dem der Anbieter operiert. Mit dem Begriff *Präferenzinhalt* ist dagegen die grundlegende Produkt- und Ausstattungskonzeption gemeint: Der Anbieter (Hersteller oder Handel) versucht, auf dem Wege über den Präferenzinhalt eine positive Differenzierung vom Wettbewerb und damit eine möglichst hohe Bindung der Zielgruppe an seine Marke („Markentreue“) durchzusetzen. Auf diesem Wege strebt er einen sog. *preisfreien Bereich* an, m.a.W. die Chance, daß bei Preisanhebungen innerhalb dieses Bereichs keine spürbare Nachfrageverringerung nach seinem Produkt eintritt. Die *Präferenzdauer* schließlich betrifft den Planungshorizont der Angebotsstrategie.

Markenartikel können sowohl Hersteller- als auch Handelsmarken sein; oft sind weder gravierende Qualitäts- noch Preisunterschiede festzustellen, in beiden Fällen wird die Marke systematisch genutzt, auch Handelsmarken sind in der Regel in dem entsprechenden Distributionssystem vollständig vertreten und werden durch spezifische Maßnahmen der Handelswerbung durchgesetzt. In den letzten Jahren ist aufgrund dieser Tatsache die Präferenzhöhe von Handelsmarken auf Verbraucherseite allgemein deutlich angestiegen, hat allerdings teilweise noch nicht das Niveau von Herstellermarken erreicht, u.a. deshalb, weil sich die kommunikativen Maßnahmen zur Präferenzbildung für Handelsmarken in Qualität und Quantität mit denen für Herstellermarken oft nicht messen können.

Eine Novität stellen in diesem Zusammenhang die Angebote der französischen Handelsgruppe Carrefour dar, die seit Anfang 1976 auf dem französischen Markt zu beobachten sind. Carrefour versucht, sich durch schnell umschlagende Produkte zunächst des täglichen Bedarfs, die mit Markenartikelqualität durchaus vergleichbar sein sollen, zu profilieren („produits libres") und Käuferinteresse und -bindung dadurch zu erzielen, daß diese Waren zu einem besonders günstigen Preis angeboten werden (einzige Kennzeichnung auf den Verpackungen: „Empfohlen von Carrefour. Ein gutes Produkt zu einem besonders günstigen Preis"). Selbst in unserer Zeit, die durch konsumeristische Tendenzen geprägt ist, wird der Erfolg dieser Produkte nicht einheitlich positiv bewertet; von einer generellen Umorientierung des Konsumenten kann im Augenblick noch keine Rede sein. Allerdings ist es offenbar gelungen, das Konsumenteninteresse verstärkt auf die Handelsgruppe Carrefour zu lenken und die Gesamtattraktivität dieses Anbieters zu erhöhen.

Im Gegensatz zum Markenartikel wird markierte Ware, die nicht durch den systematischen Einsatz des absatzpolitischen Instrumentariums zur Erreichung der Aufgaben unter (1) bis (6) gekennzeichnet ist, auch *Markenware* genannt. In diese Kategorie fallen die sog. *Billigmarken*; da kein systematischer Markenaufbau erfolgt, können derartige Produkte im Verhältnis zu Markenartikeln im allgemeinen nur mit einem deutlichen Preisabschlag abgesetzt werden. Während ein Markenartikel in der Regel auf eine relativ lange Präferenzdauer angelegt ist, muß der Anbieter von Billigmarken bzw. anonymer Ware ohne Markenkennzeichnung den oft raschen Wandel des Absatzmittler- und Verbraucherinteresses einkalkulieren.

1.2.4 Programm (Sortiment)

Angebots*programme* entstehen durch Zusammenfassung von Produkten in Herstellerbetrieben, während der Begriff *Sortiment* häufig für das Resultat entsprechender Maßnahmen in Handelsbetrieben verwendet wird. Grosche trennt die Programm*strategie* von der Programm*taktik* [21]; mit Hilfe der ersteren versucht der Anbieter, längerfristige Perspektiven des angebotspolitischen Zielsystems zu realisieren, während taktische Programmentscheidungen „kurzfristige, situationsbedingte Einzelentscheidungen" sind [22]. Uns interessieren hier in erster Linie programm- bzw. sortiments*politische* Entscheidungen, d.h. Überlegungen von langfristiger Natur.

Die Gesichtspunkte zur *Programmbildung* sind unterschiedlich: Die Untergliederung des Gesamtangebotes eines Unternehmens und die Entwicklung von Programmen nach rein (produktions-)technischen Aspekten tritt immer stärker hinter *marktlichen* Bestimmungsgründen zurück. Als solche kommen in Betracht:

(1) Überlegungen hinsichtlich der *Bedarfsorientierung* der Abnehmerseite (Auswirkungen auf den Einkauf und die Sortimentsbildung im Handel, auf Kauf- und Konsumgewohnheiten der Verbraucher)

(2) *Marketingstrategische* Erwägungen.

Die *Bedarfsorientierung* spielt mit Sicherheit die weitaus größte Rolle, und zwar in Richtung auf eine *Problemlösung* für die Abnehmer-Zielgruppe. Auf Herstellerseite muß bei der Programmbildung auf die zunehmende Einkaufskonzentration im Handel („Einkauf aus einer Hand“) Rücksicht genommen werden, die den Anbieter u. U. dazu veranlaßt, bestehende Programme durch die Hinzufügung von Produkten auszuweiten bzw. durch Herausnahme von Produkten einzuschränken (*Programm-Variation* durch *Produkt-Differenzierung* bzw. durch *Produkt-Elimination*), neue Programme aufzubauen (*Diversifikation*) bzw. vorhandene Programme vollständig zu eliminieren (*Programm-Elimination*) [23]. Die Orientierung am Bedarf des Verbrauchers verfolgt auf der einen Seite den Zweck, das Potential eines Marktes zu erschließen und die Marktinvestitionen so weit wie möglich zu nutzen, indem Produktsysteme angeboten werden, die sich aufgrund bestehender Kauf- und Verbrauchsgewohnheiten ergänzen (Beispiel für die Bestimmung der *Programmtiefe*: Haarwaschmittel für trockenes, fettendes, sprödes Haar usw.; Beispiel für die Festlegung der *Programmbreite*: In demselben Programm Haarfestiger, Haarspray usw.). Auf der anderen Seite erwartet der Verbraucher ebenso wie der Handel, daß sich der Anbieter auf sein Problem einstellt, und präferiert u. U. diejenige Marke, die ihm das jeweils beste geschlossene Problemlösungskonzept offeriert (Übergang von der „Materialtreue“ bzw. der „Produkttreue“ zur „*Problemtreue*“ auf Anbieterseite).

Das gleiche Prinzip gilt für die *Sortimentsbildung im Handel*; die Nichtbeachtung der Gewohnheiten der Käufer-Zielgruppe wirkt sich hier im allgemeinen noch einschneidender aus, weil sich die Reaktion des Käufers auf Mängel in Teilen des Sortiments u. U. in der Ablehnung des gesamten Handelsunternehmens niederschlägt.

Programm- bzw. Sortimentspolitik *nach strategischen Gesichtspunkten* bezieht sich auf die Untergliederung des gesamten absatzpolitischen Instrumentariums nach Strategien, die für bestimmte Programme bzw. Sortimente gültig sind. Es handelt sich darum, die Angebotsstrategie auf der Distributions- und Kommunikationsseite voll zum Tragen kommen zu lassen und sie dadurch für die Zielgruppe zu verdeutlichen. Dazu ein Beispiel: Ein Spirituosenhersteller untergliedert sein gesamtes Angebot nach drei Programmen: ein Markenartikel-, ein Aktions- und ein Importprogramm. Da Absatzkanäle und Absatzzielgruppen unterschiedlich sind, wird z.B. der Verkaufsaußendienst entsprechend organisiert und die Kommunikationspolitik des Anbieters danach ausgerichtet. Im Sinne der übergreifenden Strategie müssen die drei Teilsortimente ständig hinsichtlich ihrer Größe und Struktur analysiert werden.

Gleiches gilt auf Handelsebene, wenn sich bestimmte Organisationsformen des Handels in Teilen des Sortiments als Anbieter von Markenartikeln, in anderen Sortimentsbereichen beispielsweise durch Billigmarken profilieren wollen.

Im Rahmen von strategischen Ansatzpunkten bei der Programm- bzw. Sortimentsbildung ist jedoch – vor- bzw. nachgeordnet – unbedingt *bedarfsorientierten Aspekten* der Problemlösung für die Abnehmerseite Rechnung zu tragen, um langfristig erfolgreich am Markte operieren zu können.

Aus der Darstellung geht hervor, daß die Zielsetzungen für die Programm- bzw. Sortimentspolitik von Anbietern und Abnehmern divergieren können: Während Anbieter in der Regel aus Kostengründen ein straffes Programm bzw. Sortiment anstreben, besteht auf der Seite der Nachfrager eher der Wunsch nach einer möglichst breiten und tiefen Staffelung. Theoretisch kommt es für den Anbieter darauf an, das jeweils günstigste Kosten-Leistungsverhältnis herauszufinden, eine Aufgabenstellung, der sich in der Planung unter praktischen Aspekten oft erhebliche Schwierigkeiten entgegenstellen, weil die Auswirkungen einer bestimmten Programmentscheidung auf der Leistungsseite ex ante schwer quantifizierbar sind.

1.2.5 Service („Software“)

Die Servicepolitik der Anbieter kann untergliedert werden in Leistungen, die *bei Übergabe* eines Produktes an den Käufer erbracht werden (z.B. Frei-Haus-Lieferung und Aufstellung von Möbeln, Montage einer Maschine), und in andere, die *nach Übergabe* eines Produktes stattfinden (Garantieleistungen und Kundendienst). In beiden Fällen ist die Service-Leistung Bestandteil der Angebotsstrategie und findet als solche ihren Niederschlag in der Preisbildung, allerdings mit unterschiedlichen Auswirkungen: Im allgemeinen kann mit Service-Leistungen nur dann ein langfristiger, d.h. strategischer Vorteil für den Anbieter erreicht werden, wenn der Service *Bestandteil der Produktpersönlichkeit* wird. Häufiger werden das Service-Leistungen sein, die bereits bei der Übergabe des Produktes zur Geltung kommen; in besonderen Fällen kann sich der strategische Vorteil auch auf einen bestimmten Service beziehen, der erst nach der Übergabe erbracht wird (beispielsweise ein besonderes Wartungspaket für einen Gebrauchsgegenstand).

Lediglich strategische Maßnahmen erhöhen die Wertigkeit des Angebots auf längere Sicht und werden daher unter bestimmten Umständen von der Zielgruppe durch das Zugeständnis eines höheren Produktpreises honoriert, während sich die allgemeine Anhebung des Service-Niveaus in einem Markt für alle Anbieter meist nur negativ in der Kalkulation niederschlägt (Beispiel einer lediglich taktischen Maßnahme: Allgemeine Verlängerung der Garantie für Personenkraftwagen seit dem Krisenjahr 1975 von ½ Jahr auf 1 Jahr). Geht ein Anbieter strategisch vor, dann versucht er u.U. sogar, die „Software" als sogenannten *Positionierungskern* einzubauen (Beispiel: Marketingkonzeption für NCR-Papier, ein chemisch reagierendes Durchschreibepapier der Firma NCR Augsburg; vermarktet wird nicht NCR-Papier, sondern das „NCR-Service-Team", d.h. Papier + Beratungs-Service für Abnehmer bei der Formulargestaltung usw.) [24]. In solchen Fällen kann tatsächlich ein lang anhaltender Wettbewerbsvorsprung realisiert werden, weil das besondere Service-Angebot untrennbarer Bestandteil der Angebotsstrategie, u.U. sogar der Produktmarke, wird. Auf der anderen Seite macht sich mangelhafter oder sogar gänzlich fehlender Service für eine Marke in einem Marktsegment, in dem die Abnehmer Service-Leistungen gewohnt sind, u.U. durchschlagend negativ für den Anbieter bemerkbar (Beispiel: Das Image von japanischen Automobilmarken konzentrierte sich lange Zeit auf die – teilweise irrige – Verbrauchervorstellung, daß kein ausreichender Kundendienst vorhanden sei; damit ging die Meinung einher, japanische Autos seien besonders teuer im Unterhalt. So lange dieser Nachteil – ob tatsächlich vorhanden oder nur in der Meinung der Abnehmerkreise, spielt dabei keine Rolle – gegenüber anderen Fabrikaten nicht kompensiert werden konnte, waren der Marktausweitung japanischer Automobile in der Bundesrepublik Deutschland enge Grenzen gesetzt).

Geht man davon aus, daß die Angebotsdifferenzierung allgemein immer schwieriger wird, dann findet man leicht die Begründung für die zunehmende Heranziehung des Instruments Service bei der Planung der Angebotsstrategie. Allerdings gelingt es den Unternehmen nur relativ selten, in dieser Hinsicht eine so eigenständige Position aufzubauen, daß die resultierenden Absatzvorteile nicht nur kurzfristiger Natur, sondern strategisch relevant sind, so daß der Wettbewerb den Service-Vorsprung nicht ohne weiteres aufholen kann.

1.2.6 Preis und Konditionen

Preispolitik wird auf Konsumgütermärkten generell in Verbindung mit Konditionenpolitik wirksam. Der Preis eines Produktes (verstanden als Listenpreis) ist zwar Orientierungsmaßstab in der Kalkulation; er ergibt – mit dem geplanten Absatzvolumen des Produktes für die Planungsperiode multipliziert – den *Bruttoerlös*. Für das Zustandekommen des Unternehmensergebnisses interessiert jedoch stärker der *Nettoerlös*, d.h. der zur Kostendeckung und zur Erzielung eines Überschusses tatsächlich in das Unternehmen fließende Gegenwert für erbrachte Leistungen. Dieser ergibt sich durch die Verminderung des Bruttoerlöses um geplante bzw. realisierte Werte für *Skonti, Rabatte und Boni*. Diese sog. *Erlösschmälerungen* machen gemeinsam mit festgelegten Lieferungs- und Zahlungsbedingungen (neben der Skonti-Regelung beispielsweise die Vereinbarung von Valuta) das Konditionensystem des Anbieters aus.

Konditionen sollen die Leistungen der Absatzmittler individuell belohnen, auf der anderen Seite gleichzeitig absatzsteuernd wirken; da diese Leistungen sehr unterschiedlich sind, zeigt die Praxis oft ein stark gestaffeltes Konditionengefüge. Neben den bekannten *Mengenrabatten* und *Boni* (vereinbarte Rückvergütungen nach Ablauf einer bestimmten Periode) spielen heute *Funktionsrabatte* eine Rolle, mit denen die Anbieter nach dem Fortfall der Preisbindung der zweiten Hand u. a. versuchen, durch Ausrichtung der Rabattsätze auf die Kalkulationspolitik der jeweiligen Absatzmittler ein möglichst einheitliches Niveau des Endverbraucherpreises ihrer Produkte zu erreichen bzw. Preisschleuderei zu verhindern (Beispiel: Ein Discounter kalkuliert mit einer geringen Handelsspanne und erhält u. U. einen niedrigeren Rabattsatz als ein Filialunternehmen mit der Begründung unterschiedlicher Funktionen im Absatzkanal). Rabatte mit dem Ziel der Absatzsteuerung werden z.T. auch als *Treuerabatte, Einführungsrabatte* bzw. als *Aktionsrabatte* deklariert (eine bestimmte Abnehmergruppe unterstützt den Hersteller in seinen Bemühungen um die Markterschließung für ein neues Produkt stärker als eine andere).

Wie diese Beispiele zeigen, gehen mit der Fixierung eines bestimmten Bruttopreises automatisch Überlegungen hinsichtlich der Konditionen für das Produkt einher, so daß Preispolitik stets eine *Einheit aus preis- und konditionspolitischen Entscheidungen* ist, aus denen sich der relevante *Nettopreis* ergibt. Der sog. Listenpreis (*Bruttopreis*) stellt oft lediglich einen mehr oder weniger unverbindlichen Richtpreis für die Abnehmer dar („Mondpreis", in Branchen mit starkem Konkurrenzdruck und wenig differenzierten Produkten noch häufiger anzutreffen, um die Produktkalkulation gegenüber den Abnehmern zu verschleiern). In diesem Zusammenhang unterscheidet man zwischen sog. *Brutto- und Nettopreissystemen*; nur die letzteren legen den kalkulatorischen Hintergrund offen.

Im Rahmen der *strategischen Angebotsplanung* des Unternehmens handelt es sich

(1) einerseits um die *strategische Führung von bereits eingeführten Produkten*,

(2) auf der anderen Seite um die *Festlegung des Preisrahmens für neue Produkte*.

In beiden Fällen basieren die Überlegungen zur Preisbildung auf zwei Ansatzpunkten: auf

- unternehmensinternen und
- marktlichen

Einflußgrößen.

(1) Markenführung:

Die *Kalkulation* eines Produktes als *unternehmensinterne Maßnahme* ist wichtiger Planungshintergrund. In Tab. 3 ist eine Vorkalkulation für die im Markt eingeführten Produkte A und B gegenübergestellt worden.

In der Sollplanung trägt das Produkt A – nach Verrechnung aller direkt zurechenbaren variablen und fixen Kostenbestandteile – 28,0 % vom Nettoerlös zur Gemeinkostendeckung bei (*Deckungsbeitrag*), während B mit einem Deckungsbeitrag von 4,4 % vom Nettoerlös wesentlich ungünstiger abschneidet. Diese produktspezifisch *relativen*, d.h. pro Absatzeinheit gemessenen Deckungsbeiträge ergeben – mit den geplanten Absatzvolumina multipliziert – den *absoluten* Deckungsbeitrag des jeweiligen Erzeugnisses. Beide Größen dienen dem Unternehmen zur Steuerung seiner Angebotspolitik (Tab. 4).

Tab. 3 Vorkalkulation für Produkte A und B

	A (DM)		B (DM)	
Listenpreis (Bruttoerlös)	9,650		7,200	
Erlösschmälerungen	0,841	(8,7%)	1,102	(15,3%)
Nettoerlös (NE)	8,809		6,098	
Direkt zurechenbare Herstellkosten	5,501		5,290	
Deckungsbeitrag (DB) I	3,308	(37,6% v. NE)	0,808	(13,3% v. NE)
Direkt zurechenbare Marketingkosten (z. B. Werbung, Verkaufsförderung, Merchandising, Marktforschung)	0,839	(9,5% v. NE)	0,537	(8,8% v. NE)
Deckungsbeitrag (DB) II	2,469	(28,0% v. NE)	0,271	(4,4% v. NE)

Tab. 4 Absolute Deckungsbeiträge der Produkte A und B

	A	B
Relativer DB II (DB, pro Absatzeinheit)	2,469 DM	0,271 DM
Geplantes Absatzvolumen	880000 Einh.	11 Mio. Einh.
Absoluter DB II	2,2 Mio. DM	3,0 Mio. DM

Die Entscheidung, Produkt B aufgrund des verhältnismäßig geringen relativen Deckungsbeitrags zu eliminieren, wäre vermutlich voreilig; das Unternehmen wird zunächst versuchen, das Kosten-Leistungsverhältnis bei B kritisch zu überprüfen – z. B. durch Einsatz der Wertanalyse [25] –, und auf dieser Basis strategische Maßnahmen überdenken, die die direkt zurechenbaren Herstell- und Marketingkosten betreffen (u. a. eine Verringerung der Werbung und Verkaufsförderung bzw. der Belastung des Verkaufsapparates und des Verkaufsinnendienstes).

Die Verfolgung einer anderen Preispolitik für B wäre eine weitere Maßnahme, die das Unternehmen auf ihre Erfolgsaussichten überprüfen wird. Hier muß allerdings in jedem Fall die mutmaßliche *Reaktion des Marktes* einbezogen werden: strategische Preisänderungen bei eingeführten Produkten werden von den Abnehmern im allgemeinen nur unter der Voraussetzung akzeptiert, daß beispielsweise eine Preiserhöhung vom Anbieter motiviert werden kann – sofern keine generelle Preiserhöhung in dem betrachteten Markt zu erwarten ist. Infrage käme beispielsweise eine durchgreifende Qualitätsverbesserung, eine neue funktionale Verpackungsidee oder ein verbesserter Service für das Produkt, sofern die Abnehmer derartige Maßnahmen als *Erhöhung der Wertigkeit des Produktes* anerkennen und entsprechend honorieren (Abklärung über Produkt- bzw. Konzeptionstests [26]. Dabei spielt es keine Rolle, ob der Listenpreis heraufgesetzt oder ob der Nettoerlös pro Absatzeinheit über eine Kürzung von Rabatten oder Boni erhöht werden soll; in beiden Fällen verläßt das Produkt seinen strategischen Preisrahmen, durch den seine Position im Markt im Verhältnis zum Wettbewerb bestimmt ist. Ebenso sind Preissenkungen u. U. suspekt, sofern sie nicht lediglich taktischen Zielsetzungen dienen.

Wir erkennen daran, wie wichtig es ist, bei der Markenführung den Markt, d. h. die Abnehmerzielgruppe, genau zu beobachten, da Aufschlüsse über ihr Preisverhalten von entscheidender Bedeutung für die eigene Planung sind. Auf dem Wege über die Ermittlung der sog. *Nachfrage-Reaktionsfunktion* kann der Anbieter versuchen, die Markenführung im Bereich des preispolitischen Instrumentariums ständig zu überprüfen. Dabei wird – ausgehend von der Positionierung eines Produktes im Wettbewerbsumfeld – untersucht, welche Absatzmengen die Abnehmerzielgruppe bei unterschiedlichen Preiskonstellationen aufzunehmen bereit ist. Nielsen operiert mit einer Regressionsanalyse, der die Erhebungsdaten aus den regulären Nielsen-Einzelhandels-Panels zugrunde liegen. Vereinfacht ausgedrückt wird dabei der Verlauf der Absatzanteile des beobachteten Produkts in verschiedenen Erhebungseinheiten mit einer entsprechenden Zeitreihe der Preisdifferenzen dieses Produkts zu Wettbewerbsangeboten in Beziehung gesetzt, gewichtet mit einem Faktor, der u. a. die Marktbedeutung der einzelnen Stichprobengeschäfte für den Absatz der Warengruppe einbezieht [28].

Ähnlich, allerdings empirisch nicht in gleichem Umfange abgesichert, geht Kaas vor, indem er anhand der Verteilung von Imagepräferenzen (Präferenzverteilung) für zwei Marken A und B bei den Käufern dieser Marken Kaufwahrscheinlichkeiten für A und B bei bestimmten Preisdifferenzen zwischen diesen Produkten zu ermitteln versucht, also direkt auf Verbraucherebene ansetzt [29]. Der Ansatz der A. C. Nielsen-Company dürfte in der Praxis der Preisplanung am meisten erfolgversprechend sein, alleine schon deshalb, weil die Beschaffung des benötigten Datenmaterials über Verbraucheruntersuchungen einen erheblichen Zeit- und Mittelaufwand erfordert und Probleme der Befragungsstrategie und -taktik auftreten können, die die Ermittlung der notwendigen Informationen erschweren [30].

Auf oligopolistisch strukturierten Märkten mit relativ geringem objektiven bzw. psychologischen Differenzierungsgrad der Angebote dürfte der Ansatz des *Competitive Bidding-Modells* mit guter Aussicht auf Erfolg verwendbar sein. In einer solchen Situation geht man im Prinzip davon aus, daß der günstigste Abgabepreis mit Hilfe der Einschätzung der Zuschlagswahrscheinlichkeit der Abnehmer berechnet werden kann, wobei ein bestimmtes Preisverhalten der Mitanbieter und ein Firmen-Goodwill bzw. ein Produkt-Image in bestimmter Ausprägung einbezogen werden [31]. Voraussetzung dafür ist gute Markttransparenz und eine Umsatzkonzentration auf verhältnismäßig wenige Abnehmer. Sowohl abnehmende Differenzierungsmöglichkeiten vom Wettbewerb als auch zunehmende Konzentration auf der Anbieter- und Nachfrageseite sind Erscheinungen, die heute in wachsendem Maße zu beobachten sind, so daß der Einsatz dieser Entscheidungshilfe in Zukunft an Bedeutung gewinnen könnte.

(2) Produkt-Neueinführung:

Ähnliche Entscheidungen gelten für Produkte, die neu eingeführt werden sollen. Einerseits ergibt sich der erzielbare Preis durch Abstimmung mit allen übrigen instrumentellen Maßnahmen für das betreffende Angebot, unter Berücksichtigung der Bewertung dieser Maßnahmen durch die Abnehmerzielgruppe (*Wertigkeit des Angebots*) und der geplanten und unter den gegebenen Umständen realisierbaren Absatzmenge während der Einführungsphase sowie der späteren Phasen des Produktlebens. Andererseits spielen kalkulatorische Gesichtspunkte für die Entscheidung des Unternehmens eine wichtige Rolle, ob das Produkt in dieser Form eingeführt werden kann und soll.

Tab. 5 zeigt die Deckungsbeitragskalkulation für das neue Produkt C. Für die Einführung des Produktes C steht auf der Basis dieser Vorkalkulation

Tab. 5 Preisbildung für neue Produkte

Erzielbarer Endverbraucherpreis	DM	12,95
./. 27,26 % Handelsspanne	DM	3,53
Erzielbarer NE	DM	9,42
Direkt zurechenbare Herstellkosten	DM	6,32
Erzielbarer DB I	DM	3,10 (32,91 % vom NE)
Geplanter DB II	DM	1,53 (16,24 % vom NE)
Direkt zurechenbare Marketingkosten = Differenz DB I ./. DB II	DM	1,57 (16,67 % vom NE)
Gesamter verfügbarer Marketingetat für C	DM	1,57 × geplantes Absatzvolumen im Einführungszeitraum

ein Marketingetat in der Größe von DM 1,57 mal geplantes Absatzvolumen des Produktes im Einführungszeitraum zur Verfügung; es ist zu prüfen, ob dieser Etat aufgrund der Markt- und Konkurrenzsituation ausreichend bemessen ist.

Das Unternehmen könnte während der Einführungszeit – beispielsweise für zwei Jahre – auf anteilige Gemeinkostendeckung verzichten, so daß pro Absatzeinheit der volle Betrag von DM 3,10 für Marktinvestitionen zur Verfügung stünde. Dann müßte aber beispielsweise voraussehbar sein, daß Produkt C im dritten Jahr nach seiner Einführung zur Deckung der Gemeinkosten des Unternehmens beizutragen beginnt (*Eintritt des Break Even-Punktes*) und anschließend Gewinn erwirtschaftet [27].

Der Ansatz eines erzielbaren Endverbraucherpreises von DM 12,95 pro Einheit basiert u.a. auf dem Zusammenwirken der Preispolitik mit folgenden Überlegungen:

(1) der Qualität und Ausstattung des Produktes sowie dem geplanten Service-Niveau

(2) der Markenpolitik und in diesem Zusammenhang besonders der Kommunikations- und Distributionspolitik, Entscheidungen, die für Markenartikel bekanntlich einen bestimmten Handlungsrahmen festlegen

(3) den Vorstellungen von der Realisierung einer bestimmten Absatzmenge in der Planungsperiode.

Grundsätzlich zu unterscheiden ist die „*Skimming*"- von der „*Penetration*"-Politik: Bei der Skimming-Politik (Abschöpfungspolitik) erfolgt die Produkteinführung auf relativ hohem Preisniveau, z.B. um eine monopolartige Situation auszunutzen. Später wird der Preis gesenkt, etwa wenn Mitbewerber auf den Markt kommen. Penetration (Durchdringung) bedeutet dagegen von vornherein die Einstellung des Preises auf vorhandene Konkurrenzprodukte bzw. deren Unterbietung, um auf diese Weise einen möglichst großen Markterfolg zu realisieren.

Auch hier könnte das Unternehmen den Versuch machen, zur Bestimmung des richtigen Marktpreises ähnlich wie bei der Markenführung eine Nachfrage-Reaktionsfunktion zu ermitteln, indem beispielsweise Daten aus kontrollierten Markttests von Nielsen [32] verwendet werden. Allerdings liegen bisher noch keine ausreichenden Erfahrungen vor, inwieweit diese Vorgehensweise zu einer befriedigenden Entscheidungsabsicherung führt.

Neben strategischen Erwägungen im Zusammenhang mit dem Produktpreis haben *taktische* Preisentscheidungen große Bedeutung, beispielsweise in Verbindung mit Aktionsangeboten. Hier operiert das Unternehmen innerhalb des fixierten strategischen Preisrahmens und führt eine zeitlich begrenzte Preissenkung, verbunden mit anderen Maßnahmen für das betreffende Produkt, durch, meist im Zusammenhang mit Verkaufsförderung am point of purchase. Die Zielsetzung ist auf der einen Seite kurzfristiger Natur: Es kann sich darum handeln, das Angebot zu aktualisieren bzw. Spontankäufe in der Zielgruppe zu initiieren. Andererseits kommt es aber stets darauf an, derartige Maßnahmen in das *langfristige Zielsystem* des Unternehmens zu integrieren, so daß eine beobachtbare positive Initialwirkung durch entsprechende Instrumente aufgegriffen und weitergeführt wird und daß keine negativen Auswirkungen für das Produkt und seine Position im Markt zu befürchten sind (z. B. Schäden für das Image durch zu häufige Aufeinanderfolge von Preisaktionen).

1.2.7 Absatzfinanzierung

Auf inländischen Konsumgütermärkten spielt dieses angebotspolitische Instrument eine untergeordnete Rolle; allerdings hat es sich bis zum heutigen Tage beispielsweise in Bierlieferungsverträgen gehalten, indem Brauereien ihren Kunden (vor allem in der Gastronomie) Geschäftsausstattungs-Darlehen gewähren, die innerhalb der vereinbarten Laufzeit des Darlehens über die Bierabnahmemenge zurückgezahlt werden müssen. Insofern ist diese Art der Kreditgewährung Bestandteil der Preis- und Konditionenpolitik des Anbieters.

Zu erwähnen ist ferner die Form des *Leasing-Systems*, die allerdings stärker bei Gebrauchs- und Investitionsgütern – insbesondere bei solchen mit hohem Investitionsrisiko, beispielsweise durch die Gefahr zu schnellen technischen Veraltens – zum Einsatz gelangt. Der Leasing-Nehmer bezahlt eine Art Miete für die „geleaste" Ware und erwirkt dadurch in der Regel eine Kaufanwartschaft; die Festsetzung der Leasinggebühren und der übrigen Geschäftsbedingungen erfolgt wiederum in engem Zusammenhang mit der Preis- und Konditionenpolitik des Anbieters. Der Vorteil für den Leasing-Nehmer besteht in der Schonung seiner Liquiditätsbasis, nicht zuletzt aber in einer hohen Flexibilität, die in die Leistungsrechnung als Äquivalent für die mitunter relativ hohen Leasinggebühren eingeht.

Eine größere Rolle spielt heute die Kreditgewährung auf Auslands-Konsumgütermärkten, u. a. in Form des sog. *Factoring-Systems*: Der Factor als selbständiger Kaufmann erwirbt gegen Barzahlung Forderungen von Herstellern und zieht diese in eigenem Namen bei den Schuldnern ein. Der Hersteller berücksichtigt in solchen Fällen die entstehenden Kreditkosten, die sich aus Zinsen, einem Aufschlag für die Übernahme des Zahlungsrisikos durch den Factor (sog. Delcredere-Provision) und Verwaltungskosten zusammensetzen, von vornherein in seiner Kalkulation.

1.2.8 Zusammenfassende Betrachtung

Im Rahmen der Angebotspolitik des Unternehmens sind zwei große Entscheidungsbereiche zu nennen:

(1) Der eine betrifft die Führung im Markt bereits eingeführter Produkte/Programme (*Entscheidungen hinsichtlich der sog. Produkt- oder Markenführung*),

(2) der andere berührt Entscheidungen, die mit der Erweiterung des Umfangs des Angebotsprogrammes eines Unternehmens durch *Diversifikation* zusammenhängen.

Damit verbundene Verfahrensweisen bilden zwei Kernprobleme der Angebotsstrategie und werden uns in den folgenden Kapiteln eingehend beschäftigen.

Beide Entscheidungsbereiche sind über das angebotspolitische Ziel- und Maßnahmensystem eng miteinander verknüpft. Die Überlegung beispielsweise, einen bestimmten Teil des Angebotsprogramms weiterzuführen, und zwar in der vorliegenden oder aber aufgrund interner bzw. marktlicher Gegebenheiten in abgewandelter Form, kann gleichzeitig die Planung zusätzlicher Produkte bzw. Programme zur Folge haben; Planungen in einem Sektor, die auf den Aufbau neuer Produkte bzw. Programme hinauslaufen, können von Eliminationsentscheidungen bezüglich anderer Produkte oder Programme begleitet sein. Es kommt darauf an, das Angebotsziel des Unternehmens und damit das Marketingziel so gut wie möglich auf dem Wege über angebotspolitische Subziele für einzelne Produkte und Programme zu erreichen.

Da angebotspolitische Zielsetzungen und die Chancen zur Zielrealisierung wesentlich von der Organisation des Unternehmens abhängen, wird ein Abschnitt eingefügt, der sich insbesondere mit den Erfordernissen des Organisationssystems im Hinblick auf ein ausgewogenes und zukunftssicherndes Angebots-Submix beschäftigt.

Übersicht 1. Überblick über strategische Basisentscheidungen in der Angebotspolitik

Angebotsstrategie

(1) *Produkt- oder Markenführung*

(1.1) Erweiterung des Angebotsvolumens durch Hinzufügung von einem bzw. mehreren Produkten in bestehende Programme (*Programm-Variation durch Produkt-Differenzierung*)

(1.2) Einschränkung des Angebotsumfangs durch Herausnahme von einem oder mehreren Produkten aus bestehenden Programmen (*Programm-Variation durch Produkt-Elimination*) bzw. durch Herausnahme von einem oder mehreren Programmen (*Programm-Elimination*)

(1.3) Keine Veränderung des Angebotsumfangs

(1.3.1) Unveränderte Fortführung von im Markt befindlichen Produkten/Programmen

(1.3.2) Veränderte Fortführung von im Markt angebotenen Produkten (*Produkt-Variation*)

(2) *Diversifikation*

Erweiterung des Angebotsumfangs durch Hinzufügung von einem bzw. mehreren zusätzlichen Programmen

Übersicht 1 gibt einen schematischen Überblick über strategische Basisentscheidungen in der Angebotspolitik. Die Aufgaben der *Produkt- bzw. Markenführung* sind besonders vielfältig. Allgemein gilt es, die eingeführten Produkte und Programme des Unternehmens planmäßig fortzuführen; dazu gehören sowohl die *Variation von Produkten* zur Erhöhung ihrer Attraktivität gegenüber den Abnehmern als auch die *Variation von Programmen* durch Entwicklung und Einfügung abgewandelter Produkte (z.B. neuer Verpackungsgrößen, zusätzlicher Geschmacksvarianten) bzw. durch *Elimination* von Produkten, die keine Lebensberechtigung mehr haben; u.U. müssen ganze Programme aufgegeben werden. Auf der anderen Seite ist es wichtig, durch systematische *Diversifikationsbemühungen* die Chancen des Unternehmens auszuschöpfen und zu steigern, indem neue und aussichtsreiche Märkte zielgerecht analysiert und bearbeitet werden.

2. Phasen der Angebotsplanung

2.1 Ziel- und Zielgruppenentscheidungen

Der Stellenwert der angebotspolitischen Ziele innerhalb der Marketingplanung ist bereits in Abschnitt 1.1 dargestellt worden (s. auch Abb. 2). Hier kommt es darauf an zu diskutieren

(1) wie angebotspolitische Zielentscheidungen zustande kommen und

(2) welchen Inhalt sie haben.

2.1.1 Die Ableitung des angebotspolitischen Zielsystems

Dem Zielbildungsprozeß ist eine *Informationsphase* vorgelagert, in der es zunächst darum geht, alle verfügbaren Informationen *aus dem Markt*, z.B. über gesamtwirtschaftlich relevante Faktoren wie Bevölkerungsstruktur und Sozialprodukt, über einzelne Märkte wie Nachfrage-, Absatzmittler- und Wettbewerbsstruktur, über die Wirkungsweise der absatzpolitischen Instrumente des Unternehmens sowie über nicht-wirtschaftliche Bedingungen, z.B. rechtlicher und politischer Art, zu sammeln.

Darüber hinaus werden Informationen *aus dem Unternehmen* benötigt, u.a. über die Managementstruktur in einzelnen Planungsbereichen, über organisatorische Gegebenheiten in den für die Planung wichtigen Abteilungen, über den technischen Stand, die finanzielle Situation und nicht zuletzt über Umsatz-, Aufwands- und Ergebnisgrößen für einzelne Produkte bzw. Produktgruppen einschließlich ihres Zustandekommens. Es gilt, alle verfügbaren Informationen systematisch zu sammeln und zu verdichten (Übersicht 2) [33].

Übersicht 2. Einteilung der relevanten Informationen als Basis für die Angebotsplanung

I. *Informationen über Umweltbedingungen*

1. Informationen über wirtschaftliche Faktoren

   a) allgemeine wirtschaftliche Informationen (z.B. Bevölkerungsentwicklung, Wirtschaftswachstum)

   b) Branchen- und Branchensegment-Informationen

c) Detail-Informationen über einzelne Märkte
   ca) Nachfrager
   cb) Absatzmittler
   cc) Konkurrenz

d) Informationen über die Wirkungsweise der absatzpolitischen Aktivitäten des Unternehmens („Instrumentalinformationen")
   da) Informationen über Nachfrager-Reaktionen
   db) Informationen über Konkurrenz-Reaktionen

2. Informationen über nicht-wirtschaftliche Faktoren
   a) rechtliche und politische Faktoren
   b) naturbedingte Gegebenheiten

II. *Informationen über innerbetriebliche Gegebenheiten*

1. Allgemeine Geschäftsgrundsätze
2. Management
3. Organisations- und Führungsstruktur
4. Technik
5. Finanzen
6. Erfolgsgrößen (Absatz, Umsatz, Kosten)
7. Sonstige, für die Angebotsplanung relevante innerbetriebliche Faktoren

In der Informationsphase wird angestrebt, einzelne *Marktsegmente* (in sich relativ homogene, vom Volumen her quantifizierbare und für spezielle Marketingstrategien tragfähige Felder des Marktes) gegeneinander abzugrenzen und möglichst viele Informationen über diese Segmente zu sammeln, um in späteren Phasen eine *zielgruppenspezifische* Angebotsplanung vornehmen zu können. Man spricht in diesem Zusammenhang von einer „gezielten" Sammlung von Informationen. Speziell bei der Beschaffung von Informationen als Basis für die Planung neuer Produkte bzw. Programme steht diese Forderung im Vordergrund der Bemühungen, um die knappen Ressourcen konzentriert einsetzen zu können. Aus den für bestimmte Marktsegmente zusammengetragenen Unterlagen entstehen dann *Markt- und Absatzanalysen*, die wichtige Aufschlüsse über Stand und Entwicklung in einzelnen Angebotsbereichen vermitteln.

Für die Informationssammlung und -aufbereitung werden zunächst alle zugänglichen sekundärstatistischen Quellen ausgeschöpft; in den meisten Fällen wird es sich allerdings als notwendig erweisen, diese Sekundär-Informationen durch Primäruntersuchungen über einzelne Produkte bzw. Programme (z.B. über Einkaufs- und Verbrauchsgewohnheiten bestimmter

Zielgruppen, Kauf- und Verbrauchsmotive, Einstellungen zu bestimmten Marken usw.) zu ergänzen, um das Bild zu vervollkommnen.

Daran schließt sich im Ablauf der Marketingplanung im allgemeinen für jedes Produkt bzw. jede Produktgruppe eine *Markt- und Absatzprognose* an, stufenweise über die Einbeziehung von Vorausschätzungen betreffend Gesamtnachfragegrößen (z.B. Sozialprodukt, Bevölkerung, Verbrauchsausgaben) und die Branchen- bzw. Branchensegment-Entwicklung. Auf einzelne in der Informationsphase und bei der Absatzprognose gebräuchlichen Verfahren und Methoden kann an dieser Stelle nicht näher eingegangen werden [34]. Die Vorhersage der eigenen Absatzchancen geschieht auf der Basis der Markt- und Absatzanalyse, die die heutige Situation einschließlich ihrer Entwicklung aus der Vergangenheit aufzeigt. Mit anderen Worten: Ein bestimmtes Absatzvolumen wird als realisierbar betrachtet, ohne daß das Unternehmen aktive Maßnahmen zur Veränderung des eigenen Absatzpotentials vor dem Hintergrund absatzpolitischer Ziele und Maßnahmen plant (sog. Ceteris paribus-Clausel).

In Abb. 6 ist der Abverkauf eines Konsumproduktes ab Fabrik auf der Basis von 48 Monatswerten für die kommenden 12 Monate geschätzt worden, und zwar nach dem *Prognoseverfahren von Winters* [35]. Der Korrelationskoeffizient nach Pearson zwischen den aufgrund der Prognose-Simulation für die Periode 49–54 vorausgesagten und den realisierten Werten beträgt 0,8857. Bei einer Prognose des Abverkaufs für dieselbe Periode durch *multiple Regression* (einbezogen wurden u.a. die vermutete Gesamtmarktentwicklung und die Entwicklung des privaten Verbrauchs) und dem Vergleich mit den realen Werten ergab sich ein Korrelationskoeffizient von 0,9170. In demselben Beispiel sank die Leistungsfähigkeit mathematischer Prognosemodelle allerdings deutlich ab, wenn es darum ging, den Endverbraucherabsatz vorherzusagen. In solchen Fällen kann es zweckmäßig sein, subjektive Schätzungen (z.B. anhand der Delphi-Technik) [36] einzubeziehen, die u.U. weitere Informationen, die in den mathematischen Prognoseansätzen nicht verarbeitet werden können, berücksichtigen, um auf diese Weise die Vorausschätzung besser den realen Werten anzupassen. Grundlage der Delphi-Technik ist die vielfach verifizierte Beobachtung, daß Experten auf bestimmten Fachgebieten auf der Basis ausführlicher Informationen über die Problemstellung und eigener Erfahrungen offenbar dazu in der Lage sind, Schätzungen über zukünftige Entwicklungen abzugeben, die der Wirklichkeit u.U. näher kommen als Prognosen auf der Grundlage mathematisch-statistischer Modelle.

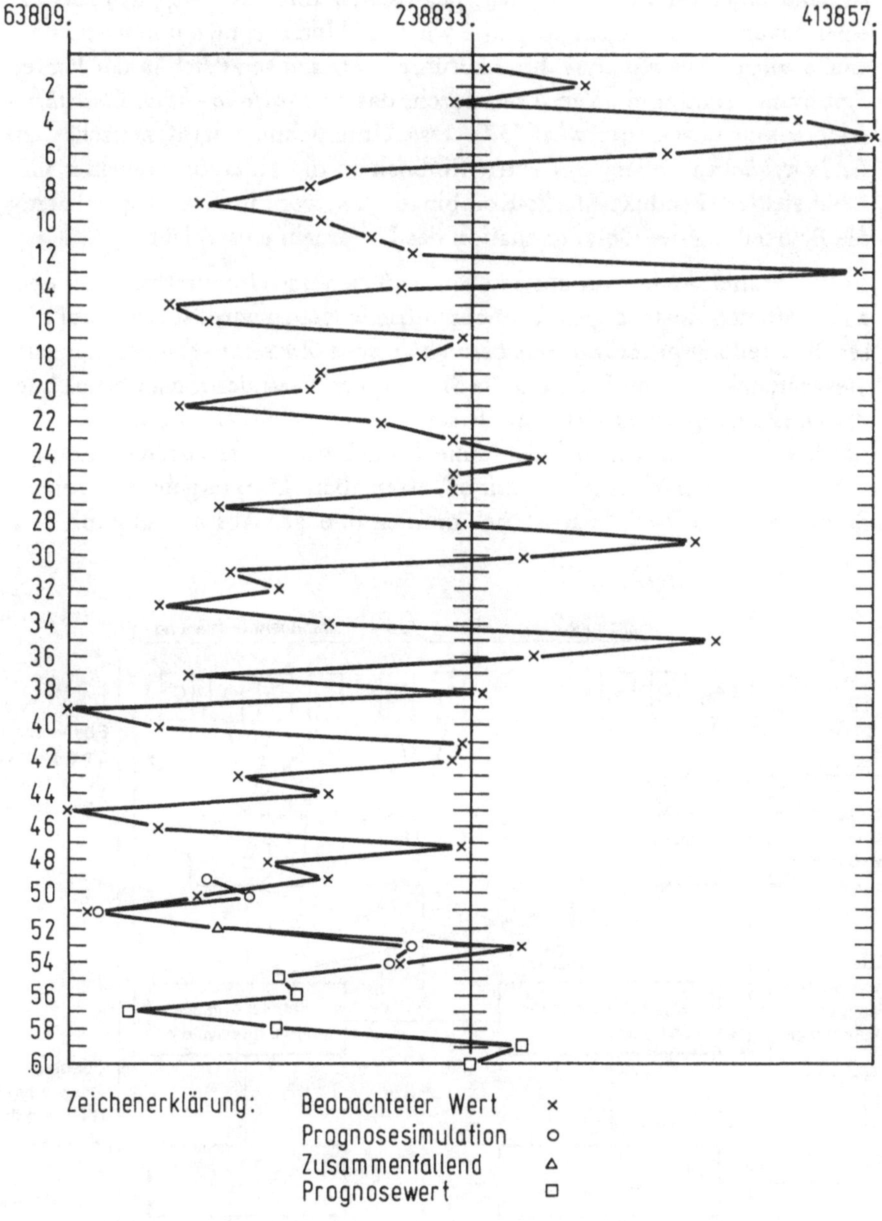

Abb. 6 Prognose des Abverkaufs bei einem Konsumprodukt für die Perioden 49–60 (nach dem Verfahren von Winters)

Anhand einer fundierten segmentspezifischen Informationsplattform und einer zuverlässigen Absatzprognose wird das Unternehmen nun versuchen, eine *Schwachstellenanalyse* durchzuführen. Hierzu setzt sich in der letzten Zeit immer stärker ein Verfahren durch, das als *Portfolio- bzw. Geschäftsfeldplanung* bezeichnet wird [37]. Das Unternehmen wird zunächst ein *Ist-Portfolio* aufstellen, das einen Einblick in die Situation einzelner Geschäftsfelder (Produkt-Markt-Kombinationen) vermittelt und gleichzeitig die Beurteilung der Gesamtsituation des Unternehmens zuläßt.

In der Realität kann man unterstellen, daß sich das Unternehmen mit dem angetroffenen Zustand generell nicht zufriedengeben wird, sondern auf dieser Beurteilungsgrundlage *marketingpolitische Zielsetzungen* für einzelne Geschäftsfelder formuliert, um die Situation zu verändern; man bezeichnet diesen Planungsschritt als die Erstellung eines *Soll-Portfolios*. In den Marketingzielen drückt sich der Wille des Unternehmens aus, das unter gegebenen Umständen (ceteris paribus) erreichbare Marktergebnis in seinem Sinne positiv zu beeinflussen. Sie kommen in enger Abstimmung mit dem

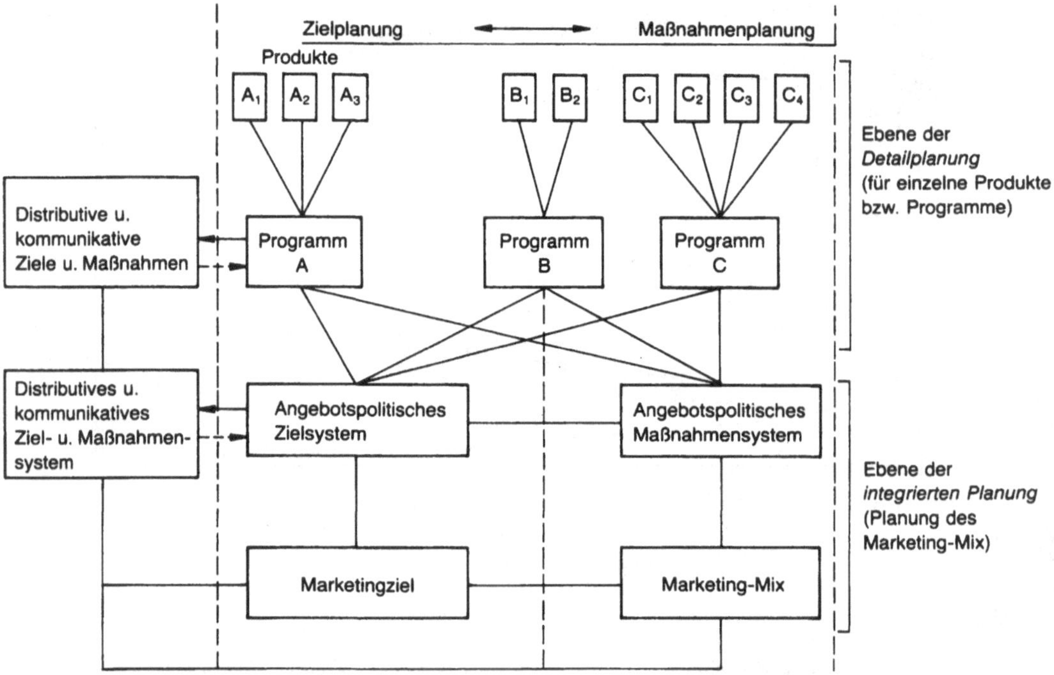

Abb. 7 Planung der Angebotsstrategie

instrumentellen Ziel- und Maßnahmensystem zustande, das seinerseits stark von den Zielen und Maßnahmen im Angebotsbereich beeinflußt wird und Ergebnis von Detailplanungen für einzelne Produkte und Programme des Unternehmens ist. Die Zusammenhänge veranschaulicht Abb. 7.

Das endgültige Marketingziel wird stufenweise aus der detaillierten Produkt- und Programmplanung im Angebotsbereich und in den Instrumentalbereichen Distribution und Kommunikation abgeleitet, wobei sich jeweils Ziel- und Maßnahmenplanungen ergänzen. Eine isolierte Planung des Angebotsinstrumentariums ist ebenso unrealistisch wie eine Zielplanung, die in der Detailphase von der Maßnahmenplanung losgelöst ist; es gilt, Ziele und Maßnahmen jeweils pro Produkt bzw. pro Programm aufeinander abzustimmen. Als Ergebnis resultiert das *angebotspolitische Ziel- und Maßnahmensystem*, aus dem sich die Marketingzielsetzung und das Marketing-Mix durch Integration mit distributiven und kommunikativen Ziel- und Maßnahmeentscheidungen ableiten. Allerdings wäre es falsch, die Planung der Angebotsstrategie als „Einbahnstraße" – im Sinne des dargestellten stufenweisen Verlaufs von einem Planungsschritt zum nächsten – aufzufassen. Innerhalb des Systems der Marketingplanung ergeben sich zahlreiche Rückkoppelungen, sowohl auf der Ebene der Detailplanung als auch in der integrierten Planungsphase: Beispielsweise ist es denkbar, daß Ziele und Maßnahmen für verschiedene Programme nicht verträglich sind oder daß sich bei der Integration der verschiedenen Instrumentalpläne zum Marketing-Mix Engpässe herausstellen. Ebenso können Vorstellungen, die im Unternehmensziel formuliert worden sind, eine Revision der Marketingplanung bewirken. Die in vielfältiger Form denkbaren Wechselbeziehungen sind in Abb. 7 der Übersichtlichkeit wegen nicht eingetragen worden.

Für eine tragfähige Portfolio-Analyse stellt die treffsichere *Abgrenzung einzelner Geschäftsfelder* [37] eine zwingende Voraussetzung dar; diese kann nur gelingen, wenn in der Informationsphase ausreichend detaillierte Segmentierungskriterien erarbeitet worden sind, auf die sich die Prognosephase stützen konnte. Wie in Zusammenhang mit der Erstellung des Soll-Portfolios angesprochen, stellt diese segmentsspezifische Betrachtungsweise natürlich auch für die Angebotsplanung die Basis dar, und angebotspolitische Ziele und Maßnahmen müssen auf klar umrissene Zielgruppen (Absatzmittler- und Käufer/Verbraucher-Zielgruppen) ausgerichtet werden. Einzelheiten über die Zielgruppenbildung brauchen an dieser Stelle nicht diskutiert zu werden [38]. Es soll lediglich darauf hingewiesen werden, daß sich bei eingeführten Produkten im Verlaufe der Planung der Angebotsstrategie u. U. Zielgruppenverschiebungen ergeben können, z. B. durch Veränderung von Produkteigenschaften. In jedem Falle ist es daher zweckmäßig, durch Marktforschung die Auswirkungen der Planung vor der Realisationsphase der Strategie zu überprüfen, um unkontrollierte Ergebnisse so weit wie möglich auszuschalten. Bei neuen Produkten bzw. Programmen ergeben sich aus der detaillierten Planung der Angebotsstrategie oft wesentliche Anregungen für die genaue Fixierung des anzusteuernden Marktsegments und der Zielgruppe (*Marktsegmentierung durch Angebotspositionierung*).

2.1.2 Der Inhalt von Angebotszielen

In der Literatur werden angebotspolitische Zielkriterien einerseits ökonomischen, auf der anderen Seite außerökonomischen Kategorien zugeordnet [39]. Unter *außerökonomischen* Zielen versteht Bidlingmaier vor allem imagebezogene Komponenten: „Die Art, Qualität, Preishöhe usw. der angebotenen Produkte bestimmen entscheidend die Vorstellungen, die die Öffentlichkeit mit einem Unternehmen verbindet." [40] Wir wollen die Aufgabe der Imagebildung in erster Linie dem Instrument Kommunikation zuordnen, obwohl nicht übersehen werden kann, daß Ausstattung und Marke wichtige Grundlagen für die Kommunikationsbereitschaft eines Produktes darstellen. Die Zielsetzung der Angebotsplanung im außerökonomischen Bereich besteht nach unserer Auffassung vielmehr darin, maßgeblich zur *Positionierung* eines Produktes am Markt beizutragen, und zwar durch die Gestaltung und das Zusammenwirken aller absatzpolitischen Instrumente [41]. Dabei besteht eine enge Verbindung zur *ökonomischen* Zielsetzung: Es handelt sich stets darum, durch die Maßnahmen im Angebotsbereich bestimmte Marktanteils-, Absatz-, Umsatz- und Ergebnisziele zu realisieren. Außerökonomische Ziele und ökonomische Ziele stehen damit in einem komplementären Verhältnis.

Übersicht 3. Strategische Angebotsziele für ein Konsumprodukt

Ökonomische Ziele (z. B.):

- Marktanteilssteigerung im Premiumbier-Markt in 5 Jahren auf . . . %
- Damit verbunden (über die Vorausschätzung der Entwicklung des Premiumbier-Marktes insgesamt) Absatzwachstum in der Planungsperiode auf . . . Mio. Absatzeinheiten
- Umsatzausweitung in der Planungsperiode auf . . . Mio. DM
- Erzielung eines Deckungsbeitrages in Höhe von . . . Mio. DM

Außerökonomische Ziele (z. B.):

- Etablierung der Marke im Premiumbier-Markt als qualitativ hochwertiges Bier, das seinen über dem durchschnittlichen Niveau der Konsumbiere liegenden Preis pro Einheit rechtfertigt
- Formulierung entsprechender Teilziele für Produktqualität und -ausstattung, Markierung, Service, Preis und Konditionen
- Abstimmung der Angebotsziele mit instrumentellen Zielen außerhalb des Angebotsbereichs: Distributionsziel = Etablierung als nationale Marke; Kommunikationsziel = Aufbau eines unverwechselbaren Images im Premiumbier-Markt.

Beispielsweise könnte bei einem Bier der Premiumklasse das in Übersicht 3 dargestellte Zielsystem verbindlich sein. Man erkennt die wichtige Ergänzung ökonomischer und außerökonomischer Zielkriterien. Außerdem sind aus dem Beispiel verschiedene Forderungen im Hinblick auf eine *operationale Ziel- und Maßnahmenplanung im Angebotsbereich* abzuleiten:

(1) Eine Zielplanung ohne parallele Maßnahmenplanung ist gegenstandslos. Beispielsweise muß festgelegt sein, auf welchem Wege die angestrebte Marktanteils-, Absatz- bzw. Umsatzausweitung realisiert werden kann (u.a. durch welche eigenen geplanten Aktivitäten: Durch eine allgemeine Ausweitung des Premiumbier-Marktes („Marktausweitungs-Strategie") oder durch Verdrängung bestimmter Mitbewerber („Verdrängungs-Strategie")) [42].

(2) Außerdem wird die Verbindung zwischen Angebotsplanung und Planung in den Instrumentalbereichen Distribution und Kommunikation deutlich: Das angesteuerte außerökonomische Ziel der Etablierung der Marke in einem bestimmten Marktsegment spricht z. T. Maßnahmen an, die durch den Vertrieb (z. B. durch nationale Ausweitung der Distribution, Verstärkung bestimmter Absatzkanäle) und die Kommunikation (z. B. Aufbau eines unverwechselbaren Images für die Marke) zu flankieren sind.

(3) In den angebotspolitischen Zielen und Maßnahmen fließen Entscheidungen hinsichtlich der Markenführung und der Erweiterung des Angebotsprogramms des Unternehmens zusammen. In dem Beispiel kann es sich als notwendig erweisen, die angebotspolitischen Ziele für das bereits im Markt eingeführte Produkt Flaschenbier u. a. auf dem Wege über die Einführung eines zusätzlichen Produktes (Faßbier) zu realisieren.

(4) Eine operationale Ziel- und Maßnahmenplanung verlangt die periodenweise Unterteilung der Ziele und dazugehörigen Maßnahmen, um die

Strategie schrittweise – mit entsprechenden Rückkoppelungen nach dem Vorbild einer „rollenden" Planung – zu realisieren. Die strategischen Ziele und Maßnahmen müssen in Periodenziele und periodisch durchzuführende Maßnahmen untergliedert werden.

Neuerdings kommt es immer häufiger darauf an, in das Zielsystem der Angebotsplanung auch *ökologische Komponenten* zu integrieren [43], beispielsweise indem ökologisch besonders wertvolle Rohstoffe verwendet oder die natürlichen Umweltressourcen geschont werden. Damit kann das Unternehmen u. U. eine eigenständige Positionierung erreichen. In jedem Falle wird das Unternehmen jedoch zu prüfen haben, inwieweit derartige Aspekte für die Position eines Produktes am Markt förderlich sind, so daß auf der einen Seite entstehende Zusatzkosten durch eine höhere Wertigkeit des Produktes mindestens kompensiert werden.

In diesem Falle wird besonders deutlich, wie wichtig eine langfristige Planungsebene ist, denn derartige Maßnahmen können eine Investition in die Zukunft darstellen, die sich langfristig rentiert.

2.2 Planung der Angebotsmaßnahmen

Die Maßnahmenplanung baut auf festgelegten Angebotszielen auf; sie untergliedert sich in die drei Phasen

(1) Strategieplanung

(2) Detailplanung

(3) Integration der Instrumente der Angebotsplanung in das Marketing-Mix.

In der *Strategieplanung* werden Grundsatzentscheidungen über das einzusetzende Angebots-Instrumentarium getroffen, die längerfristigen Charakter haben; diese Phase korrespondiert mit der Planung langfristiger Angebotsziele. Die *Detailplanung* mit mittel- bis kurzfristigem Charakter baut auf detallierten angebotspolitischen Zielen auf und strebt an, die Angebotsinstrumente für eine oder mehrere Perioden in allen Einzelheiten zu fixieren, so daß sich die Realisation der Maßnahmen unmittelbar anschließen kann. Bevor diese jedoch erfolgt, ist eine Abstimmung der absatzpolitischen Instrumente des Angebotsbereichs mit dem im Detail geplanten Instrumentarium der Distribution und Kommunikation notwendig, um ein konzeptionell einheitliches Marketing-Mix zu entwickeln, das dem Unternehmen die möglichst befriedigende Durchsetzung seiner Ziele am Markt ermöglicht (*integrative Planung*). Aus Abb. 8 ist der Ablauf der Angebotsplanung ersichtlich [44].

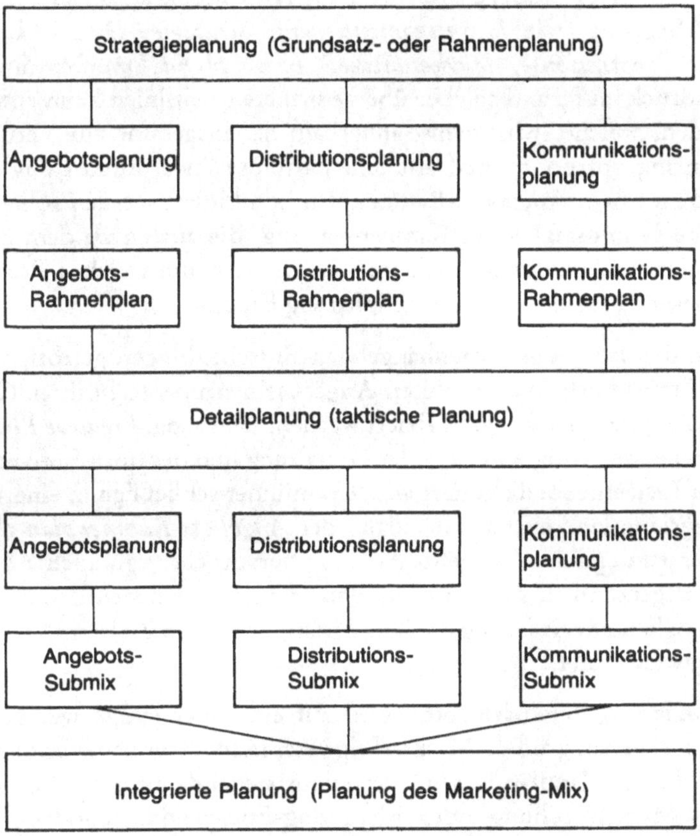

Abb. 8 Ablauf der Angebotsplanung

2.2.1 Strategieplanung

Grundsätzliche Überlegungen über die Angebotsinstrumente laufen als erstes auf die Frage hinaus, welche Instrumente in dem konkret vorliegenden Planungsfall schwerpunktmäßig eingesetzt werden sollen, um die Angebotsstrategie langfristig zu fundieren. Um diese Vorgehensweise zu erfassen, kann man sich vorstellen, daß das Planungsteam von sog. *Strategie-*

Modellen als gedanklichem Rahmen ausgeht, die in plastischer Form den Kern der angebotspolitischen Grundsatzplanung ausdrücken und verdeutlichen, auf welche Schwerpunkt-Aktivitäten die angebotspolitische Maßnahmenplanung längerfristig auszurichten ist.

Derartige „Strategiemodelle" für die Langfristplanung kommen beispielsweise in Begriffen wie *Marktsegmentierungs-Strategie, Diversifikations-Strategie, Penetrations-, Markenartikel- bzw. Handelsmarken-Strategie* zum Ausdruck; aufgrund solcher übergeordneten Leitlinien kann entschieden werden, welche Instrumente innerhalb des insgesamt zur Verfügung stehenden angebotspolitischen Instrumentariums schwerpunktmäßig eingesetzt und zu einem Angebots-Rahmenplan kombiniert werden sollen. Die Ausdrücke Grundsatz- bzw. Rahmenplanung, die analog zu dem Begriff Strategieplanung benutzt werden, machen gut klar, um welchen Prozeß es sich in dieser Phase der Maßnahmenplanung handelt.

Nachdem die damit zusammenhängenden Entscheidungen getroffen worden sind, müssen die ausgewählten Angebotsinstrumente in ihrer *Gestaltung* und *Einsatzintensität* grob fixiert werden. Diese sog. *kreative Phase*, in der meist mehrere Möglichkeiten der Gestaltung und des quantitativen Einsatzes der Instrumente diskutiert werden, mündet schließlich in eine *Wahl- oder Selektionsphase* ein, aus der dann der *Angebots-Rahmenplan* als Ergebnis der strategischen Angebotsplanung hervorgeht (vgl. auch Abb. 9), von dem angenommen werden kann, daß er unter gegebenen Bedingungen die bestmögliche Realisierung der längerfristig gesetzten Ziele im Angebotsbereich gewährleistet.

Die Reduzierung denkbarer Strategien auf eine oder einige wenige, von denen man sich den größten Markterfolg verspricht, stellt dabei insofern ein Problem dar, als landläufig zur Verfügung stehende Entscheidungshilfsmittel – Marktforschung oder Marketing-Entscheidungsmodelle – in dieser Phase im allgemeinen nicht verwendbar sind, weil die einzelnen Strategieansätze erst in Umrissen festliegen. Deshalb bedient man sich häufig subjektiver Schätzungen bzw. formalisierter subjektiver Schätzverfahren – z.B. eines Scoring-Modells [45] – und bezieht die meist umfangreichen Erfahrungen des Managements in die Entscheidungsfindung mit ein.

Der Planungsprozeß im Angebotsbereich soll anhand des in Abschnitt 2.1.2 dargestellten Beispiels der Premiumbiermarke verdeutlicht werden. Aufgrund der Informationen aus dem Markt und der Einschätzung der Absatzentwicklung bei Flaschenbier entscheidet sich das Unternehmen zu einer Diversifikationsstrategie mit dem langfristigen Ziel, eine neues Angebot – Faßbier – aufzunehmen. Die damit zusammenhängenden Grundsatzentscheidungen betreffen die *Positionierung* des neuen Angebots Faßbier (u.a. Festlegung von Qualität, Ausstattung: Gebindearten und -größen, Gläserausstattung; in diesem Zusammenhang die Markierung des Angebots, die Fixierung des Preisniveaus, der Konditionen einschließlich der Absatzfinanzierung in Richtung Gastronomie). Es geht darum, *die wichtigsten Angebotsinstrumente als Träger des übergeordneten Strategiemodells* grob in ihrer Gestaltung, ihrer Gewichtung für das Wirksamwerden der Strategie am Markt und in ihren gegenseitigen Einflüssen festzulegen, um daraus einen Angebots-Rahmenplan zu entwickeln. Parallel dazu müssen die Kosten und evtl. notwendige Investitionen fixiert werden.

An dieser Stelle tritt ein wichtiger Gesichtspunkt noch einmal klar hervor: Eine isolierte Planung des Angebotsinstrumentariums muß zwangsläufig zu Fehleinschätzungen führen, weil Grundsatzentscheidungen im Angebotsbereich automatisch Folgen für die Distributions- und Kommunikationsplanung haben. Beispielsweise müssen die wichtigsten Distributionskanäle festgelegt werden, die Frage einer regionalen, überregionalen bzw. nationalen Markeneinführung spielt eine Rolle und es ist zu klären, in welcher Form und Intensität Kommunikationsinstrumente einzusetzen sind, um der geplanten Angebotsstrategie zum Durchbruch zu verhelfen.

Aber nicht nur für den Marketingbereich ergeben sich Konsequenzen: Einbezogen werden in die Angebots-Rahmenplanung u.a. die Funktionen Produktion, Logistik und Finanzen, um auch hier eine grundsätzliche Abstimmung zu erzielen und abzusichern, daß die geplante Angebotsstrategie tatsächlich realisierbar ist. Gleichzeitig wird ein weiterer Effekt deutlich: Eine Strategieplanung kann sich niemals damit begnügen, Maßnahmen und notwendigen Mitteleinsatz global, d.h. in Form eines Gesamt-Maßnahmenpaketes und einer Gesamtsumme an erforderlichen Mitteln, zu fixieren; parallel zu einer Periodisierung der langfristig gesteckten Ziele im Angebotsbereich ist es notwendig, die langfristig geplanten Maßnahmen auf einzelne Zeiträume aufzuteilen, u.a. um die finanzielle Realisierbarkeit der Strategie zu überprüfen. Die anschließende Detailplanung basiert auf diesen Periodenvorgaben.

2.2.2 Detailplanung

2.2.2.1 Inhalt der Detailplanung

Nach der Verabschiedung des Angebots-Rahmenplanes erfolgt die detaillierte Planung für die erste Planungsperiode (meist 1 Jahr) bzw. für einen mittelfristigen Planungszeitraum (2 oder 3 Jahre). Man spricht in diesem Zusammenhang auch von der *taktischen Planung*. Die Ausrichtung der Detailplanung auf eine mittelfristige Zeitspanne kann einerseits zweckmäßig sein, wenn sich einzelne geplante Maßnahmen nicht in einer Periode realisieren lassen, so daß auch die Ergebnisse nicht kurzfristig meßbar sind (z.B. wird sich der Erfolg einer Werbekampagne im allgemeinen erst nach zwei oder drei Jahren einstellen); in der Regel ist es möglich und notwendig, bestimmte Zwischenziele zu setzen und zu überprüfen. Auf der anderen Seite dient die mittelfristige Detailplanung der Durchsetzung einer *einheitlichen konzeptionellen Leitlinie* über einen Zeitraum, der mehr als eine Planungsperiode umfaßt (das trifft beispielsweise wiederum für die Werbung zu, aber auch für andere Maßnahmen, z.B. die Festlegung von Preisen und Konditionen, der Distribution, der Struktur des Verkaufsapparates, Instrumente, die u.U. mittelfristig bereits im Detail konzipiert sein müssen, um die Einheitlichkeit des Auftretens gegenüber dem Markt sicherzustellen).

Für den gewählten Planungszeitraum ist jedes Instrument, das Träger der Angebotsstrategie ist, *einzeln* im Detail zu planen, und zwar zunächst hinsichtlich *seiner Gestaltung*; anschließend geht es darum, *die Einsatzintensität einzelner Instrumente bzw. für zusammengehörige Gruppen von Instrumenten* für diesen Zeitraum zu bestimmen. Es ist kennzeichnend, daß hierbei kreative und selektive Planungsphasen besonders eng verschachtelt sind, sowohl was die unter gegebenen Rahmenbedingungen bestmögliche Gestaltung einzelner Instrumente als auch den quantitativen Mitteleinsatz betrifft.

Beispielsweise versucht das planende Unternehmen, mit Hilfe von *Testverfahren der Marktforschung* die instrumentelle Gestaltung schrittweise zu verbessern [46]; die Zahl der aufeinanderfolgenden Kreations- und Selektionsstufen wird generell davon abhängen, welchen Stellenwert die Risikoeingrenzung durch Informationsgewinnung in dem betreffenden Unternehmen einnimmt. In der quantitativen Planungsphase stehen teilweise quantitative Entscheidungshilfsmittel in Form von *Marketingmodellen* zur Verfügung, die allerdings vielfach nicht operational sind und deshalb heute noch verhältnismäßig selten zum Einsatz gelangen [47]. Abb. 9 veranschaulicht das Ineinandergreifen von Strategie- und Detailplanung und gibt einen Überblick über die einzelnen Phasen der Angebotsplanung und ihren Inhalt.

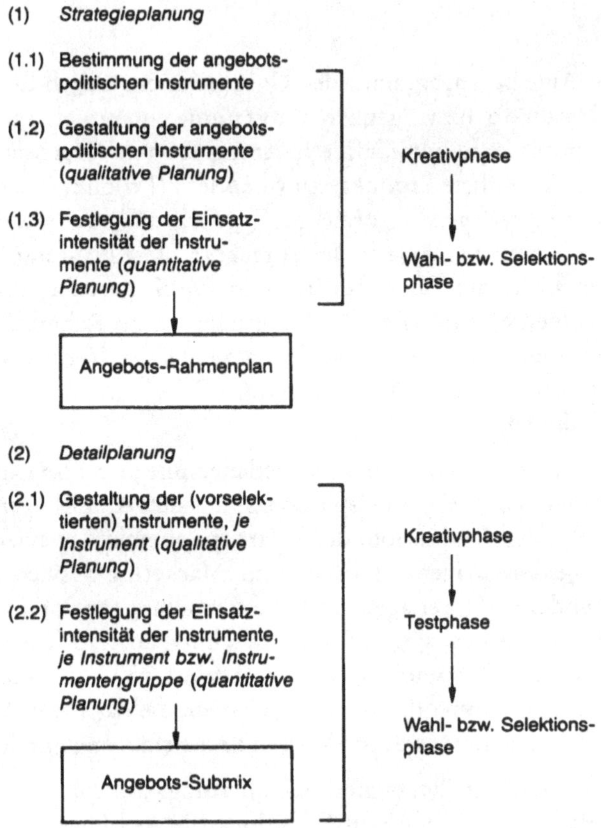

Abb. 9 Phasen und Inhalt der Angebotsplanung

Bei der Festlegung des Angebots-Submix [48] können – wie das Schaubild zeigt – ebenfalls Tests bzw. andere Entscheidungshilfsmittel eine Rolle spielen, sei es auf qualitativer oder quantitativer Ebene, um den Auswahlprozeß zu steuern. Die mehrfach mögliche Aufeinanderfolge von Kreativ-, Test- und Wahlphasen ist dagegen vernachlässigt worden, ebenso denkbare Rückwirkungen einer Planungsphase auf vorgelagerte, beispielsweise von Entscheidungen im quantitativen Planungsbereich auf die qualitative Planungsphase usw. Außerdem müssen in der Realität wechselseitige Einflüsse zwischen der Planung einzelner Angebotsinstrumente und der Detailplanung in den Bereichen Distribution und Kommunikation berücksichtigt werden.

2.2.2.2 Ideensuche

Sofern es gilt, das Angebotsprogramm des Unternehmens durch die Hinzufügung neuer Produkte bzw. ganzer Programme zu erweitern (Programm-Variation durch Produkt-Differenzierung bzw. Diversifikation) und/oder im Markt eingeführte Produkte zu verändern (Produkt-Variation) [49], steht die *Suche nach neuen Ideen* im Vordergrund; sie bildet den *Ausgangspunkt der kreativen Phase* in der Angebots-Detailplanung. Ideen werden im übrigen nicht nur für neue Produkte i.e.S. gesucht, sondern für sämtliche Instrumente, mit denen das Unternehmen im Rahmen seiner Angebotspolitik operiert, ebenso für die Instrumente der Vertriebs- und Kommunikationspolitik, um Ansatzpunkte für veränderte oder neue Strategien zu finden.

Ansätze für neue Ideen resultieren aus verschiedenen *internen und externen Quellen* des Unternehmens: *Intern* beispielsweise aus den Abteilungen Forschung und Entwicklung, Produktion, dem Marketingbereich, speziell dem Produkt- oder Projekt-Management bzw. dem Marketing-Service durch Auswertung vorhandener Unterlagen und die Erstellung entsprechender Marktanalysen. *Extern* bietet sich u.a. Primärforschung an, z.B. Gespräche mit Absatzmittlern oder Befragungen von Verbrauchern, bzw. die Einschaltung von Werbeagenturen oder Beratungsfirmen, die das Ideen-Potential des planenden Unternehmens durch Wissen und Erfahrung anreichern.

Nicht alle der genannten Quellen eignen sich allerdings zur *systematischen Ideensuche*; die feste Verankerung von Funktionen in der Führungs- und Organisationsstruktur des Unternehmens, die in systematischer Form zur Findung neuer Anregungen für das Angebotsprogramm beitragen, ist jedoch in marketingorientierten und auf Wachstum ausgerichteten Unternehmen unabdingbare Forderung. Zur systematischen Ideensuche bieten sich in erster Linie an:

(1) Die Auswertung von *Marktuntersuchungen*, die in *regelmäßigen Abständen* auf *wissenschaftlich-systematischer Basis* [50] durchgeführt werden und die möglichst nicht nur auf den engeren Bereich des derzeitigen Angebotsprogramms des Unternehmens beschränkt bleiben, sondern benachbarte, u.U. auch gänzlich neue Märkte ausleuchten, um aus den

dort aufgefundenen Entwicklungen Schlußfolgerungen für die eigene Angebotsstrategie ziehen zu können.

(2) Der regelmäßige Einsatz sog. *Kreativitätstechniken*, beispielsweise des Brainstorming, der Morphologischen Methode oder anderer strukturierter Innovationstechniken [51], mit deren Hilfe das Ideenpotential von Mitarbeitern des Unternehmens oder außenstehender Berater mobilisiert und kanalisiert, d. h. systematisch aktiviert und abgerufen werden kann.

Mit Hilfe der *demoskopischen Marktforschung* können Anregungen gewonnen werden, die über objektive und subjektive Sachverhalte wertvolle Auskünfte geben (u. a. über die Struktur der Zielgruppe und ihre Verhaltensweisen, wie Einstellungen zu bestimmten Produkten, Wissen, Vorstellungen u. a. m.) [52], die bei der betreffenden Zielgruppe ermittelt werden. Regelmäßig durchgeführte Marktuntersuchungen der genannten Art mit demselben Erhebungsinstrumentarium – mit derselben Strategie und Taktik, d. h. mit einer festgelegten „Fragenbatterie" und einer bestimmten Untersuchungsanlage [53] – ermöglichen *Trend-Vergleiche*, in denen sich Ansätze für neue angebotspolitische Maßnahmen im allgemeinen besonders deutlich abzeichnen. Deuten sich Trends in einer Richtung an, dann kann mit gezielten Untersuchungen nachgefaßt werden. *Ökoskopische Untersuchungen* vermitteln dagegen Kenntnisse über die Ergebnisse bestimmter Verhaltensweisen (z. B. in Form von Absatz- und Umsatzzahlen aufgrund eines bestimmten Kauf- und Verbrauchsverhaltens der Zielgruppe), festgestellt durch Verbraucher- bzw. Handels-Panels, d. h. durch zu bestimmten Terminen wiederholte Untersuchungen bei derselben Verbraucher-/Absatzmittler-Stichprobe.

An *Brainstorming-Sitzungen* sollen nach Osborn, der dieses Verfahren entwickelt hat [54], 5 bis 12 Experten aus unterschiedlichen Funktionsbereichen des Unternehmens teilnehmen, um ein optimales Ergebnis zu erzielen, z. B. je 1 Mitarbeiter aus dem Verkauf, der Abteilung Forschung und Entwicklung, der Marktforschung, dem Produkt-Management und der Produktion. Die Gruppe wird über das Problem (z. B. Suche nach Ideen zur Veränderung des Produktes X) ausführlich informiert, ebenfalls über die Ursachen, die für geplante Änderungsmaßnahmen verantwortlich sind (marktliche Entwicklungen wie Konkurrenzeinbrüche, Verlagerung der Konsumgewohnheiten usw.). Jedes Gruppenmitglied hat nun die Aufgabe, vor diesem Hintergrund möglichst spontan und ungehemmt Ideen beizutragen, die einen Schritt zur Problemlösung darstellen könnten.

Das Verfahren des Brainstorming ist inzwischen vielfältig abgewandelt und verfeinert worden [55] – u.a. in Form der Brainwriting-Methoden – und stellt wohl die am weitesten verbreitete Kreativitätstechnik dar.

In Übersicht 4 sind wichtige Kriterien für Anlage, Durchführung und Auswertung von Brainstorming-Sitzungen zusammengestellt worden; daraus sind die Einsatzmöglichkeiten dieser Kreativitäts-Technik sowie Anhaltspunkte für Anlage, Durchführung und Auswertung von Brainstorming-Sitzungen zu entnehmen.

Übersicht 4. Brainstorming-Grundverfahren

Einsatzmöglichkeit:

Phase der Ideenfindung im Rahmen der Grundsatz- und Detailstrategie, vor, parallel zu bzw. nach Abschluß von demoskopischen bzw. ökoskopischen Marktuntersuchungen.

(1) *Anlage:*

Gruppengröße: 5–12 Probanden

Gruppenstruktur: An dem Projekt beteiligte Experten aus verschiedenen Funktionsbereichen und Hierarchien des Unternehmens, u.U. zusätzlich außenstehende Berater

(2) *Durchführung:*

Rechtzeitige und umfassend problembezogene Information der Experten vor der Sitzung

Problemspezifische Kenntnisse sowie gutes soziales Einfühlungsvermögen des Teamleiters sind Voraussetzung

Optimale Dauer: 30–60 Min.

(3) *Auswertung:*

Schriftliches Protokoll durch Teamleiter oder von ihm beauftragten Teilnehmer ist wichtig, um spätere Fehlinterpretationen zu vermeiden.

Der sog. *Morphologische Kasten* [56] basiert zunächst auf der gedanklichen Zergliederung eines Marktsegments in die objektiv erfaßbaren Merkmale und Merkmalsausprägungen der einzelnen Produkte des Segments; auf diese Weise können die technisch-qualitativen Eigenschaften jedes einzelnen Produktes registriert werden. Im Marketing reichen derartige Angaben allerdings weder zur Positionierung von Produkten noch zur Feststellung einzelner Produktpositionen aus. Um beispielsweise schwach oder gar nicht besetzte Stellen im Markt herauszufinden, für die sich die Entwicklung neuer Produkte lohnen könnte, ist es sinnvoll und notwendig, die einzelnen kennzeichnenden Merkmale und Merkmalsausprägungen um *psychologische* Dimensionen zu erweitern, da sich die Position eines Produktes im

Wettbewerbsumfeld bekanntlich als ganzheitliches Erlebnisbild der prospektiven Konsumenten darstellt. Zweckmäßig ist in jedem Falle die systematische Strukturierung und Analyse des Entscheidungsfeldes mit Hilfe einer Technik, die einen *mehrdimensionalen Lösungsansatz* ermöglicht, im Gegensatz zu der Mehrzahl der herkömmlichen Planungsmethoden, die vielfach lediglich eine zwei-, seltener drei- oder vierdimensionale Merkmalsuntergliederung des betreffenden Marktes vornehmen.

Der Morphologische Kasten kann den aufgestellten Forderungen (Einbeziehung objektiver und psychologischer Kriterien zur Kennzeichnung der Position von Produkten eines Marktsegments, Verbindung von beliebig vielen Merkmalsdimensionen) gerecht werden; Schwierigkeiten in der Planungspraxis liegen

(1) in der problemangemessenen Strukturierung des Marktes, durch die *sämtliche relevanten Merkmale* einbezogen werden
(2) in der Kombination sämtlicher relevanten Produktmerkmale in allen Ausprägungen, um ggf. auf Merkmalskombinationen zu stoßen, die noch nicht realisiert sind und die daher Ansätze für neue Angebotsideen darstellen könnten
(3) in der Tatsache, daß oft übersehen wird, daß die Morphologische Methode keine marktreifen Produkte, sondern lediglich *Ideen für neue Produkte* liefert, die zu Produktpersönlichkeiten weiterentwickelt werden müssen. Das Verfahren bringt also keine fertige Lösung und ersetzt die Kreativität nicht, sondern dient lediglich als Kreativitäts-Verstärker [57].

Übersicht 5. Beispiel für einen Morphologischen Kasten (Eingabeteil)

```
TABELLE DER ZUR ZEIT BENUTZTEN
MERKMALE         UND
   MERKMALSAUSPRAEGUNGEN
=========================

FARBE                          TECHNIK
   HELL                           TAFEL
   MITTEL                         RIEGEL
   DUNKEL                         STUECKEN

FORM                           ALTER
   ECKIG                          JUNG
   RUND                           ALT
                                  ALTERSUNABH.

GESCHMACK                      MISCHUNG
   SUESS                          NURSCHOK
   BITTER                         NUESSE
                                  SONSTIGES
```

```
ALS ZUSAETZLICHES MERKMAL WIRD AUSSERDEM DIE BESETZUNGSHAEUFIGKEIT
DER EINZELNEN MERKMALSAUSPRAEGUNGSKOMBINATIONEN VERWENDET

WOLLEN SIE
 DIESE MERKMALE SO WEITERVERWENDEN, DANN 1 EINTIPPEN
 DIESE LISTE VON MERKMALEN ERGAENZEN, DANN 2 EINTIPPEN
 DIE MERKMALE VOELLIG NEU EINGEBEN, DANN 3 EINTIPPEN
⎕:
      1


LISTE DER ZUR ZEIT GESPEICHERTEN PRODUKTE
=========================================
SAROTTI
SUCHARD
STOLLWERCK
RITTER SPORT

WOLLEN SIE
 DIESE PRODUKTLISTE SO BEIBEHALTEN, DANN 1 EINTIPPEN
 DIESE PRODUKTLISTE ERGAENZEN, DANN 2 EINTIPPEN
 DIESE PRODUKTLISTE VOELLIG NEU EINGEBEN, DANN 3 EINTIPPEN
⎕:
      1
WELCHE DER FOLGENDEN MERKMALE SOLLEN ZUNAECHST BENUTZT WERDEN ?
   1    FARBE
   2    FORM
   3    GESCHMACK
   4    TECHNIK
   5    ALTER
   6    MISCHUNG
BITTE DIE ENTSPRECHENDEN ZIFFERN ALS VEKTOR EINTIPPEN
⎕:
      2 4
```

In Übersicht 5 ist der Eingabeteil eines nach dem Decision-Calculus-Ansatz von Little [58] in APL [59] programmierten Entscheidungskalküls auf der Basis des Morphologischen Kastens dargestellt worden. Der Anwender (Produkt- oder Projekt-Manager, ggf. auch ein Team von Planungsspezialisten unter Leitung des Marketingbereichs) entschließt sich dazu, die Ideensuche mit der Kombination der Merkmale „Form“ und „Technik“ zu beginnen. Das Programm druckt daraufhin eine Übersicht aus, aus der gleichzeitig die Besetzungshäufigkeiten der einzelnen Kombinationspaare ersichtlich sind (Übersicht 6).

Bevor der Programm-Benutzer weitere Merkmale mit ihren Ausprägungen hinzufügt, kann er die Entscheidung fällen, ob er mit allen oder nur mit bestimmten erzeugten Kombinationen weiterarbeiten bzw. den Planungsprozeß ganz von vorne beginnen möchte. Auf diese Weise sucht sich der Programmbenutzer einen „Pfad“ durch das Datenmaterial, gesteuert durch die Ergebnisse der einzelnen Kombinationsstufen, um am Ende nach mehrmaligen Kombinations- und Eliminationsentscheidungen Ansätze für neue

Übersicht 6. Ausgabeteil eines Morphologischen Kastens

ZEILEN-NUMMER	FORM	TECHNIK	BESETZ.HAEUF.
1	ECKIG	TAFEL	4
2	ECKIG	RIEGEL	0
3	ECKIG	STUECKEN	0
4	RUND	TAFEL	0
5	RUND	RIEGEL	0
6	RUND	STUECKEN	0

```
WOLLEN SIE
WEITERE MERKMALE HINZUFUEGEN, DANN 1 EINTIPPEN
MIT ANDEREN MERKMALEN ANFANGEN, DANN 2 EINTIPPEN
DAS PROGRAMM BEENDEN, DANN 3 EINTIPPEN
O:
       3
```

Produkte zu gewinnen, die auf mehrdimensionalen Merkmalsausprägungen basieren. In Übersicht 7 ist der Arbeitsablauf beim Einsatz des Morphologischen Kastens zusammengefaßt worden.

Übersicht 7. Arbeitsablauf beim Einsatz des Morphologischen Kastens

(1) Relevante Merkmale und Merkmalsausprägungen des betr. Marktsegments empirisch ermitteln und definieren (technisch, psychologisch)

(2) Kombination von 2 bis 3 relevanten Merkmalen und deren Ausprägungen durchführen

(3) Unbrauchbare Ergebnisse ausfiltern, neue Merkmale mit ihren Ausprägungen hinzufügen (evtl. Prozeß von vorne beginnen)

(4) Wie unter 3 beschrieben fortfahren, je nach Anzahl der zu kombinierenden Merkmale und Merkmalsausprägungen

Achtung: Ergebnis sind keine neuen Produktpersönlichkeiten, sondern lediglich Ideen für die Entwicklung neuer Produkte!

2.2.2.3 *Screening-Phase*

Bevor die Phase der Ausgestaltung der Produktideen in allen Einzelheiten beginnt, ist es notwendig, die gefundenen neuen Anregungen zu selektieren. Die Unternehmensberatungsfirma Booz, Allen, Hamilton hat anhand umfangreichen Erfahrungsmaterials festgestellt, daß von 100 neuen Produktideen nur 1,8 die Einführung in den dafür vorgesehenen Markt erleben, wobei nur eine davon als wirklich erfolgreich bezeichnet werden kann; 88 später nicht verwertbare Produktideen von 100 können in der Screening-Phase ausgesondert werden, sofern zweckentsprechende Selektionsverfahren angewendet werden. Deshalb kommt der Zwischenschaltung einer ersten Selektionsphase, in der die Ideen „gesiebt" werden („Screening"), in der Planungspraxis besonderes Gewicht zu, vor allem der Entwicklung geeigneter Entscheidungshilfsmittel, um den Screening-Prozeß zu steuern.

Bidlingmaier unterscheidet „Bewertungs-Verfahren im Rahmen der Vor- und Hauptuntersuchung" [60], Kotler teilt ähnlich ein in „Verfahren der Vorauswahl" und in „Instrumente zur Bewertung von Produktideen" [61]. In der *Voruntersuchung bzw. Vorauswahl* geht es darum, eine grobe Siebung vorzunehmen, während in der *Hauptuntersuchung bzw. beim eigentlichen Bewertungsvorgang* eine Detailüberprüfung der noch verbleibenden Ansätze für neue Produktideen erfolgt.

Diese Untergliederung wird weder plausibel gemacht noch ist sie unter praktischen Aspekten aufrecht zu erhalten. Der Auffassung von Bidlingmaier, daß nur Bewertungsverfahren im Rahmen der Hauptuntersuchung dadurch gekennzeichnet seien, „daß sie neben der Frage der unternehmensspezifischen Einordnung die *Beiträge der Produktkandidaten zur Erfüllung einzelner Komponenten der Zielfunktion* mit berücksichtigen oder *ausschließlich an produktpolitischen Zielen* orientiert sind" [62], kann nicht zugestimmt werden. In jedem Fall bilden Marketing- und Angebotsziele den Entscheidungsmaßstab, wenn das Bewertungsverfahren operational sein soll. Einzelne Verfahren – u.a. die im Anschluß zu behandelnden Scoring-Modelle – können sowohl zu einer eher groben als auch eher feinen Ideen-Selektion verwendet werden, je nachdem, wie grob bzw. detailliert der Bewertungsraster angelegt ist. Das Scoring-Verfahren beispielsweise kann darüber hinaus auch in späteren Phasen der Planung erfolgreich eingesetzt werden, etwa zur Beurteilung fertig entwickelter Produkt-Persönlichkeiten.

Bei der Zuordnung einzelner Verfahren in die Bereiche Vor- und Hauptauswahl sind sich die Autoren denn auch nicht einig; es hat den Anschein, daß die Zuweisung eher willkürlich erfolgt. Wie wir am Beispiel des Scoring-Verfahrens sehen werden, ist eine eindeutige Unterteilung nach Verfahren zur Beurteilung von Produktideen und zur Bewertung von Produktpersönlichkeiten, die die Screening-Phase erfolgreich durchlaufen haben und konzeptionell zu fertigen Produkten entwickelt worden sind, für die Planungspraxis ebenso untauglich, obwohl in beiden Fällen u. U. völlig andere Bewertungsmaßstäbe benutzt werden müssen.

Operationale und häufig angewendete Entscheidungshilfsmittel in der Screening-Phase sind *Prüflisten* (Checklists) und *Punktbewertungsverfahren* (*Scoring-Modelle*) [63]. Kreilkamp stellte 1976 im Rahmen einer schriftlichen Repräsentativumfrage bei 275 Herstellern kurzlebiger Konsumgüter fest, daß in diesem Planungstadium 40% der Unternehmen mit Prüflisten und 10% mit Punktbewertungsmodellen arbeiten, während 50% ihren Entscheidungen keinerlei Beurteilungsschema zugrunde zu legen scheinen. Weitere Verfahren – z.B. Gruppendiskussionen mit Verbrauchern oder andere demoskopische Testverfahren – spielen in diesem Stadium eher eine untergeordnete Rolle [64], weil die Ideen meist erst skizzenhaft fixiert sind.

Anliegen der Untersuchung von Kreilkamp war es in diesem Zusammenhang, die relevanten Beurteilungskriterien in Scoring-Modellen empirisch zu ermitteln. Dabei ergab sich der als Übersicht 8 eingefügte Kriterienkatalog, der auf die vier Hauptkriterien-Gruppen

– Marktbezogenheit
– Produktbezogenheit
– Absatzbezogenheit
– Herstellungsbezogenheit

aufgeteilt worden ist [65].

Übersicht 8. Empirisch ermittelter Kriterienkatalog zur Bewertung von Produktideen

Kriteriengruppen und Kriterien

A. Marktbezogene Kriterien
  1. Marktvolumen
  2. Markttrend
  3. Konjunktur- und Saisonabhängigkeit
  4. Konkurrenzsituation

B. Produktbezogene Kriterien
  5. Verbraucherakzeptanz
  6. Verbrauchsintensität
  7. Sortimentszuordnung
  8. Produkt-Lebenserwartung

C. Herstellungsbezogene Kriterien
9. Know how
10. Beschaffungsmarkt
11. Investitionsumfang
12. Realisierungszeitraum

D. Absatzbezogene Kriterien
13. Verkaufsorganisation
14. Bestehende Handelsverbindungen
15. Aufnahmebereitschaft des Handels
16. Preis- und Konditionendruck

Scoring-Modelle unterscheiden sich von herkömmlichen Prüflisten dadurch, daß die einzelnen Kriterien ihrer Bedeutung entsprechend in ein Gesamtergebnis einfließen, das pro zu bewertender Produktidee als numerischer Punktwert ermittelt wird. Dadurch wird der direkte Vergleich einzelner Ideen hinsichtlich ihrer Eignung zur Weiterentwicklung ermöglicht. Aus der Untersuchung von Kreilkamp ist zu entnehmen, daß die befragten Firmen zunächst eine Gewichtung der vier aufgestellten Kriteriengruppen und anschließend die Gewichtung der einzelnen Kriterien innerhalb jeder Gruppe (vgl. Übersicht 8) für vorteilhaft halten.

Die Gewichte für die vier Kriteriengruppen berechnete Kreilkamp auf empirischer Basis nach dem von Dean und Nishry vorgeschlagenen Rangordnungsverfahren [66] mit folgenden Werten (Tab. 6) [67]:

Tab. 6 Gewichte der vier Kriteriengruppen bei der Bewertung von Neuproduktideen

Marktbezogene Kriterien	32%
Produktbezogene Kriterien	27%
Herstellungsbezogene Kriterien . . .	14%
Absatzbezogene Kriterien	27%

Tab. 7 enthält zusammengefaßt die Gewichtungen der 4 Kriteriengruppen und der einzelnen Kriterien je Gruppe, wobei das jeweilige Gruppengewicht = 100 gesetzt worden ist [68].

Kreilkamp entwickelte in seiner Arbeit ein benutzerfreundliches EDV-Programm auf der Basis des Decision Calculus [69], das in APL [70] geschrieben und für den Dialogverkehr geeignet ist. Der Daten-Input und -Output kann so flexibel gehandhabt werden, daß das Modell ohne Schwierigkeiten unterschiedlichen unternehmerischen Gegebenheiten angepaßt werden kann.

Tab. 7 Empirisch ermittelte Gewichte für vier Kriteriengruppen und die einzelnen pro Gruppe relevanten Bewertungskriterien

Kriteriengruppen und Kriterien	Gewichtungen		
	Kriterien-Gruppen	Kriterien	Kriterien unter Berücksichtigung der Gruppengewichte
A. Marktbezogene Kriterien	32.		
1. Marktvolumen		34.	10.88
2. Markttrend		42.	13.44
3. Konjunktur- und Saisonabhängigkeit		6.	1.92
4. Konkurrenzsituation		18.	5.76
		100.	
B. Produktbezogene Kriterien	27.		
5. Verbraucherakzeptanz		74.	19.98
6. Verbrauchsintensität		11.	2.97
7. Sortimentszuordnung		9.	2.43
8. Produkt-Lebenserwartung		6.	1.62
		100.	
C. Herstellungsbezogene Kriterien	14.		
9. Know how		44.	6.16
10. Beschaffungsmarkt		3.	0.42
11. Investitionsumfang		40.	5.60
12. Realisierungszeitraum		13.	1.82
		100.	
D. Absatzbezogene Kriterien	27.		
13. Verkaufsorganisation		37.	9.99
14. Bestehende Handelsverbindungen		10.	2.70
15. Aufnahmebereitschaft des Handels		29.	7.83
16. Preis- und Konditionendruck		24.	6.48
		100.	
	100.		100.00

Bei der Bewertung einzelner Produktideen nach dem Punktbewertungsverfahren greifen 96% der befragten Firmen auf Mitarbeiter-Teams zurück, die sich u. a. aus Spezialisten der Geschäftsleitung, der Abteilungen Marketing, Verkauf, Forschung und Entwicklung sowie Produktion zusammensetzen [71]. Dabei soll hier insbesondere auf die Möglichkeit der Einbeziehung der *Delphi-Technik* hingewiesen werden, eines subjektiven Schätzverfahrens, dessen Vorteile vor allem in der Neutralität der abgegebenen Experten-Urteile liegen. In diesem Falle wird ein Experten-Team bestimmt, dessen einzelne Mitglieder während des Bewertungsprozesses in keinem persönlichen Erfahrungsaustausch stehen dürfen. Vielmehr werden die einzelnen Mitglieder der Delphi-Gruppe über die Problemstellung eingangs sorgfältig informiert und geben ihre Urteile unabhängig voneinander – im allgemeinen in schriftlicher Form auf Bewertungsbögen – ab; die jeweils abgegebenen Urteile müssen begründet werden.

Das Delphi-Verfahren kennt mehrere Bewertungsrunden; nach jeder Runde sorgt der Koordinator für eine „Rückkoppelung", d.h. er informiert die Team-Mitglieder nach der jeweiligen Runde über die ermittelten Ergebnisse, die den Experten als Grundlage für ein Überdenken und für eventuelle Korrekturen ihrer abgegebenen Urteile dienen. Nach Experimenten von Brockhoff, der hierzu die Möglichkeit des interaktiven Computer-Dialogs nutzte, ist es allgemein vorteilhaft, das Verfahren nach drei Runden abzubrechen, da hinterher u. U. eine „Übersteuerung" eintritt, die die Aussagekraft der Delphi-Befunde mindert [72] (beispielsweise werden die Schätzer unmutig und neigen dazu, ihre Urteile der allgemeinen Gruppenmeinung anzugleichen).

Wesentlich zur Erreichung realistischer Schätzungen ist es, daß sich an dem Bewertungsprozeß Fachleute beteiligen, wie Untersuchungen von Best zeigen [73]. Es kann sogar zweckmäßig sein, die Urteile der einzelnen Spezialisten entsprechend ihrem „Expertengrad" zu gewichten (beispielsweise bei der Gruppe „marktbezogene Kriterien" die Urteile des Marketing-Experten, bei den „absatzbezogenen Kriterien" des Verkaufsfachmanns mit doppeltem Gewicht in das Gesamtergebnis einzubeziehen).

Übersicht 9 Die einzelnen Phasen der Ideenbewertung nach der Delphi-Technik

(1) Zusammensetzung des Expertenteams: Spezialisten aus unterschiedlichen Funktionsbereichen des Unternehmens

(2) Vermittlung von Basis-Informationen an alle Team-Mitglieder (u. U. besteht die Möglichkeit weiterer Informations-Anforderungen durch einzelne Experten)

(3) 1. Delphi-Runde: Abgabe unabhängiger und begründeter Bewertungen durch die einzelnen Team-Mitglieder anhand eines vorgegebenen Katalogs von Bewertungskriterien, im allgemeinen in schriftlicher Form (wichtig: kein Erfahrungsaustausch zwischen den Gruppenmitgliedern)

(4) Ermittlung des Bewertungsergebnisses durch den Delphi-Koordinator, Informations-Rückkoppelung an alle Gruppenmitglieder

(5) 2. und 3. Delphi-Runde aufgrund der Informations-Rückkoppelung, wie unter (3) und (4) dargestellt (weitere Delphi-Runden sind denkbar, jedoch besteht die Gefahr einer „Übersteuerung" des Prozesses)

Aus Übersicht 9 ist der Ablauf der Bewertung nach dem Delphi-Verfahren zu entnehmen.

In einer Studie mit der Firma Grohe Armaturenfabrik GmbH., Menden, unter Leitung des Verfassers ging es u.a. um die Bewertung einzelner Marketinginstrumente für unterschiedliche Zielgruppen. Blom nennt im Anschluß daran folgende praktische Vorteile des Einsatzes von Scoring-Modellen in Verbindung mit der Einbeziehung mehrerer Bewerter aus unterschiedlichen unternehmerischen Funktionsbereichen [74]:

(1) Das Scoring-Modell, in dem objektive Marktdaten und subjektive Schätzungen zusammenfließen, gibt mehr Sicherheit für Entscheidungen.

(2) Zusätzliche Sicherheit gibt die Bewertung durch eine Gruppe anstatt durch einzelne Mitarbeiter.

(3) Bei Änderungen im Markt sind die Konsequenzen für die Marketingpolitik leichter zu überblicken.

(4) Die systematische Erfassung von Daten und Zusammenhängen in einem Scoring-Modell ermöglicht eine Kontinuität, die Zeitraum-Betrachtungen ermöglicht. Im geschilderten Beispiel haben Scoring-Modelle keine Revolution gebracht, auch keine Wunder bewirkt. Scoring-Modelle haben aber geholfen, ein sehr komplexes Problem systematisch zu zerlegen und logisch zu lösen.

2.2.3 Integration der Angebotsplanung in das Marketing-Mix

2.2.3.1 Entwicklung testmarktreifer Produkte

Produktideen, die in der Screening-Phase positiv bewertet worden sind, werden in der sich anschließenden *Gestaltungs- und Selektionsphase* weiter entwickelt. Es geht um den Aufbau einer *Produktpersönlichkeit*, die das Produktkonzept mit der gesamten Angebotskonzeption, schließlich mit sämtlichen absatzpolitischen Maßnahmen vereint. Dieser Planungsablauf kann gut anhand der Abb. 8 verdeutlicht werden [75]: Die Planung der einzelnen angebotspolitischen Instrumente ergibt das *Angebots-Submix*; parallel dazu und abgestimmt mit den angebotspolitischen Maßnahmen werden Pläne für die Distribution und die Kommunikation aufgestellt, aus denen das *Distributions- bzw. das Kommunikations-Submix* abgeleitet werden. Durch Vereinigung der absatzpolitischen Teilstrategien aus allen drei Planungsbereichen entsteht das *Marketing-Mix*, mit dem die in den Marketingzielen festgelegte Produktpositionierung angesteuert wird.

Im allgemeinen ist es vorteilhaft, den reibungslosen Ablauf dieser komplexen und oft recht langwierigen Entwicklungsphase, die auf die Mitwirkung zahlreicher Funktionen des Unternehmens mit oftmals sehr unterschiedlich langer Zeitbeanspruchung angewiesen ist, durch moderne Planungsverfahren sicherzustellen, z.B. durch den Einsatz der *Netzplantechnik*. Dabei ist in jedem Falle eine Gesamtplanung in allen tangierten Unternehmensbereichen notwendig, um sämtliche Tätigkeiten eines Projekts von vornherein in ihrer Zeitdauer einplanen zu können und zu ermitteln, wann sie spätestens starten und enden müssen, um den voraussichtlichen Abschlußtermin dieser Planungsphase und den Einführungszeitpunkt des Projekts im Testmarkt vorauszuberechnen. Würde man sich beispielsweise lediglich auf die Planung derjenigen Tätigkeiten beschränken, die den Marketingbereich tangieren, so käme man u.U. zu einem völlig falschen Bild hinsichtlich des realistischen Planungsabschlusses. Aus der in Tab. 8 abgedruckten Checkliste ist beispielsweise zu entnehmen, daß Produktions- sowie Lager- und Beschaffungsfunktionen zum Teil zeitlich äußerst aufwendige Tätigkeitskomplexe einschließen, sowohl absolut gesehen als auch relativ zu der Zeitdauer absatzpolitischer Aktivitäten (z.B. Tätigkeit 1–2: interne Produktentwicklung; 8–10, 12–14, 20–22, 26–28: Geschmacksmuster entwickeln und Formversuche durchführen; 36–49: technische Fertigung des Produkts vorbereiten; 49–58: Produktionsaufnahme vorbereiten; 70–72: Material für Produktablauf bereitstellen; 70–76: Verpackung bereitstellen). Es ist notwendig, diese Aktivitäten von vornherein zu erfassen und organisatorisch und terminlich in den Ablauf zu integrieren, da sie die Dauer des Gesamtprojekts bestimmen [76].

Tab. 8 Checkliste für Produktentwicklung

PE[1]	SE[1]	Tätigkeitsbeschreibung	Tätigkeitsdauer[2]			Verantwortlich
			Opt. (a)	Wahrsch. (m)	Pess. (b)	
0	1	Start	0	0	0	–
1	2	Intern Produktrichtung erarbeiten	1,6	2,0	3,0	1
2	4	Mit Berater sprechen	0,1	0,2	0,4	1

PE[1]	SE[1]	Tätigkeitsbeschreibung	Tätigkeitsdauer[2]			Verantwortlich
			Opt. (a)	Wahrsch. (m)	Pess. (b)	
2	8	Vorschläge für mögliche Produkte intern machen	0,6	1,0	1,2	2,1
2	10	Erste Übersicht über erforderliche Investitionen verschaffen	0,8	1,0	1,6	2
4	6	Marketingbriefing ausarbeiten	0,8	1,2	1,4	1,2
6	10	Marketingbriefing abstimmen	0,1	0,2	0,4	1,2
8	10	Verschiedene Geschmacksmuster entwickeln (1. Phase)	1,0	1,6	2,0	2,1
10	12	Bewerten und Änderungswünsche formulieren	0,2	0,4	0,6	1
12	14	Geschmacksmuster entwickeln (2. Phase)	1,0	1,6	2,0	2,1
14	16	Geschmacksmuster vorlegen	0,1	0,2	0,4	2,1
16	18	Geschmacksmuster bewerten und freigeben	0,1	0,2	0,4	1
18	20	Formideen ausarbeiten	1,0	1,4	2,0	1,2
18	30	Produktionsmöglichkeiten prüfen	1,2	2,0	2,6	3
20	22	Formversuche mit Geschmacksmuster durchführen (1. Phase), vorlegen	1,4	2,0	3,0	2,1
20	24	Vorübersicht über Forminvestitionen verschaffen	0,4	0,6	0,8	2,2
22	24	Weitere Anforderungen an die Formgestaltung formulieren	0,2	0,4	0,6	1,2
24	26	Vorentscheiden über Produktform	0,1	0,2	0,4	1
26	28	Formversuche mit Geschmacksmuster durchführen (2. Phase)	1,4	2,0	3,0	2,1
28	32	Formen und Vorrichtungen kalkulieren	0,4	0,6	1,0	4,1
28	34	Endgültige Form vorlegen	0,1	0,2	0,4	2,1
30	32	Herstellkosten und Investitionen kalkulieren	0,4	0,6	1,0	4,1
32	34	Gesamtkalkulation erstellen	0,1	0,2	0,4	4,1
34	36	Entscheiden und freigeben für Test und Produktionsvorbereitungen	0,1	0,2	0,4	0

PE[1]	SE[1]	Tätigkeitsbeschreibung	Tätigkeitsdauer[2]			Verantwortlich
			Opt. (a)	Wahrsch. (m)	Pess. (b)	
36	38	Produktmuster für Test erstellen	1,0	1,5	2,0	3,2
36	46	Verpackungsentwürfe entwickeln laut Marketingbriefing	1,4	2,0	3,0	2,1
36	49	Fertigung des Produktes technisch vorbereiten	3,2	3,8	5,0	2,3
38	40	Lagerversuche durchführen	3,0	3,6	4,0	3,3
40	42	Produkttest durchführen und auswerten	3,0	4,0	4,5	1,3
40	48	Scheintätigkeit	0	0	0	–
42	44	Ergebnisse des Produkttests bewerten	0,8	1,0	1,6	1,2
44	52	Änderungswünsche formulieren	0,8	1,2	2,0	1,2
46	48	Vorentscheiden über Verpackung	0,1	0,2	0,4	1,2
48	49	Fertigung der Verpackung technisch vorbereiten	1,5	2,0	3,0	2,3
48	50	Packungstest vorbereiten	0,4	0,6	1,0	1,3
49	58	Produktionsaufnahme vorbereiten	3,2	3,5	4,8	3
50	51	Packungstest durchführen und auswerten	3,0	4,0	4,5	1,3
51	52	Ergebnisse des Packungstests bewerten	0,8	1,0	1,6	1,2
52	54	Bewerten beider Testergebnisse gemeinsam	0,3	0,5	0,7	1
54	56	Entscheiden und freigeben von Produkt und Packung	0,1	0,2	0,4	0
56	60	Scheintätigkeit	0	0	0	–
56	64	Produkt korrigieren	0,6	1,0	1,9	2,1
56	66	Verpackung korrigieren	0,6	1,0	1,9	2,1
58	60	Materialfluß festlegen	2,1	2,5	3,2	3,1
60	62	Letzte Änderungswünsche in die Produktionsvorbereitung einbeziehen	0,4	1,0	2,5	3
62	70	Formen und Vorrichtungen bereitstellen	4,0	5,5	7,0	2,2
64	68	Produkt endgültig verabschieden	0,1	0,2	0,4	1,2

PE[1]	SE[1]	Tätigkeitsbeschreibung	Tätigkeitsdauer[2]			Verantwortlich
			Opt. (a)	Wahrsch. (m)	Pess. (b)	
66	68	Verpackung endgültig verabschieden	0,1	0,2	0,4	1,2
66	74	Verkaufsförderungsmaterial bereitstellen	3,4	4,5	6,0	1,3
68	70	Produkt mit Verpackung für Testmarkt freigeben	0,2	0,4	0,6	1
70	72	Material für Produktionsanlauf bereitstellen	3,0	4,0	5,2	4,3
70	76	Verpackung bereitstellen	3,5	4,8	6,0	4,3
72	76	Produktion für Testmarkt läuft an	0,1	0,2	0,4	3
74	78	Scheintätigkeit	0	0	0	–
76	78	Abfüllen und bereitstellen für Testmarkt	0,4	0,6	1,0	3
78	80	Ende	0	0	0	–

[1] PE = Predecessor Event, SE = Successor Event

[2] Dreizeitenschätzung; Errechnung der Zeitdauer nach der Formel

$$d = \frac{a + 4m + b}{6}$$

mit a = optimistischer, m = realistischer und b = pessimistischer Zeitschätzung

Die Erläuterung der in der letzten Spalte von Tab. 8 angeführten *Verantwortungsbereiche* erfolgt in Abb. 10. Die Definition derartiger Bereiche dient u.a. dazu, mit Hilfe eines Computer-Programms verhältnismäßig

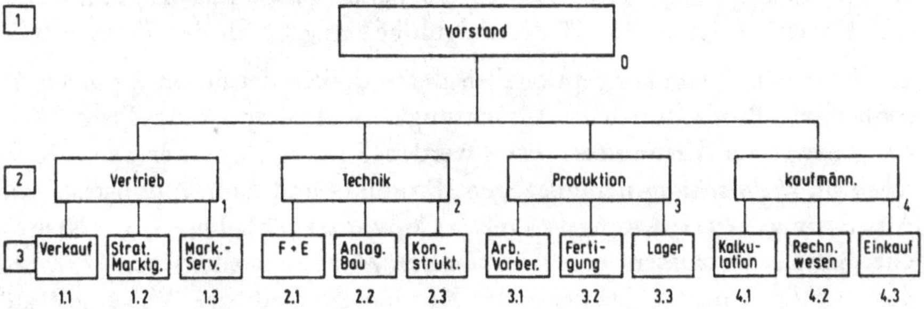

Abb. 10 Organisation nach Verantwortungsbereichen

schnell Sortiervorgänge vornehmen zu können, beispielsweise, um im Rahmen der laufenden Projektkontrolle einzelnen Abteilungen regelmäßig eine Übersicht über den jeweiligen Projektstand vermitteln sowie bei Terminüberschreitungen diejenigen Stellen im Unternehmen zur Rechenschaft ziehen zu können, die für die Einhaltung des Planungsrahmens verantwortlich sind.

Der graphische Netzplan ist in Abb. 11 dargestellt, um dem Leser einen Eindruck von der Abfolge und Verschachtelung der Tätigkeitskomplexe aus einzelnen Funktionsbereichen des Unternehmens zu geben. Bei dem vorgelegten Plan handelt es sich lediglich um die Abbildung einer groben Tätigkeitsstruktur – um sog. *Hülltätigkeiten*, die für die operationale Ebene des Unternehmens viel stärker detailliert werden müssen. Auf weitere Einzelheiten braucht hier nicht eingegangen zu werden [77].

Wirft man einen Blick auf die einzelnen Aktivitäten des Netzplanes, so stellt man mehrfach einen *Wechsel zwischen Gestaltungs- und Selektionsphasen* fest, auf die dann jeweils Entscheidungen über die Fortführung bzw. Einstellung des Projekts folgen. Bei Tätigkeit 10–12 beispielsweise ist aufgrund des Marketing-Briefings und der vorgelegten Produktmuster eine erste grobe Einschätzung der Absatzchancen des Produktes erfolgt, so daß bei Tätigkeit 16–18 das veränderte Produkt neu bewertet und der Auftrag zur Entwicklung von Formideen (18–20) und zur Prüfung der Produktionsmöglichkeiten (18–30) gegeben werden kann. Bei 32–34 wird eine Gesamtkalkulation erstellt – unter Berücksichtigung der Herstellkosten und voraussichtlich notwendigen Investitionen –, um auf dieser Basis eine globale Bewertung der Produktkonzeption vornehmen zu können. Nach der Durchführung und Bewertung entsprechender Produkt- und Packungstests (vgl. die Aktivitäten 42–44 bzw. 51–52) schließt sich bei 52–54 eine weitere Bewertungsphase an, die u. U. zu Korrekturen der abgegebenen Urteile über die Ergebnisaussichten der neuen Produktkonzeption führt; erst danach erfolgt bei 68–70 die endgültige Freigabe für den Testmarkt.

Zur Beurteilung von konzeptionellen Bestandteilen der neuen Produktpersönlichkeit (Produktqualität, Ausstattung einschl. Verpackung, Preis, Werbung usw.) auf *Verbraucherebene* werden *Testverfahren der demoskopischen Marktforschung* herangezogen (Produkt- und Konzeptionstests wie Ausstattungs-, Verpackungs-, Preis-, Copytests) [78]. Die A. C. Nielsen Cie. hat das Instrument des *kontrollierten Markttests* entwickelt [79], mit dessen Hilfe einzelne Elemente der Konzeption und ihre Wirkungen auf *Absatzmittler-Niveau* untersucht werden können; die GfK-Gesellschaft für

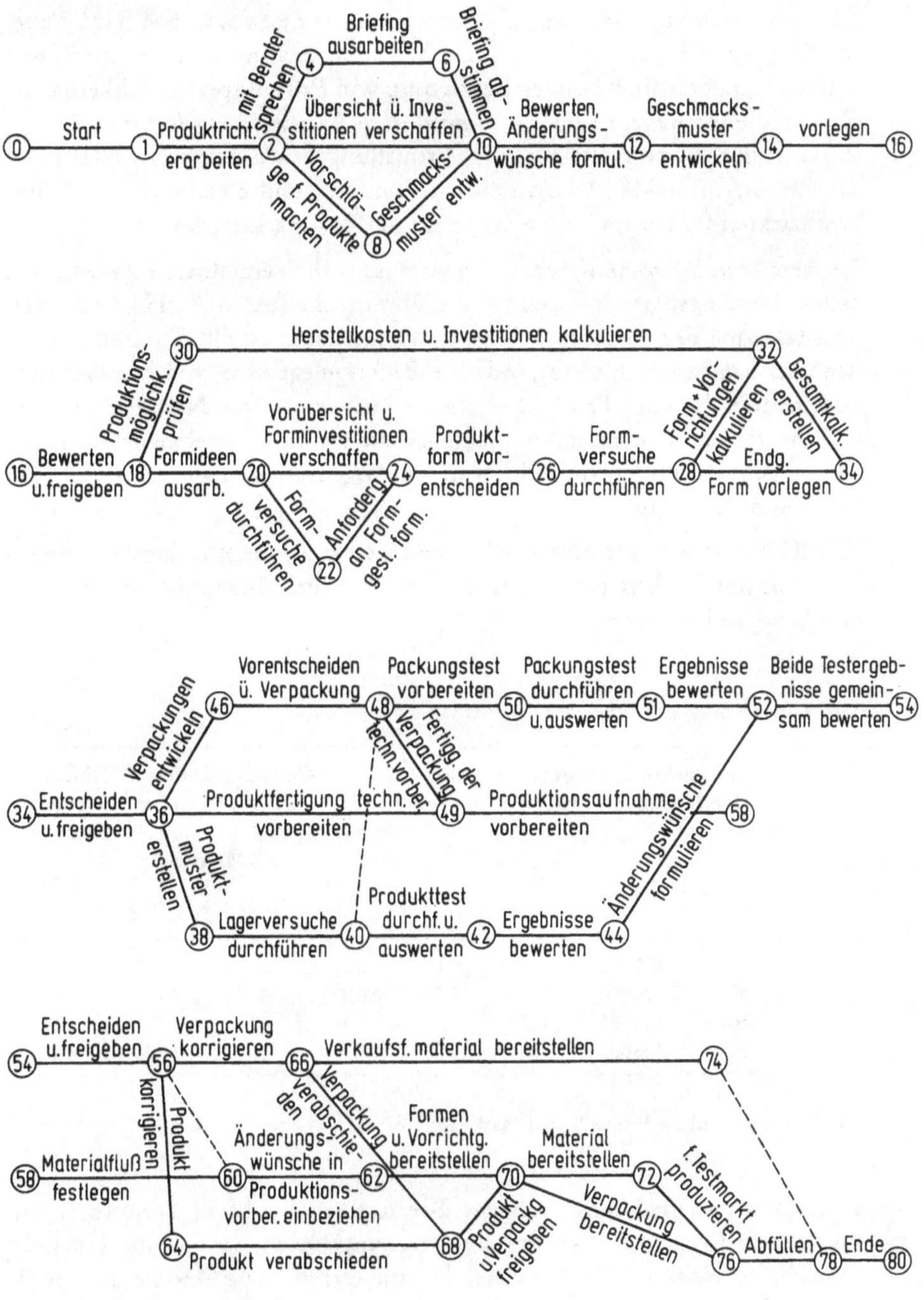

Abb. 11 Netzplan zur Produktentwicklung

Konsumforschung, Nürnberg, bietet seit einiger Zeit das GfK-ERIM-Panel an, das sich u.a. zum Abtesten der Marktchancen neuer Marketingalternativen eignet (Abb. 12). Der Bewertung von Produktpersönlichkeiten als Ganzes dienen dagegen häufig *quantitative Entscheidungshilfsmittel*, u.a. in Form der *Break Even-Analyse* (Ermittlung der Gewinnschwelle) bzw. der *Pay-off-Methode* (Amortisationsrechnung), und zwar sowohl vor der Testmarkteinführung als auch aufgrund der Testmarktergebnisse.

Bei der *Break Even-Analyse* werden voraussichtlich erzielbare Erlöse für die ersten Planungsperioden den – direkt zurechenbaren – Herstell- und Absatzkosten der Angebotskonzeption gegenübergestellt. Zusätzlich werden Gemeinkosten angesetzt, indem z.B. festgelegt wird, welchen Gemeinkostenanteil das neue Produkt – etwa seinen erwarteten Nettoerlösen entsprechend – an den gesamten Gemeinkosten des Unternehmens zu tragen hat. Es geht darum zu ermitteln, wann die sog. *Gewinnschwelle* (der „break even-point") eintritt.

Tabelle 9 zeigt ein vereinfachtes Rechenbeispiel für die Planungsperioden t_1 bis t_4; in der Realität geht es oft darum, mehrere Angebotskonzepte vergleichend zu beurteilen.

Tab. 9 Rechenbeispiel für Break Even-Analyse

Periode	Nettopreis pro Stück (DM)	Absatzmenge	Gesamt Nettoerlös (Mio DM)	Kosten* pro Stück (DM)	Gesamtkosten (Mio DM)	Gemeinkostenanteil (Mio DM)	Differenz gesamte Erlöse./. gesamte Kosten (Mio DM)	Differenz kumuliert (Mio DM)
t_1	10.–	100000	1,0	5.–	0,5	1	– 0,5	– 0,5
t_2	10.–	200000	2,0	5.–	1,0	1	0	– 0,5
t_3	10.–	300000	3,0	5.–	1,5	1	+ 0,5	0
t_4	10.–	400000	4,0	5.–	2,0	1	+ 1,0	+ 1,0

* Direkt zurechenbare Herstell- und Marketingkosten

Nach dieser Berechnung tritt der Break Even-Punkt in Periode t_3 ein; kumulierte Erlöse und Kosten sind deckungsgleich, so daß die Gewinnschwelle erreicht ist. Die Formel für die Errechnung des „break even-points" lautet

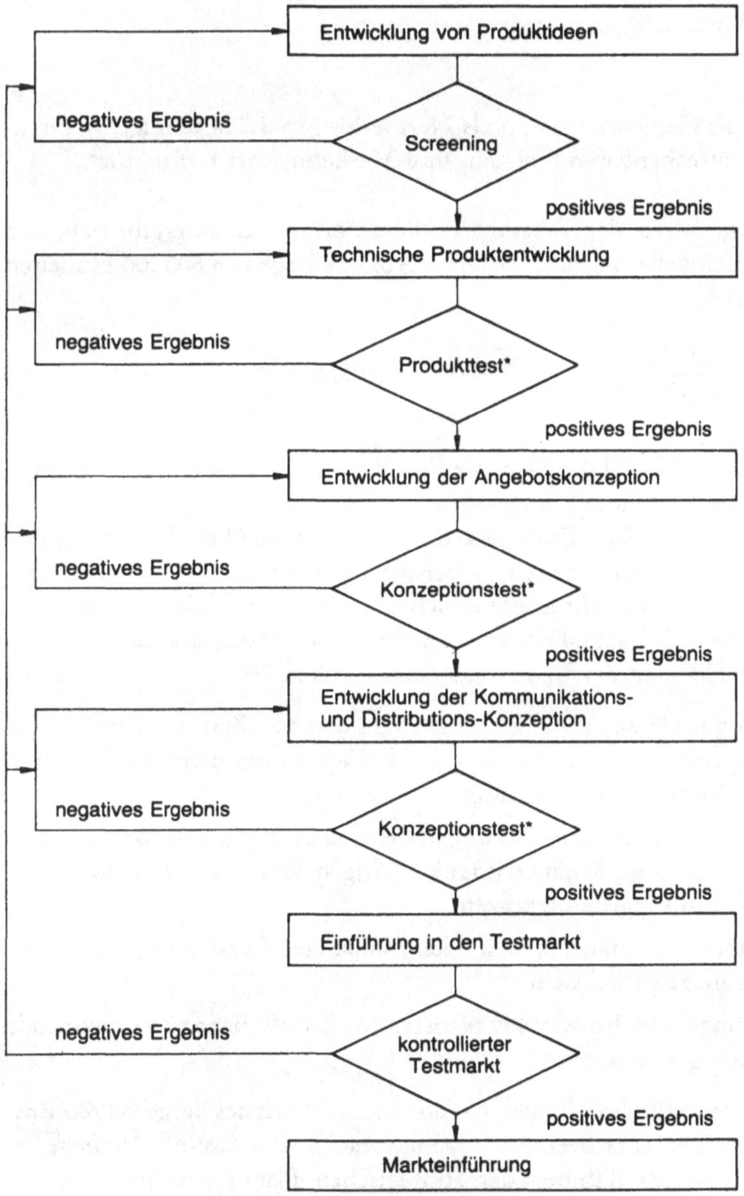

* auf Absatzmittlerniveau als kontrollierter Markttest

Abb. 12 Phasen der Detailplanung mit Selektionsverfahren auf Verbraucher- und Absatzmittlerebene

$$BEP = \frac{GK}{(p - k_{dir})}, \text{ mit}$$

GK als Gemeinkosten, p als Nettoerlös pro Stück und k_{dir} = direkt zurechenbaren Herstell- und Marketingkosten pro Stück.

Setzt man die Werte der Tabelle 9 in diese Formel ein, so ergibt sich, daß die Gewinnschwelle erstmalig bei einer Absatzmenge von 600000 Einheiten erreicht wird:

$$BEP = \frac{3000000}{10 - 5} = \frac{3000000}{5} = 600000.$$

Kostendeckung im 3. Jahr nach der Einführung kann als realistische angebotspolitische Zielsetzung angesehen werden, um im 4. Jahr in die Gewinnzone vorzustoßen. Eine derartige Information über die Erfolgsaussichten von Angebotskonzepten ist beispielsweise für das Produkt-Management wichtig. Das Verfahren eignet sich allerdings nur zu einer groben Einschätzung der Erfolgsaussichten; aus mehreren Gründen sind die Interpretationsmöglichkeiten der Ergebnisse eingeschränkt [80]:

(1) Die Prognose geht im allgemeinen von den zur Zeit der Produkteinführung erzielbaren Erlösen aus und berücksichtigt nicht evtl. notwendig werdende Erlöskorrekturen.

(2) Ebenso erfolgt die Einschätzung der Kostenseite generell vor dem Hintergrund der zum Schätzzeitpunkt gültigen Werte und Relationen für Herstell- und Marketingkosten.

(3) Das Modell ist statisch, d.h. die Einnahmen- und Ausgabenströme werden nicht berücksichtigt.

(4) Forschungs- und Entwicklungskosten werden als nicht zu verrechnende Vorleistungen betrachtet.

Die zuletzt angeführten Mängel, die die Aussagekraft des dargestellten Entscheidungsinstruments beeinträchtigen, versucht die *Pay-off-Methode* zu beseitigen [81]: Im Rahmen der strategischen Planung ist hier vor der Markteinführung das *erwartete Gesamtergebnis* eines Produktes vorauszuschätzen, das sich aus kumulierten Einnahme- und Ausgabewerten – berechnet aus den voraussichtlich periodisch erreichbaren Erlösen sowie den periodisierten Kosten – und den Investitionen vor der Markteinführung zusammensetzt. Generell ist die Chance, über die gesamte Lebensdauer eines Produktes hinweg zutreffende Kosten- und Erlösschätzungen abzugeben, größer als die richtige Prognose der kurz- bis mittelfristigen Entwicklung, die als Basis für die Break Even-Analyse zugrunde gelegt wird. Die Periodisierung der Kosten und Erlöse nach voraussichtlichen Ausgabe- und Einnahmeterminen dient anschließend der Ermittlung des *Kapitalwerts* von neuen Projekten als wichtige Entscheidungsgrundlage für die Markteinführung.

Zur Ermittlung des Kapitalwerts ist es im Hinblick auf die vermutlich unterschiedliche Verteilung der Einnahme- und Ausgabeströme bei verschiedenen bezüglich ihrer Erfolgsaussichten zu vergleichenden Investitionsprojekten zweckmäßig, die periodisierten Einnahmen und Ausgaben jeweils abzuzinsen, z.B. auf den Zeitpunkt unmittelbar vor der Investitionsentscheidung. In diesem Falle werden die Kapitalwerte der geplanten Neu-

Tab. 10 Pay-off-Rechnung

Net Cash Flow ($)					Present Value ($)	
End of Year	Project A	B	Discount Factor R (= 10 %)	Deflator Factor d (= 6 %)	Project A	B
1	– 30000	– 50000	0,909*	0,943**	– 25700	– 42800
2	10000	0	0,826	0,890	7360	0
3	20000	10000	0,751	0,840	12600	6300
4	15000	40000	0,683	0,792	8090	21600
5	5000	30000	0,621	0,847	2300	13910
					4650	– 990

Ermittlung des Kapitalwerts (K) der Investitionsprojekte A u. B
E = Einnahmen
A = Ausgaben

$$K = \sum_{t=1}^{n} \frac{E_t - A_t}{(1 + R)^t \times (1 + d)^t}$$

*) Rechenbeispiel: $\frac{1}{(1+R)^t} = \frac{1}{1+\left(\frac{10}{100}\right)^1} = \frac{1}{1,1} = 0,909$

**) Rechenbeispiel: $\frac{1}{(1+d)^t} = \frac{1}{1+\left(\frac{6}{100}\right)^1} = \frac{1}{1,06} = 0,943$

produktprojekte *als Differenz der Barwerte aller vorausgeschätzten und periodisierten Einnahmen und Ausgaben* ermittelt (Cash-flow-Analyse) [82].

Tab. 10 zeigt eine derartige Pay-off-Rechnung [83]. Der Diskont-Faktor R ist mit 10% angesetzt worden; Karger und Murdick arbeiten zusätzlich mit einem Deflationsfaktor D von 6%. Am Ende der 5. Periode erreicht das Projekt A einen gegenwärtigen Kapitalwert von 4.650.– Dollar, das Projekt B einen negativen Wert von –990.– Dollar.

Allerdings ist es vor einer endgültigen Entscheidung über die Weiterverfolgung bzw. Aussonderung eines Projekts nötig, weitere Entscheidungsfaktoren heranzuziehen, u.a. das Risiko der kalkulatorischen Einschätzung der jeweiligen Projekte. In diesem Zusammenhang kann beispielsweise die Wahrscheinlichkeit des Eintritts bestimmter Cash-flow-Werte durch Einfügen von subjektiven Gewichtungsfaktoren berücksichtigt werden. In Tab. 11 ist für Projekt A im dritten Jahr eine derartige Risikoberechnung dargestellt worden [83].

Tab. 11 Berücksichtigung des Risikos bezüglich der Höhe des Cash-flow

Cash-flow Project A, Year 3	Probability	Cash-flow x Probability
15000	0,3	4500
20000	0,6	12000
25000	0,1	2500
	1,0	19000

2.2.3.2 Testmarkt und Vorbereitung der Einführung in den Gesamtmarkt

Die Bedeutung von Testmärkten geht daraus hervor, daß nach Unterlagen der Unternehmensberatungsfirma Booz, Allen, Hamilton im Durchschnitt lediglich zwei von fünf neuen Produkten die Testmarktzeit erfolgreich überstehen. Demgegenüber waren beispielsweise in den Jahren 1974 und 1975 jeweils nur bei knapp einem Viertel aller neuen Produkte, die in den Lebensmittelhandel einflossen, Testmärkte veranstaltet worden, 1973 noch bei knapp einem Drittel [84]. Empirische Ergebnisse zeigen außerdem, daß von den gesamten Entwicklungskosten eines neuen Konsumproduktes im

Durchschnitt 55 % auf die Planungsphasen „Entwicklung neuer Produktideen" bis einschließlich „Kontrollierter Testmarkt" entfallen; *45 % der Kosten einer Neueinführung entstehen erst im Laufe der eigentlichen Markteinführung*. Dabei bezieht sich die *Kontrolle des Testmarktes* auf die Durchführung empirischer Untersuchungen bei der Absatzmittler- und Endverbraucherzielgruppe, um neben direkt meßbaren ökonomischen Erfolgsgrößen – u.a. der Umsatzentwicklung des neu eingeführten Produktes – weitere Maßstäbe zur Beurteilung der Zukunftsaussichten des Produktes zu gewinnen.

In Abbildung 12 ist die Testmarktphase in den Ablauf der Detailplanung eingeordnet worden; daraus geht hervor, daß der Testmarkt die letzte Prüfphase vor der eigentlichen Markteinführung des Produktes darstellt.

Unter bestimmten Voraussetzungen kann der Testmarkt als *Entscheidungsmodell* aufgefaßt werden: Allgemein gesagt sollte er ein möglichst strukturgleiches Abbild des realen, für die Einführung des Produktes vorgesehenen Gesamtmarktes darstellen. Bezüglich dieser *Strukturgleichheit* des Testmarktes sowie damit zusammenhängenden wichtigen Bestimmungskriterien für den Testmarkt stellt Nielsen folgenden grundsätzlichen Anforderungskatalog zusammen [85]:

(1) Ein Testmarkt sollte im Interesse der Zuverlässigkeit der Testmarktergebnisse nicht zu klein, andererseits aber wegen der entstehenden Kosten (nicht zuletzt auch wegen eventueller Goodwill-Schädigungen des Anbieters bei Flops, der Verf.) flächen- und einwohnermäßig nicht zu groß sein. Die von A. C. Nielsen vorgeschlagenen Standard-Testmarktgebiete Hessen und Saar unterscheiden sich allerdings in diesen Werten erheblich: Sie umfassen 8,49% bzw. 1,03% der Fläche, 8,87% bzw. 1,85% der Bevölkerung der Bundesrepublik Deutschland.

(2) Einwohner- und Handelsstrukturen sollten repräsentativ für den Gesamtmarkt sein; in beiden von A. C. Nielsen vorgesehenen Testmarktgebieten sind diese Voraussetzungen erfüllt (bezogen auf die Organisationsformen des Handels und seine Zugehörigkeit zu bestimmten Gruppierungen); hinsichtlich der Bevölkerungsstruktur sollte darauf geachtet werden, daß der Testmarkt mit dem für die Einführung des Produkts vorgesehenen Gesamtmarkt sozio-demographisch vergleichbar ist und daß außerdem keine ausgeprägten Unterschiede in den Konsumgewohnheiten bzw. der Mentalität der Bevölkerung – z. B. Aufgeschlossenheit gegenüber neuen Produkten – vorliegen.

(3) Das Testmarktgebiet sollte möglichst in sich abgeschlossen sein, so daß Lieferungen von und nach außen weitgehend vermieden werden (schwierig wegen überregionaler Verteilung großer Handelsgruppen).

(4) Die Wettbewerbssituation innerhalb des Testmarktgebietes sollte vergleichbar sein mit dem für die Einführung des Testproduktes vorgesehenen Gesamtmarkt (wichtig ist z. B., daß keine Marke des engeren Wettbewerbs im Testgebiet stark über- oder unterdurchschnittliche Marktanteile aufweist, daß keine Regionalaktionen der Konkurrenz, vor allem keine anderen Testmarktaktivitäten, stattfinden).

(5) Das Testmarktgebiet sollte außerdem innerhalb der Verkaufsorganisation des Anbieters möglichst abgrenzbar sein, damit keine Überschneidungen zwischen einzelnen Verkaufsbezirken entstehen, von denen schwer kontrollierbare Einflüsse auf die Testmarktergebnisse ausgehen können.

(6) Es ist ratsam, Werbe- und Verkaufsförderungsmittel sowie Kommunikationsmedien nach Art, Zahl und Einsatzintensität im Testgebiet entsprechend der Einsatzplanung für den Gesamtmarkt festzulegen (schwierig, weil bestimmte Werbeträger nicht lokal bzw. regional zur Verfügung stehen; dadurch können sich u.a. Kostenverzerrungen ergeben).

Green, Frank und Robinson haben versucht, mit einem Verfahren, das auf der Cluster-Analyse basiert, eine Möglichkeit zur Bestimmung von Testmärkten zu finden, die im Hinblick auf die aufgezeigten Kriterien am besten mit dem Gesamtmarkt des neuen Produktes übereinstimmen [86]. Anwendungsergebnisse aus der Bundesrepublik Deutschland sind uns nicht bekannt.

Die *Dauer* des Testmarktes ist abhängig von der Umschlagsgeschwindigkeit des Produktes; nach empirischen Untersuchungen von Nielsen steht bei Konsumprodukten das endgültige Testmarktresultat auf Handelsebene in gut 80 von 100 Fällen nach 10 Monaten fest, wie auch aus Tab. 12 zu entnehmen ist[87]. Das Problem ist, daß Mitbewerber u.U. bereits früher reagieren, so daß der Testmarkt evtl. abgebrochen werden muß. Unter anderem um diese Schwierigkeiten zu umgehen, werden neuerdings Labor- und Mini-Testmärkte vorgeschlagen, Verfahren, bei denen versucht wird, die Testmarktsituation zu simulieren bzw. wesentlich kleinere Testgebiete zu verwenden, allerdings mit dem Nachteil, daß teilweise der Verlust wichtiger Informationen (z. B. über den Verlauf der Distribution in einem natürlichen Testmarkt) in Kauf genommen werden muß, so daß die Hochrechnung auf den Gesamtmarkt mit erheblichen Risiken behaftet sein dürfte [88].

Wie bereits erwähnt, erfolgt die *Kontrolle des Testmarktes* zweckmäßigerweise sowohl auf Absatzmittler- als auch auf Verbraucherebene; auf *Handelsniveau* beispielsweise mit Hilfe des Nielsen-Handelspanels, auf *Endverbraucherebene* anhand von Individual- bzw. Haushalts-Panels [89].

Tab. 12 Aussagefähigkeit von Testergebnissen auf Handelsebene

Kumulativer Anteil (%) der gültigen	Vorhersagen nach:
2 Monaten	6
4 Monaten	20
6 Monaten	44
8 Monaten	61
10 Monaten	81
12 Monaten	91
14 Monaten	97
18 Monaten	100

In regelmäßigen Abständen durchgeführte Wiederholungsmessungen im Handel und bei Verbrauchern der Zielgruppe liefern wichtige Maßstäbe für die Beurteilung der Erfolgsaussichten des Produktes, die aus der eigenen Absatzstatistik des Anbieters nicht abzulesen sind (Vgl. Übersicht 10).

Übersicht 10 Maßstäbe für die Beurteilung der Erfolgsaussichten eines Testmarkt-Produktes

Gemessen wird durch regelmäßige Wiederholungsmessungen (Panels) auf . . .

. . . Handelsebene u. a.	*. . . Verbraucherebene u. a.*
– Absatz- und Umsatzentwicklung des neuen Produktes (Abverkauf, mengen- und wertmäßig)	– Zielgruppe der Käufer/Verwender
– Entwicklung des Marktanteils (Von welchem Mitbewerber abgezogen, zieht das neue Produkt u. U. Konkurrenzprodukte bzw. Produkte des eigenen Unternehmens mit?)	– Verwendungsgewohnheiten des neuen Produktes (z. B.: Decken sie sich mit der geplanten Verwendung oder entstehen neue Gewohnheiten?)
– Entwicklung des Absatzes einzelner Packungsgrößen	– Zufriedenheit der Käufer/Verwender (Was sollte an dem Produkt evtl. verändert werden? Akzeptanz der gesamten Produktkonzeption und des Preises)

... Handelsebene u. a.

- Entwicklung der Distribution numerisch/gewichtet
- Entwicklung des Abverkaufs, des Marktanteils und der Distribution in verschiedenen Geschäftstypen und Organisationsformen des Handels, in unterschiedlichen Orts-Größenklassen
- Numerische und gewichtete Distribution von Verkaufsförderungsmaterialien, Plazierung von Ware und Verkaufsförderungsmitteln (Merchandising-Aktivitäten)

... Verbraucherebene u. a.

- Anteil der Einmal-/Wiederholungskäufe am Gesamtabsatz
- Wirkung der Kommunikationsmaßnahmen

Für die Hochrechnung der Testmarktergebnisse auf den für die Einführung vorgesehenen Markt gibt es mehrere Verfahren, die als Methode der Bevölkerungs- oder Haushaltsprojektion, als Kaufkraftindex- oder als Marktanteilsmethode bekannt sind. Wie das in Tab. 13 abgedruckte Beispiel [90] zeigt, kommen die Verfahren in diesem Falle zu gut vergleichbaren Ergebnissen, mit Ausnahme der Kauftkraftindex-Methode. Daraus könnte gefolgert werden, daß die Kaufkraft offenbar kein geeignetes Kriterium für die Akzeptanz des betreffenden Produktes durch die Zielgruppe darstellt und damit als Indikator für die Hochrechnung zu verwerfen ist, wovon heute wohl in der Mehrzahl der Fälle ausgegangen werden kann, u. a. deswegen, weil Entstehung und Verwendung der Kaufkraft räumlich unterschiedlich erfolgen.

Tab. 13 Hochrechnung der Testmarkt-Ergebnisse

Methode	Formel	Ergebnis
Bevölkerungs-projektion	$\frac{\text{Bevölkerung im Gesamtmarkt}}{\text{Bevölkerung im Testmarkt}} \times \text{Absatz im TM}$	$\frac{61194,6}{1127,4} \times 137,708 = 7474,7\,t$
Haushalts-projektion	$\frac{\text{Haushalte im Gesamtmarkt}}{\text{Haushalte im Testmarkt}} \times \text{Absatz im TM}$	$\frac{22550}{409,2} \times 137,708 = 7588,7\,t$
Kaufkraftindex-Methode	$\frac{\text{National verfügbare Kaufkraft}}{\text{Verfügbare Kaufkraft im Testm.}} \times \text{Absatz im TM}$	$\frac{1000,0}{14,278} \times 137,708 = 9644,8\,t$
Marktanteils-methode	$\frac{\text{Testmarktabsatz des Produkts}}{\text{Testmarktabs. d. ges. Produktgattung}} \times \text{Nationaler Absatz der Produktgattung}$	$\frac{137,708}{712,650} \times 40000 = 7729,3\,t$

In jedem Falle ist es vorteilhaft, bei der Hochrechnung Risikofaktoren einzukalkulieren. Dabei bietet sich als Entscheidungshilfsmittel beispielsweise die *Risikoanalyse* an, ein Verfahren, bei dem meist von mehreren Spezialisten des Unternehmens (hier u.a. aus Marketing, Verkauf) jeweils *optimistische, realistische* und *pessimistische Schätzungen* für die Entwicklung bestimmter Kosten- und Leistungsgrößen abgegeben und zu einem *wahrscheinlichen Ergebnis* verrechnet werden.

Aus Tabelle 14 [91] ist zu entnehmen, daß im Falle des Unternehmens B der durch Subtraktion des Kostenmittelwertes von dem Erlösmittelwert festgestellte Gewinn bei den starken Differenzen zwischen höchsten und niedrigsten zu erwartenden Kosten und Erlösen keinesfalls als ausreichend sichere Beurteilungsgrundlage angesehen werden kann. Werden – wie in Tab. 15 dargestellt – die einzelnen Schätzungen von Kosten und Erlösen jeweils mit Wahrscheinlichkeiten gewichtet (die optimistischen und pessi-

Tab. 14 Gewinnplanung für die Firmen A und B

Firma	A	B
Höchster zu erwartender Erlös	3,5 Mio	5,0 Mio
Niedrigster zu erwartender Erlös	2,5 Mio	1,0 Mio
Erlösmittelwert	3,0 Mio	3,0 Mio
Höchste zu erwartende Kosten	2,0 Mio	2,0 Mio
Niedrigste zu erwartende Kosten	1,0 Mio	1,0 Mio
Kostenmittelwert	1,5 Mio	1,5 Mio
Gewinn = Erlösmittelwert – Kostenmittelwert	1,5 Mio	1,5 Mio

Tab. 15 Schätzungen der Firma B (Risikoanalyse)

Erlös		Kosten		Gewinn	
Mio DM	Wahrscheinl.	Mio DM	Wahrscheinl.	Mio DM	Wahrscheinl.
5,0	0,2	2,0	0,2	3,0	0,04
5,0	0,2	1,0	0,2	4,0	0,04
5,0	0,2	1,5	0,6	3,5	0,12
1,0	0,2	2,0	0,2	−1,0	0,04
1,0	0,2	1,0	0,2	0	0,04
1,0	0,2	1,5	0,6	−0,5	0,12
3,0	0,6	2,0	0,2	1,0	0,12
3,0	0,6	1,0	0,2	2,0	0,12
3,0	0,6	1,5	0,6	1,5	0,36

mistischen Werte im Beispiel jeweils mit 0,2, die Mittelwerte mit 0,6), so ergibt sich, daß ein Gewinn von exakt 1,5 Mio. DM lediglich eine Eintrittswahrscheinlichkeit von 0,36 hat. Das Unternehmen kann mit einer Wahrscheinlichkeit von 0,68 damit rechnen, *mindestens* einen Gewinn von 1,5 Mio. DM zu erreichen. Dabei ist es ohne weiteres möglich, die Kosten- und Erlösschätzungen wesentlich feiner zu differenzieren. Interaktive Systeme (die Eingabe der Schätzgrößen erfolgt direkt an der Eingabeeinheit des Computers, das Ergebnis kann kurz danach am Bildschirm abgelesen werden, ebenso können Veränderungen der Schätzgrößen mit ihren Auswirkungen auf das Ergebnis unmittelbar beurteilt werden) erleichtern die Anwendung derartiger Entscheidungskalküle erheblich [92].

Break Even-Analyse und *Pay-off-Methode* sind gut dazu geeignet, im Anschluß an den Testmarkt eine langfristige Ergebnisvorschau vorzunehmen, da die Schätzbasis nun im allgemeinen wesentlich fundierter ist. Zur termingerechten Realisierung der Einführung in den Gesamtmarkt können *Netzplanmodelle* wertvolle Hilfe leisten; in allen Fällen wird auf die Ausführungen in Abschn. 2.2.3.1 verwiesen.

3. Kernprobleme der praktischen Angebotsplanung

3.1 Die Organisation des Unternehmens nach angebotspolitischen Gesichtspunkten

3.1.1 Das Grundmuster der Marketingorganisation

Jedes Unternehmen verfügt über dauerhafte Organisationsstrukturen und -abläufe, die im allgemeinen in Organigrammen niedergelegt sind und die Grundlage des organisatorischen Gefüges darstellen. Dieser Teil der Organisation spielt eine große Rolle bei der *Produkt- bzw. Markenführung* [93], d. h. der Bewältigung derjenigen Aufgaben des Unternehmens, die dauerhaften Charakter haben. Damit im Zusammenhang steht u. a. die Form des *Produkt-Managements,* auf die im folgenden eingegangen wird.

Daneben gibt es den großen und für den Zukunftserfolg des Unternehmens wichtigen Bereich der *systematischen Erweiterung des Angebotsvolumens* durch Diversifikationsmaßnahmen. Derartige Aufgaben sind im allgemeinen ausgesprochen innovationsgerichtet und erfordern – wie noch zu zeigen sein wird – hohe Flexibilität hinsichtlich des Einsatzes der personellen und sachlichen Ressourcen. Aus diesem Grunde wird die Marketingorganisation des Unternehmens durch Organisationselemente erweitert, die mit dem Begriff des *Projekt-Managements* umrissen werden können und die zum Teil lediglich von Fall zu Fall in Erscheinung treten [94].

Auch für fallweise auftretende Struktur- und Ablaufformen existieren im allgemeinen organisatorische Grundsätze und Regelungen; innovative Entwicklungen geschehen nicht willkürlich, sondern unterliegen festen organisatorischen Bezugsmustern, die sich dazu eignen, das Innovationspotential des Unternehmens voll auszuschöpfen.

3.1.1.1 Strategieorientierte Organisationsformen

Auf verschiedene funktionale Organisationsmöglichkeiten des Unternehmens braucht an dieser Stelle nicht eingegangen zu werden; vielmehr stellen wir die *voll integrierte funktionale Marketingorganisation* an den Anfang (Abb. 13).

Der Marketingbereich ist weiter aufgefächert, und zwar sind hier im Idealfalle sämtliche Funktionen eingeordnet, die zur Planung und Realisierung

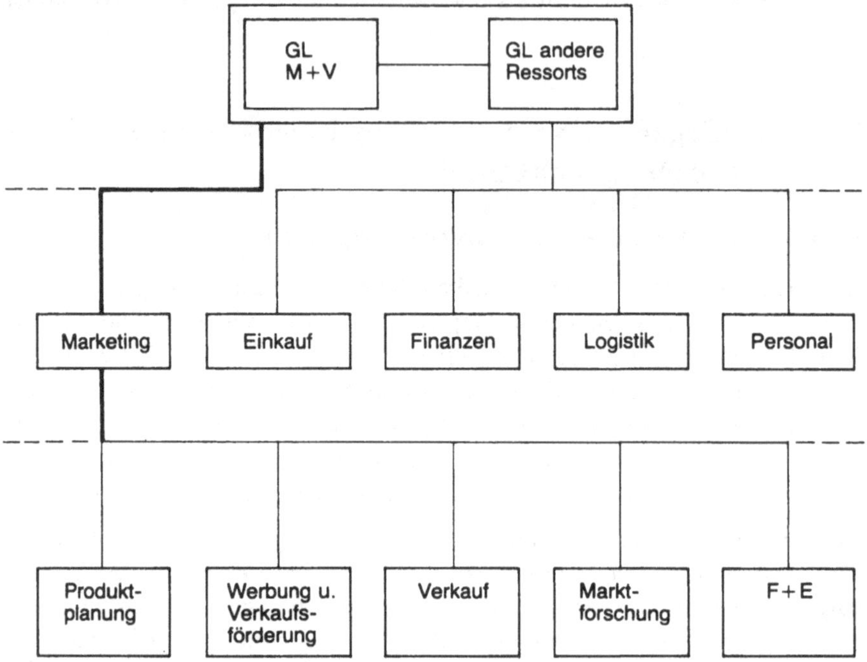

Abb. 13 Vollintegrierte funktionale Marketingorganisation

des Angebots notwendig sind. „*Voll integriertes Marketing*" bedeutet, daß der Marketinggedanke als Führungsphilosophie des gesamten Unternehmens in der Geschäftsleitung in Form des Geschäftsleitungsmitglieds Marketing und Vertrieb verankert ist. Die Marketingabteilung nimmt in konzentrierter Form die Absatzaufgabe wahr und übt gleichzeitig eine zentrale Koordinationfunktion zu den übrigen funktionalen Unternehmensbereichen aus – im Sinne der Führung des Unternehmens vom Markt her.

Wie wir gesehen haben, ist die angebotspolitische Ziel- und Maßnahmenplanung ein komplexer Prozeß, der mehrphasig abläuft, das gesamte Marketinginstrumentarium einschließt und in die integrierte Planung des Marketing-Mix einmündet [95]. Daran schließt sich die Realisierung der Marketingstrategie an. Die Planung der Marketingstrategie soll nach diesen Gesichtspunkten möglichst als Einheit erfolgen; da im Zuge der Durchsetzung der Strategie eine wichtige Aufgabe der Marketingkontrolle unter anderem darin besteht, die realisierten Maßnahmen auf *Strategiegerechtigkeit* zu überprüfen, um eventuelle Abweichungen zwischen Soll und Ist besser lokalisieren zu können, sollte auch hierfür eine zentrale Kontrollstelle vorhanden sein.

Am besten kann die *Forderung nach Einheitlichkeit von Planung und Kontrolle* dadurch gewährleistet werden, daß eine bestimmte Person bzw. Personengruppe, die eng zusammenarbeitet und sich über wichtige Detailprobleme regelmäßig abstimmt, zuständig ist. Trotz der integrativen Einbettung des Marketing in die Unternehmensleitung sowie aller Absatzfunktionen in die zentrale Koordinationsabteilung Marketing (Abb. 13) stehen diesen Forderungen Schwierigkeiten im Wege: Die Planungs- und Kontrollaufgaben für die verschiedenen Teilstrategien des Unternehmens (Produkte/Programme) erfolgen auf Abteilungsebene dezentral, und lediglich die Marketingleitung besitzt die notwendige Übersicht, um aufgrund ihrer Koordinationsfunktion Planung und Kontrolle zu überwachen und zentral zu steuern. Bei einer Vielzahl unterschiedlicher Strategien ist die Marketingleitung damit leicht überfordert.

Aus diesem Grunde liegt der Gedanke nahe, Planung und Kontrolle für einzelne Teilstrategien eines Mehrprodukt-Unternehmens zu delegieren, und zwar jeweils auf in sich geschlossene organisatorische Einheiten, die in den Marketingbereich des Unternehmens im Idealfall als Linie eingeordnet und nicht nach funktionalen, sondern nach *strategischen Gesichtspunkten* aufgebaut sind. Das damit ins Leben gerufene *Prinzip des Produkt-Managements* wird an den Abb. 14 und 15 veranschaulicht.

In Abb. 14 ist der Marketingbereich in drei Strategiebereiche aufgegliedert worden: In zwei (kleinere) Produkt-Managements (PM_A/PM_B für die Produkte A und B) und in einen größeren Produktbereich C. In diesem Produktbereich C sind zwei Produkt-Manager (C 1 u. C 2) unter einem Produktgruppenleiter (PGL_C) zusammengefaßt worden, so daß eine Dreiergruppe entsteht, die gemeinsam für die Planung und Realisation der übergeordneten Strategie C zuständig ist. Je nach Umfang und Bedeutung der jeweiligen Teilstrategien ist eine derartige Aufgliederung zweckmäßig; sie hat den Vorteil, daß sie relativ flexibel gehandhabt werden kann, ohne gegen den Grundsatz der Einheitlichkeit von Planung und Kontrolle zu verstoßen.

Aus den Ausführungen über die Planung der Angebotsmaßnahmen wissen wir, daß bei der Ausarbeitung einer Absatzstrategie und ihrer Realisation nicht nur das strategische Instrumentarium eine Rolle spielt (Produkt- und

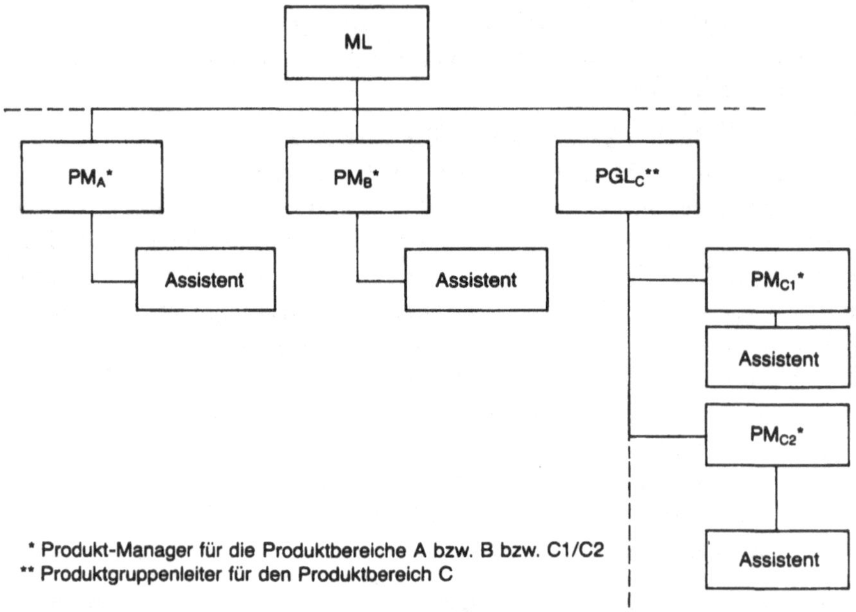

Abb. 14 Strategieorientierte Organisation – Grundprinzip

Preis-Submix, Distributions- und Kommunikations-Submix), sondern daß unter anderem umfangreiche Informationsprobleme zu lösen sind, teils parallel zu der strategischen Planung, teils vor- bzw. nachgelagert. Wichtige Informationen bzw. Serviceleistungen werden von besonderen *Marketing-Servicestellen* zur Verfügung gestellt, u.a. von den Bereichen Marktforschung/Statistik, Forschung und Entwicklung, außerdem von anderen betrieblichen Abteilungen wie der Kostenrechnung, Finanzbuchhaltung usw.. Außerdem ist in der Realisationsphase der Strategie die enge Zusammenarbeit mit der *Verkaufsabteilung* und dort integrierten Funktionen wie Außendienst, Innendienst, Verkaufstraining usw. notwendig. In beiden Fällen ist eine möglichst enge Verzahnung mit der Strategie aus Gründen der einheitlichen Planung und Kontrolle wünschenswert.

In Abb. 15 sind den drei strategischen Abteilungen (Strategien A/B/C) die Servicebereiche und der Verkauf nebengeordnet worden, die gemeinsam von den Strategieabteilungen benutzt werden. Es wäre denkbar, für einzelne

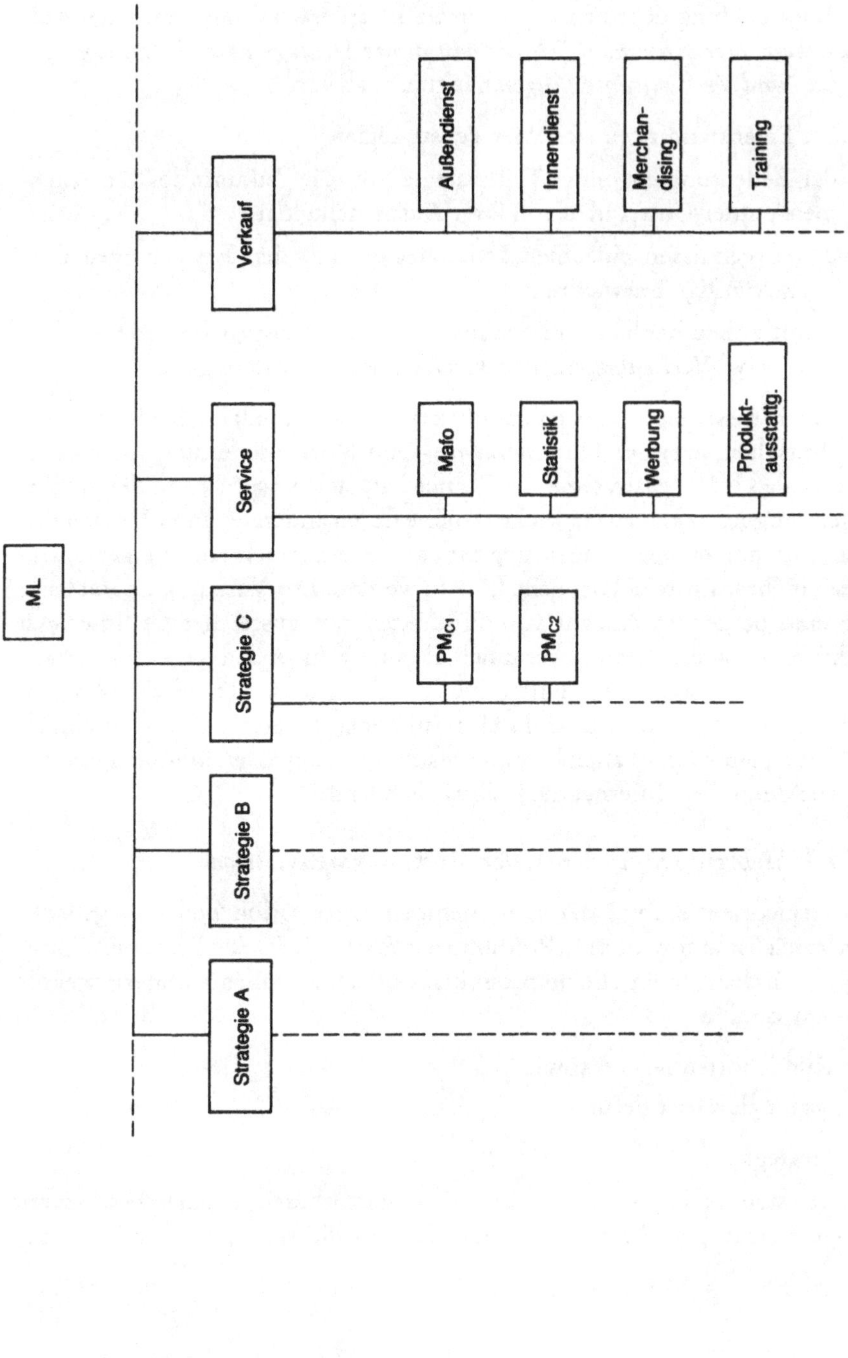

Abb. 15 Ausgebaute strategieorientierte Organisation mit zentralem Service und Verkauf

strategische Bereiche gesonderte Service- und/oder Verkaufsabteilungen zu schaffen.

Die Entscheidung über *zentralen Service und Verkauf* bzw. über den Aufbau *dezentraler, ausschließlich für bestimmte Strategiebereiche zuständiger Service- und Verkaufsabteilungen* hängt u. a. ab von

- der Eigenständigkeit einzelner Teilstrategien
- der Bedeutung einzelner Teilstrategien für die Zukunft des Unternehmens, unter Umständen von ihrer Ausbaufähigkeit
- den Ergebnissen einzelner Teilstrategien und den Erwartungen über die zukünftige Entwicklung
- damit zusammenhängend der Intensität der Inanspruchnahme des Service- bzw. Verkaufsapparates durch einzelne Teilstrategien.

Besonders dieser letzte Gesichtspunkt zwingt zu einer klaren Stellungnahme und Entscheidung: Die Unternehmens- und Marketingleitung sollte dafür sorgen, daß jede Teilstrategie die Chance hat, sich entsprechend den marktlichen Möglichkeiten zu entwickeln, ohne durch andere – unter Umständen von ihrer momentanen Bedeutung für das Unternehmen vorrangige – Strategien in ihrer Entwicklung gehemmt zu werden. Der Verkaufsapparat kann nur eine begrenzte Anzahl von Produkten mit ausreichender Intensität verkaufen, vor allem dann, wenn sich die anzuwendenden Verkaufstaktiken jeweils stark voneinander unterscheiden. Ebenso ist der Service-Apparat nur begrenzt belastbar; u.a. durch terminliche Überschneidungen einzelner Strategien kann es auch hier zu ernsthaften Engpässen kommen, die der Entwicklung des Unternehmens abträglich sind.

3.1.1.2 Mehrere Dimensionen der Marketingorganisation

„Strategieorientierung" der Unternehmensorganisation bedeutet gedanklich zunächst automatisch „Produktorientierung". In der Praxis sind Strategien durchaus nicht alleine produktspezifisch zu sehen, sondern weitere Gesichtspunkte sind

- Kundenorientierung sowie
- regionale Orientierung

der Strategie.

Heute wird es immer wichtiger, Managementbereiche nach besonderen *Kunden bzw. Kundengruppen* auszurichten, die sich z.B. durch Größe,

Organisationsform, Sortiment und Verhaltensweisen gegenüber Lieferanten unterscheiden (Kunden- bzw. Account-Managements). Diese Account-Managements stellen keinen Ersatz für die Produkt-Managements dar, sondern sie ergänzen diese: Sie bündeln bestimmte Strategiebestandteile einzelner Produkt-Managements zu einer neuen, kundenspezifischen Leistung, d.h. sie arbeiten mit dem Produkt-Management eng zusammen.

Ebenso stimmen sie ihre kundenbezogenen Strategien mit der Verkaufsabteilung ab und sorgen dafür, daß diese neuen Leistungsbündel im Sinne der festgelegten Kundenstrategie realisiert werden. Daraus kann sich u.a. eine Form der Matrix-Organisation ergeben, die in Abb. 16 dargestellt worden ist [96].

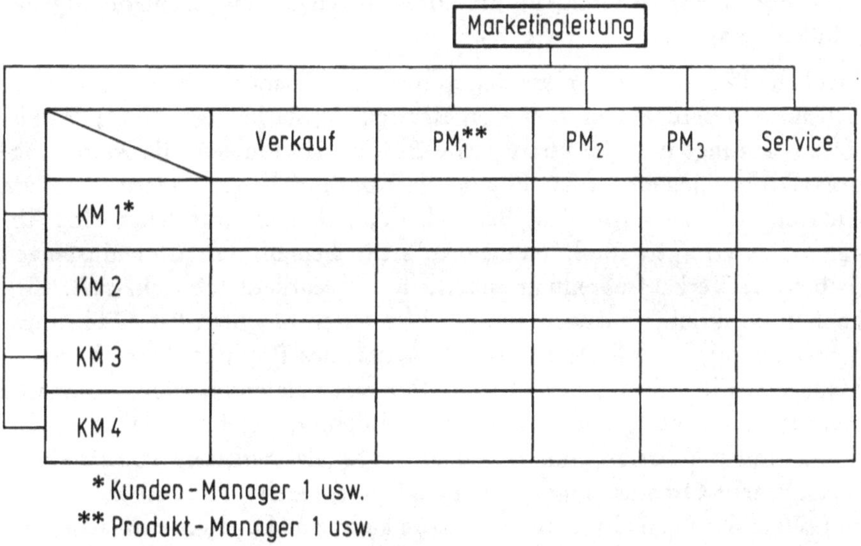

Abb. 16 Kunden-Management (Matrixorganisation)

Der Verkaufsapparat des Unternehmens als taktischer Funktionsbereich ist im allgemeinen *regional* untergliedert, sowohl im Außendienst (einschließlich Merchandising) als auch im zugeordneten Innendienst. Dies geschieht zunächst aus dem Gedanken heraus, die Verkaufsmannschaft durch Einschaltung regionaler Gebietsverkaufsleiter effizienter führen zu können und dient u.U. gleichzeitig der Verwirklichung regional-strategischer Maßnahmen.

Dadurch entsteht eine *Mehrdimensionalität der Marketingorganisation*: Zwei verschiedene strategische Gesichtspunkte – Produkt- bzw. Kundenorientierung – werden mit einem dritten organisatorischen Gesichtspunkt – der regionalen Untergliederung des Verkaufsapparates – kombiniert. Daneben ist der Marketing-Servicebereich funktional ausgerichtet. Derartige fein untergliederte Marketingorganisationen finden sich vor allem in größeren Unternehmen wieder, die unterschiedliche Produkte für verschiedene Kundengruppen überregional anbieten.

3.1.1.3 Aufgaben und Verantwortung des Produkt-Managers

Hat die Marketingabteilung eine gemischte Organisation, bei der Verkaufsabteilung und Marketing-Services zentral gehandhabt werden, dann arbeiten die strategischen Bereiche (Produkt- bzw. Kunden-Manager) mit diesen Abteilungen eng zusammen, um ihre Planungs- und Kontrollaufgaben erfüllen zu können.

Sachliche Weisungsbefugnisse der strategischen Planungsabteilungen leiten sich aus den Befugnissen ihres Vorgesetzten ab (Marketingleitung); dazu ist Voraussetzung, daß der strategische Bereich als Linie in die Marketingorganisation eingehängt ist. Potentielle Konfliktfälle sind allerdings allein dadurch nicht zu vermeiden: Bei vielen Abteilungen, mit denen eine Abstimmung erfolgen muß, handelt es sich ebenfalls um Linieninstanzen (neben der Verkaufsabteilung außerhalb des Marketingbereichs z.B. Einkauf, Produktion, Finanzabteilung); hier treten in jedem Falle Führungsprobleme auf, so daß die formale Autorität des Produkt- bzw. Kunden-Managers, die sich aus der Organisationsstruktur ergibt, durch *fachliche Autorität* als Hintergrund für seine Koordinationsaufgaben ergänzt werden muß. Linnert führt als eine der Ursachen für das Scheitern von Produkt-Management-Organisationen unzulänglich geregelte Arbeitsbeziehungen an [97]; in der Praxis ist in der Tat allzu häufig eine Divergenz zwischen der Verantwortlichkeit des Produkt-Managers und seinen Kompetenzen festzustellen.

Als Bestandteil der permanenten Struktur- und Ablauforganisation des Unternehmens beschäftigt sich der Produkt-Manager vorrangig mit der *Produkt- bzw. Markenführung*; dazu ist auch die Variation der geführten Produkte und Programme zu rechnen [98]. Wir haben bereits dargelegt, daß Planung und Kontrolle von Strategien seine beiden wichtigsten Aufgabenbereiche sind. Diese beiden großen Funktionsgebiete sind in Übersicht 11 feiner untergliedert worden; die Teilaufgaben sind in detaillierten *Aufgaben- bzw. Stellenbeschreibungen* des Unternehmens zu verankern [99].

Übersicht 11 Funktionsbereiche und Funktionen des Produkt-Managers

(1) *Planungsfunktion*

(1.1) Vorbereitung der Planung: Informationsbeschaffung und -aufbereitung

(1.1.1) Laufende Beobachtung der Marktentwicklung der eigenen Produkte sowie des Wettbewerbs in seinem Marktsegment, Ableitung von Konsequenzen für die Strategie

(1.1.2) Beschaffung und Analyse betriebsinterner Unterlagen

(1.2) Aufstellung einer Absatzprognose

(1.3) Planung der Strategie

(1.3.1) Ausarbeitung einer mittelfristigen Strategie (Ziele, Maßnahmen, einschl. Ergebnis-Vorausschau) und Fortschreibung der Strategie im Rahmen der Markenführung, mindestens einmal jährlich; Abstimmung mit den notwendigen Abteilungen (u.a. mit Marktforschung, F + E, Produktion, Verkauf), eventuell auch mit externen Stellen (z.B. mit Werbe- und Verkaufsförderungsagenturen)

(1.3.2) Entwicklung detaillierter Maßnahmen im Rahmen dieser Strategie im Angebots-, Distributions- und Kommunikationsbereich; Abstimmung mit den notwendigen Abteilungen, eventuell auch mit externen Stellen; wenn erforderlich, Ziel-, Maßnahmen- und Ergebnis-Revision

(2) *Kontrollfunktion*

(2.1) Laufende Kontrolle

(2.1.1) im Hinblick auf strategiegerechte Realisation

(2.2.2) hinsichtlich zielgerechter Ergebnisse

(2.2) Bei Abweichungen zwischen Soll und Ist Ursachenanalyse und Revisionsplanung (wie unter (1))

Analoge Aufgaben der Planung und Kontrolle hat das Kunden-Management zu erfüllen; Objekte sind nicht einzelne Produkte, sondern Kunden bzw. Kundengruppen. In beiden Fällen sind zwei Aspekte besonders zu berücksichtigen:

– Die vielfältigen *Aufgaben der Koordination* im Rahmen der Planung und Kontrolle, die nicht zuletzt die externe und interne Informationsbeschaffung bei der Planungsvorbereitung betreffen. Um der Forderung nach möglichst umfassend problemrelevanter Information des Produkt- bzw. Kunden-Management Rechnung zu tragen, werden in neuerer Zeit besondere Marketing-Informationssysteme eingerichtet, in deren Mittelpunkt der Produkt- bzw. Kunden-Manager steht [100].

- Die mit der Aufgabenerfüllung zusammenhängende *Verantwortung für Planung und Kontrolle*, die sich im einzelnen bezieht auf
  - ausreichende Inanspruchnahme und Einbeziehung aller zur Verfügung stehenden Informationen
  - sach- und termingerechte Planung, einschließlich Ergebnisvorschau für den Planungsbereich
  - Überwachung der „Strategietreue" während der Realisation
  - ständige Parallelkontrolle hinsichtlich der Übereinstimmung zwischen erreichtem und vorausgeschätztem Bereichsergebnis; Einleitung von Maßnahmen zur Gegensteuerung bei ungünstigem Ergebnisverlauf.

3.1.1.4 Aufteilung in Subunternehmen

In vielen Fällen wird die Verantwortung des Produkt-Managers bzw. generell des für die Strategie Zuständigen auf die *Ergebnisverantwortung* ausgedehnt. Das Prinzip des Management by Objectives and Control (MbO+C) [101], das für ein im Sinne der Erfüllung der Planungs- und Kontrollaufgaben effizient geführtes Produkt-Management kennzeichnend ist, wird durch ein System der *Unternehmensführung durch Bereichserfolge* ergänzt: „Die Aufgabe der Führungskräfte bestünde in einem System der *Unternehmensführung durch Bereichserfolge* darin, in ihren Verantwortungsbereichen nachhaltig möglichst hohe Gewinne zu erwirtschaften." [102] Für derartige selbständige Ergebnisbereiche („Profit-Center") sind in der Praxis auch die Bezeichnungen Geschäftsbereiche bzw. Sparten („Divisions") üblich (Profit-Center-, Geschäftsbereichs-, Sparten-Organisation). Die Aufgabendelegation schließt in diesen Fällen die originäre unternehmerische Funktion ein, Letztverantwortung für die geschäftliche Entwicklung des eigenen Delegationsbereichs als Subunternehmen zu tragen; die Leiter der Profit-Center nennt man daher auch zutreffend *Subunternehmer*. Köhler nennt drei Begriffsmerkmale von Profit-Centern:

- die Aufgabenbestimmung nach dem Objektprinzip (Produkt- bzw. Account-Management)
- objektbezogene Erfolgsaufspaltung
- Erfolgsverantwortlichkeit des Profit-Center-Leiters [103].

Diese Organisationsform hat entscheidende Vorteile, aber auch Nachteile. In Abb. 17 ist eine Profit-Center-Organisation dargestellt, deren Struktur

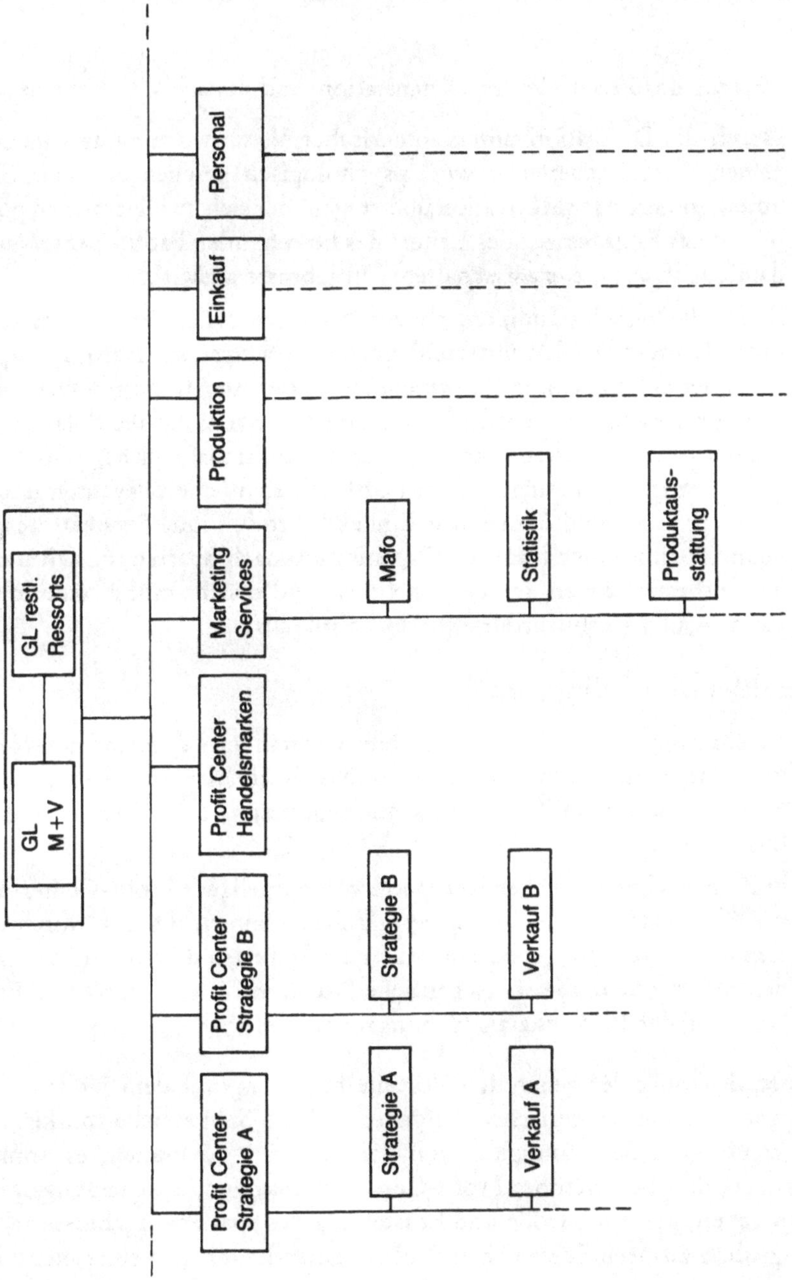

Abb. 17 Profit-Center-Organisation mit zentralen Funktionsbereichen gemischt

in Zusammenhang mit der anschließenden Diskussion ihrer Vor- und Nachteile verständlich wird.

Als *Vorteile* der Profit-Center-Organisation sind zunächst zu nennen:

- Durch die Delegation unternehmerischer Verantwortung auf die einzelnen Geschäftsbereiche wird psychologisch gesehen auch ein Teil unternehmerischer Motivation übertragen, der sich im allgemeinen positiv auf das Engagement des Leiters des betreffenden Profit-Centers und damit auch auf die erwirtschafteten Ergebnisse auswirkt.
- Durch die Verselbständigung einzelner Sparten des Unternehmens kann unter Umständen den unterschiedlichen strategischen Anforderungen einzelner Geschäftsbereiche wesentlich besser Rechnung getragen werden. Voll ausgebaute Profit-Center besitzen eigens auf die Belange des Bereichs zugeschnittene Strategie- und Funktionsbereiche, und zwar nicht nur im Marketing, sondern evtl. auf sämtliche relevanten unternehmerischen Funktionen wie Einkauf, Produktion, Personal ausgedehnt. Damit unterstützt die Organisation nach Sparten die Diversifikationsbestrebungen der Unternehmen und drückt mithin eine innovations- und wachstumsorientierte Politik aus.

Nachteile bestehen darin, daß

- die einzelnen Geschäftsbereiche unter Umständen beginnen, sich völlig von dem Unternehmen zu lösen und sich zu Machtblöcken zu entwickeln, die sich in ihrer Politik nur begrenzt von der Zentrale beeinflussen lassen,
- in Zeiten wirtschaftlicher Rezession voll ausgebaute Profit-Center unverhältnismäßig hohe Kosten verursachen können, die u.a. durch die Remanenz fixer Kostenbestandteile zu erklären sind, während sich auf der anderen Seite die wirtschaftliche Situation für eine expansive Entwicklung der Erlösseite als Hemmnis erweist.

Die Realisierung der genannten Vorteile hängt eng mit dem Umfang der Delegation unternehmerischer Aufgaben auf die Subbereiche, mithin mit der Höhe ihrer Selbständigkeit von der Zentrale, zusammen; es kommt darauf an, daß die Leiter der Profit-Center ausreichend Entscheidungsspielraum haben, um u.a. Größe und Entstehung der Sparten-Ergebnisse selbst maßgeblich zu beeinflussen. Ein Profit-Center-Leiter, der einerseits seine Produkte zu unvertretbar hohen Verrechnungspreisen aus einer zentralen

Produktionsabteilung beziehen muß, kann für das Spartenergebnis nicht verantwortlich sein; ähnlich ungünstig kann sich die Inanspruchnahme zentraler Verkaufsapparate, Forschungsabteilungen, des zentralen Einkaufs und anderer Funktionalbereiche auf die Spartenergebnisse auswirken.

Andererseits verursacht die Eingliederung derart wichtiger Gebiete in den Geschäftsbereich – wenn dafür organisatorisch die Möglichkeit vorhanden ist – Kosten, die der Leiter des Profit-Centers unter Umständen nur zögernd auf sich nimmt. Wesentlich ist hier die *strategische Denkweise* der Geschäftsbereichsleitung, um die langfristige Entwicklung des Bereichs sicherzustellen; hier zeigt sich in besonderem Maße unternehmerisches Verhalten. Die Zentrale darf als Bewertungsmaßstab für das Profit-Center nicht nur kurz- und mittelfristige Ergebnisse vorgeben, sondern muß auch Ergebnisse auf längere Sicht setzen und anerkennen, damit eine derartige Denk- und Handlungsweise in den Profit-Centern wirksam werden kann. Gleichzeitig müssen das Gesamtunternehmen und die einzelnen Sparten über ein effizientes Rechnungswesen verfügen, beispielsweise in Form der Deckungsbeitragsrechnung mit unterschiedlichen Bezugsgrößen [104], das sicherstellt, daß nicht nur die direkt zurechenbaren Kosten der einzelnen Profit-Center sachgemäß ermittelt und verrechnet werden, sondern daß eine möglichst gerechte Verteilung der Gemeinkosten der zentralen Abteilungen erfolgt [105]. Welge fordert in diesem Zusammenhang die Vergleichbarkeit der Sparten-Ergebnisse und unterstreicht die Notwendigkeit, . . . „ein Instrumentarium zu entwickeln, das unkontrollierbare Faktoren (gemeint sind Faktoren, die der Leiter des Profit-Centers selbst nicht beeinflussen kann, d. Verf.), interner wie externer Art, aus der Ergebnisrechnung eliminiert." [106] In der Praxis dürften sich dem jedoch erhebliche Schwierigkeiten entgegenstellen.

Die ausführlich dargestellten Vorteile kommen außerdem – wie erwähnt – vor allem in Zeiten guter Konjunktur zum Tragen, wenn die Geschäftsbereichsergebnisse über die ständige *Umsatzexpansion* der Profit-Center stetig verbessert werden können. In rezessiven Zeiten dagegen gilt es häufig, eine positive Ergebnisbeeinflussung über *Kostenreduktion* zu realisieren; das läuft darauf hinaus, nicht voll genutzte Ressourcen wieder aus dem Profit-Center herauszulösen mit der Tendenz, die zentralen Funktionen auszubauen, um die *Synergie-Effekte* zentraler Organisationen zu nutzen. Diese bestehen u. a. darin, daß *ein* Service-Bereich, *ein* zentraler Verkaufsapparat, *eine* Produktionsabteilung im allgemeinen kostengünstiger arbeiten werden als mehrere parallele Apparate, die u. U. nur zum Teil ausgelastet sind. Wenn sich der *return on investment* eines Produktbereichs in der Periode t ergibt als

$$ROI_t = \frac{U_t - K_{dir_t}}{I_t}$$

mit U_t als Umsatz der Periode t, K_{dir_t} als direkt zurechenbaren Kosten und I_t als notwendiger Investitionsbasis (Kapitalinvestition), so kann generell davon ausgegangen werden, daß es in der funktional integrierten Organisation möglich sein wird, einen höheren return on investment durch Senkung der Kosten und/oder durch Verkleinerung der notwendigen Investitionsbasis zu erreichen [107]. Voraussetzung ist natürlich, daß der in solchen Situationen ohnehin nur schwer zu erhöhende Umsatz darunter nicht leidet. Mit der zunehmenden Zentralisierung gelingt es der Zentrale meist gleichzeitig, die unter Umständen eingetretene Dominanz einzelner Profit-Center abzubauen und die zentrale Steuerung wieder verstärkt in Gang zu setzen.

3.1.2 Organisationsformen mit hohem Innovationspotential

3.1.2.1 Der Begriff der Innovation

Da der Innovationsbegriff in Literatur und Praxis auf vielfältige Art und Weise definiert ist, wollen wir an den Anfang stellen, was hier unter Innovation verstanden werden soll.

Schumpeter spricht von der „Durchsetzung neuer Kombinationen“ im Unternehmen im Gegensatz zu einer anders gearteten Faktorenkombination, „. . . die von der alten aus mit der Zeit durch kleine Schritte, kontinuierlich passend, erreicht werden kann . . .“ [108]; Veränderungen der zuletzt genannten Art schaffen zwar auch Wachstum, sind aber nicht eigentlich als innovativ zu bezeichnen. Der Begriff der *Neuheit* wird damit auf „echte“ Innovationen eingeengt, mit denen vom planenden Unternehmen her gesehen neue technologische Entwicklungen vorangetrieben und durchgesetzt werden, mehr oder weniger also auf das Gebiet der Diversifikation. Differenzierungs- und Variationsstrategien fallen offenbar nicht unter den Innovationsbegriff, da sich diese im allgemeinen kontinuierlich und oft in kleineren Schritten vollziehen.

Offener hält Kieser den Innovationsbegriff, wenn er darunter „alle Änderungsprozesse . . . , die die Organisation zum ersten mal durchführt“, versteht [109]. Darunter fällt u.a. die Produkt- oder Angebotsinnovation;

damit wird „. . . die Einführung eines neuen Produktes oder einer neuen Dienstleistung bezeichnet, die die Organisation verkauft oder auf andere Weise an die Umwelt abgibt" [110]. Bei dem Innovationsbegriff sieht Kieser zwei Dimensionen, eine marktliche und eine technische: „Ein lediglich unter dem Markt-Aspekt ‚neues' Produkt liegt dann vor, wenn der Konsument mit einem seit langem eingeführten Produkt ein ‚Neuheitserlebnis' verbindet, ohne daß dieses Produkt in technischer Hinsicht geändert wurde. Auf der anderen Seite ist es aber denkbar, daß völlig neue technische Verfahren und Materialien für ein Produkt eingesetzt werden, das beim Konsumenten lediglich weitgehend die Funktionen des bereits existierenden Produktes übernimmt und so nicht als neu empfunden wird. Eine derartige Produktinnovation ist nur im Hinblick auf die Technologie der Produkterstellung ‚neu'. Im Hinblick auf den Absatz handelt es sich um ein altes Produkt. *Von Produktinnovationen wird im folgenden dann gesprochen werden, wenn mindestens eines der beiden Kriterien vorliegt.*" (Kursivschrift d. d. Verf.) [111]. In diesem Falle gilt der Neuheitsbegriff nicht nur für die Diversifikation, sondern ist auch für Veränderungen bereits angebotener Produkte bzw. Programme (Produkt- bzw. Programm-Variation) zu übernehmen, sofern diese Variationen technologisch gesehen bzw. für die Abnehmerkreise eine Weiterentwicklung angebotener Produkte oder Programme (z. B. bezüglich der Qualität, Ausstattung, der Programmgröße und -struktur usw.) darstellen.

Die unter organisatorischen Aspekten sicherlich zwecksmäßige Trennung in „marktliche" und „technologische" Innovationen ist jedoch nicht dazu geeignet, den Innovationsbegriff als Grundlage für die Planung und Realisation angebotspolitischer Strategien zu operationalisieren. „Innovativ" ist ein Angebot immer erst dann, wenn es dem Unternehmen einen *strategischen Marktvorteil* verschafft, wenn längerfristig gesehen Erlöse und Gewinnchancen durch das Angebot deutlich zunehmen, indem das Angebot neue Abnehmer-Zielgruppen erschließt bzw. bei der bisherigen Zielgruppe Mitbewerber verdrängt. Ein *Neuheitserlebnis seitens des Marktes ist dafür unabdingbar*; daher erscheint es notwendig, in den Innovationsbegriff im marketingstrategischen Sinne – und nur in dieser Form ist er für unsere weiteren Betrachtungen relevant – die beiden Forderungen

– *Neuheit für die Organisation* (durch Neu- bzw. Weiterentwicklung eines vorhandenen Produktes im Rahmen des Know how-Potentials des Unternehmens, nicht unbedingt im technologischen Sinne) als auch
– *das von anderen Angeboten differenzierte Erlebnis des Marktes*

nicht alternativ, sondern *simultan* einzubeziehen [112]. Diese Effekte beruhen auf einer *Um- bzw. Neupositionierung des Angebotskerns* [113] mit den erwähnten Ausstrahlungen auf die Zielgruppe (z.B. Erhöhung der Attraktivität des Angebots bei der Zielgruppe, Erschließung neuer Käufer- bzw. Verbrauchergruppen durch Erweiterung bzw. Aufgabe des bisherigen Abnehmerkreises).

3.1.2.2 Das Projekt-Management-Prinzip

Unter Projekt verstehen wir mit Martino „. . . jede Aufgabe, die einen definierbaren Anfang und einen definierbaren Abschluß hat und den Einsatz eines oder mehrerer Produktionsfaktoren für jeden der einzelnen, miteinander und wechselseitig voneinander abhängigen Teilvorgänge fordert, die ausgeführt werden müssen, um das dieser Aufgabe vorgegebene Ziel zu erreichen." [114]. In dieser Definition sind die für uns wichtigen Komponenten

- des definierbaren Anfangs und Abschlusses des Projekts (Einmaligkeit des Projekts) und der
- Zielvorgabe für das Projekt sowie
- des Einsatzes von Produktionsfaktoren zur Erfüllung komplexer Tätigkeiten

enthalten; wir erkennen deutlich, daß sich die Angebotsplanung mit ihren unterschiedlichen Phasen und Verästelungen als Projekt im vorstehenden Sinne charakterisieren läßt.

Eine Eingrenzung auf bestimmte Formen der Angebotsplanung – z.B. auf Strategien der systematischen Angebotserweiterung durch Diversifikation – ist aus der Definition insbesondere unter dem Aspekt der *Einmaligkeit* der Planung eines neuen Produktes abzuleiten, während im Rahmen der Markenführung im allgemeinen häufigere Veränderungen der Angebotskonzeption notwendig sind. In der Praxis hat es sich weitgehend eingebürgert, den Begriff *Projekt* auf Aufgaben zu beschränken, deren Innovationscharakter für das Unternehmen relativ ausgeprägt ist und die *verhältnismäßig hohe Innovationschancen* besitzen, also auf *Diversifikationsstrategien*, und lediglich die damit befaßten organisatorischen Einheiten als *Projekt-Managements* zu bezeichnen.

Die Aufgaben der Projekt-Managements unterscheiden sich von denen der Produkt-Managements nicht schlechthin durch die Tatsache, daß in einem

Falle innovative, im anderen konventionelle Planungsstrukturen und -abläufe vorliegen, sondern in erster Linie durch Einschätzung der *Höhe des Innovationspotentials* für Unternehmen und Markt, weiterhin durch die Tatsache, daß *Innovationen nur einen Teil der Aufgaben des Produkt-Managements* im Rahmen der Produkt- bzw. Markenführung, dagegen die *ausschließliche Funktion des Projekt-Managements* darstellen.

Landläufig unterscheidet man drei Erscheinungsformen des Projekt-Managements [115]:

– reines Projekt-Management
– Einfluß-Projekt-Management
– Matrix-Projekt-Management

Die Aufgaben des Projekt-Managers sind analog denen des Produkt-Managers definiert, soweit es die *Planungsfunktion* betrifft [116]; dazu ist eine ähnliche Ausstattung seines Bereiches mit Service-Funktionen notwendig, und er braucht entsprechende persönliche und fachliche Autorität gegenüber Abteilungen, deren Leistungen er im Rahmen seiner Planungsaufgabe beansprucht. Da Projekt-Managements im allgemeinen nur für die *Entwicklung neuer Produkte* verantwortlich sind, nicht jedoch für deren Einführung und Führung im Markt, weil die Produkte im Anschluß an die Entwicklungsphase in die Produkt-Managements weitergeleitet werden, die dann die Markenführung übernehmen, entfallen Kontrollfunktionen und die damit zusammenhängenden Kompetenzen und Verantwortlichkeiten. Das *reine Projekt-Management* ist im Gegensatz zum Einfluß-Projekt-Management als *Linie* in die Marketingorganisation eingehängt und ähnelt organisatorisch dem Linien-Produkt-Management, während das *Einfluß-Projekt-Management* der Produkt-Management-Organisation in Form von *Stäben* entspricht. Im letzteren Fall berät der Projekt-Manager seinen Vorgesetzten und koordiniert die Arbeit der funktionalen Bereiche sachlich und terminlich. Weisungen kann er nicht aus seiner Autorität als Instanz herleiten, sondern bestenfalls aus seiner Fachkompetenz; entsprechend trägt er keine Projekt-Verantwortung.

Die flexibelste und damit auch eine relativ oft angewendete Form des Projekt-Managements stellt das *Matrix-Projekt-Management* dar, das nicht zu den dauerhaften Elementen der Marketingorganisation gehört, sondern fallweise – je nach Aufgabenanfall – in Erscheinung tritt. Hier handelt es sich darum, daß ein der Linienorganisation angehörender Projekt-Manager als Koordinator einer Projektgruppe zur Entwicklung einer neuen Angebotsstrategie Mitarbeiter aus einzelnen funktionalen Bereichen des Unternehmens leitet, die aufgrund ihrer besonderen Eignung für die anstehende Projektarbeit ausgewählt worden sind. Die Gruppe konstituiert sich *auf Zeit* und ihr gehören in einzelnen Stadien des Planungsprozesses stets diejenigen Mitarbeiter an, die wegen ihrer fachlichen Kompetenz gerade benötigt werden. Aus der guten Steuerungsmöglichkeit der personellen Ressourcen – indem besonderes Augenmerk auf die Qualität der Mitarbeiter gelegt wird, die jeweils in einzelnen Entwicklungsphasen hinzugezogen werden – ergibt sich eine *hohe Flexibilität* dieser Organisationsform als wichtiger Vorteil. Nachteile liegen in der *dualen Unterstellung* der Projektmitarbeiter – disziplinarisch unterstehen sie weiterhin ihren Funktionsbereichen, sachlich während der Projektdauer dem Projekt-Manager. Potentielle Konflikte können sich leicht verfestigen, beispielsweise, wenn parallel mehrere neue Entwicklungen durchzuführen sind, ohne daß eine davon in diesem frühen Stadium Priorität genießt, bzw. wenn Produkt-Manager und Projekt-Manager auf dieselben personellen Ressourcen zurückgreifen müssen. Allerdings kann von derartigen matrixähnlichen Organisationsformen auch *motivierende Kraft* ausgehen, so daß der am stärksten engagierte Manager letztlich die besten Arbeitskräfte an sich bindet.

Das Matrix-Projekt-Management ist schematisch in den Abb. 18 und 19 dargestellt. In Abb. 18 wurde die horizontale Überlagerung der vertikal operierenden Funktionsbereiche durch die Projekte A bis C eingetragen; die einzelnen an den Projekten beteiligten Mitarbeiter aus den funktionalen Abteilungen geraten während der Projektmitarbeit in eine Doppelunterstellung, die einmal fachlicher, zum anderen disziplinarischer Art ist. Eine Vorrangstellung der fachlichen bzw. disziplinarischen Kompetenz kann allein aus dem Arbeitsablauf nicht hergeleitet werden, so daß potentielle Konfliktfelder auftreten, die in Abb. 19 angedeutet worden sind.

Objektbereiche / Funktionsbereiche	Projekt-Manager A	Projekt-Manager B	Projekt-Manager C
Finanzen	×	×	×
Verkauf	×	×	×
Logistik	×	×	×
F + E	×	×	×
Produktion	×	×	×

Abb. 19 Schema einer Matrix-Organisation – Potentielle Konfliktfelder

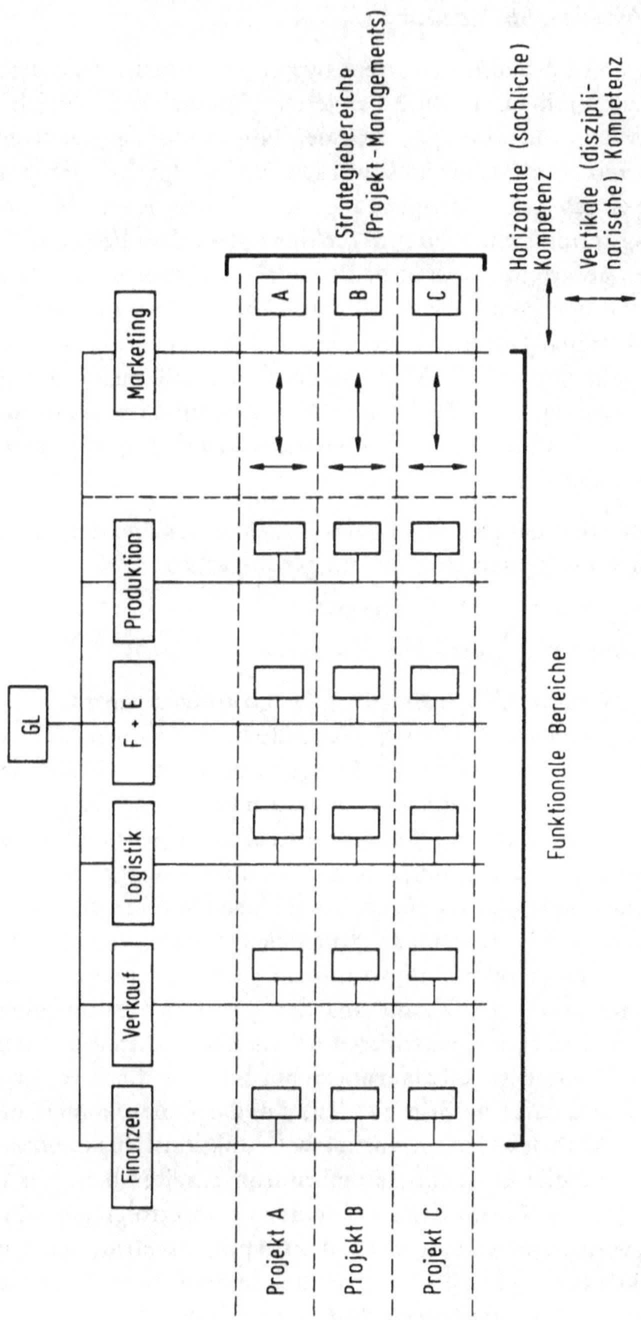

Abb. 18 Schema einer Matrix-Organisation – Prinzip der Doppelunterstellung der Mitarbeiter

3.1.2.3 Das Venture-Management

Projekt-Manager sind häufig frustriert, wenn das Projekt nach erfolgreichem Testmarktdurchlauf in einen anderen Unternehmensbereich überführt wird, der dann auch unter Umständen Nutznießer der positiven Entwicklungsarbeiten wird. Einerseits werden Mißerfolge bei der Markenführung gerne den Projekt-Managern angelastet. Mitspracherecht bezüglich des Einführungstermins einer Neuentwicklung steht dem Projekt-Manager im allgemeinen aufgrund seiner organisatorischen Einordnung als Abteilungsleiter nicht oder nur beschränkt zu. Andererseits sind die Unternehmen in den letzten Jahren darum bemüht, Projekten mit relativ hohem Innovationspotential bessere Marktchancen einzuräumen, indem die angeführten Schwierigkeiten des Projekt-Management-Prinzips im wesentlichen in drei Punkten beseitigt bzw. mindestens deutlich gemildert werden sollen, und zwar hinsichtlich

- der organisatorischen Einordnung des Projektleiters und der sich daraus ergebenden vergrößerten Entscheidungskompetenz
- des Arbeitsklimas in der Projektgruppe
- der Realisation fertiger Projekte.

In sogenannten *Venture-Managements* („Wagnis-Managements“) sind die Manager im allgemeinen direkt der Geschäftsführung unterstellt; daraus ergibt sich eine höhere Priorität des Projekts, und zwar sowohl, was die Möglichkeit der Inanspruchnahme von knappen personellen Ressourcen im Unternehmen, als auch die anschließende Realisation eines erfolgversprechenden Projekts betrifft. Häufig ist der Venture-Manager Mitglied der Geschäftsleitung und verfügt über entsprechende Kompetenzen und Motivationsmittel [117], was umso dringlicher wird, wenn die Arbeitsgruppe von der permanenten Unternehmensorganisation räumlich getrennt ist; diese Herauslösung des Teams aus der gewohnten Atmosphäre des Unternehmens soll zu einem günstigeren Arbeitsklima beitragen. Allerdings dürften hier noch empirische Erfahrungen auf breiterer Basis fehlen [118]. In jedem Falle muß dafür gesorgt werden, daß das Unternehmen auch für den Aufgabenbereich der Markenführung voll funktionsfähig bleibt und ein ausreichendes Potential an qualifizierten Führungskräften behält. Die Tatsache, daß das Venture-Team unter Umständen nach erfolgreicher Projektentwicklung zu einer selbständigen Produktsparte ausgebaut werden kann und die Projektrealisation voll verantwortlich in die Hände nimmt, erhöht die Motivation der dort engagierten Mitarbeiter [119].

Die Diskussion organisatorischer Möglichkeiten zur Bewältigung der vielfältigen Aufgaben der Markenführung auf der einen, zur systematischen Entwicklung von Diversifikationsstrategien auf der anderen Seite sowie ihrer Vor- und Nachteile hat deutlich gemacht, daß bestimmte Anforderungen in der Planung und Realisation von Angebotsstrategien Hand in Hand gehen müssen mit organisatorischen Vorkehrungen und Erfordernissen. Eine derartige Sicht ist durchaus nicht allgemein verbreitet; vielmehr fallen – wie auch Kieser feststellt 120] – in vielen Fällen angebotspolitische und organisatorische Überlegungen auseinander. Gerade wegen der spezifischen organisatorischen Belange jedes Unternehmens, die unter anderem von der Markt- und Produktstruktur und hier wiederum in besonderem Maße von den Strategien abhängen, die zur Erreichung des obersten Unternehmensziels eingesetzt werden, können keine allgemeingültigen Regeln über das Organisationssystem eines Unternehmens zur Verfügung gestellt werden, und eine befriedigende Lösung ergibt sich stets nur aus der engen Abstimmung zwischen Strategie und Organisation [121].

3.2 Produkt- bzw. Markenführung

3.2.1 Das Lebenszyklus-Konzept

Als Produkt- bzw. Markenführung wird bekanntlich derjenige Entscheidungsbereich der Angebotspolitik bezeichnet, der sich mit der Führung von bereits im Markte befindlichen Produkten beschäftigt. Dazu gehören zahlreiche Teilentscheidungen über den *Inhalt der Markenführung*, und zwar über die veränderte bzw. unveränderte Fortführung von Produkten, die Eliminierung von Produkten sowie die Vergrößerung bzw. Verkleinerung von bestehenden Programmen. Auf der anderen Seite befaßt sich die *Diversifikation* als zweiter großer Entscheidungsbereich mit der Erweiterung der Zahl der angebotenen Programme eines Unternehmens [122].

Man kann nicht allgemeingültig sagen, welcher der beiden großen Produktplanungsbereiche für die Unternehmen bedeutsamer wäre, da die Diskussion dieser Problemstellung sowohl von *volks- und weltwirtschaftlichen Aspekten* – den Fragen der wirtschaftlichen Situation der Volkswirtschaft und der mit dieser in Verbindung stehenden Wirtschaftsräume – als auch von *individuellen Gesichtspunkten* des planenden Unternehmens – allgemein von der Branchenzugehörigkeit, dann aber auch von der Stellung des Anbieters im Wettbewerb sowie unter anderem von seiner Kapital- und Personalstruktur – abhängig ist. Generell kann nur festgestellt werden, daß sich beide Teilbereiche unter den genannten und jeweils gründlich zu analysierenden Voraussetzungen in einem Gleichgewicht befinden müssen, um

– einerseits die Wachstums- und Ertragspotentiale eingeführter Produkte und Programme so weit wie möglich auszuschöpfen, damit sich getätigte Investitionen rentieren und knappe Ressourcen möglichst zweckmäßig genutzt werden
– auf der anderen Seite Wachstums- und Ertragschancen aus neuen Produkten und Märkten systematisch zu erschließen.

In eingeführten und gut geführten Produkten liegen unter Umständen – wie empirische Erhebungen zeigen – noch erhebliche Marktchancen: Bei einer Untersuchung der A. C. Nielsen Company im amerikanischen Lebensmittelhandel zeigte sich, daß für 1968 bis 1974 drei von vier Produkten des Food- und Non Food-Gebietes mit den höchsten Umsatzzuwächsen etablierte Marken waren; fast alle waren jedoch in dieser Zeit systematisch verändert worden, z. B. in ihrer Qualität oder ihrem Verwendungsnutzen für die Käufer, bzw. sie hatten durch weitere Packungsgrößen neue Verbrauchergewohnheiten erschlossen [123].

Als Anhaltspunkt für die Markenführung dient den Unternehmen oft das *Konzept des Produktlebenszyklus*; es besagt in seiner allgemeinsten Form, daß auch künstlich geschaffene Systeme bestimmte Gesetzmäßigkeiten natürlicher Systeme aufweisen, beginnend bei der Phase des Entstehens über das Wachstum und die Reife bis zur Degeneration und zum Absterben. Entsprechend dieser Modellvorstellung, deren grobe Struktur in der marktlichen Realität von Produkten, ganzen Branchen, aber auch von typischen Erscheinungsformen des Einzelhandels [124] widergespiegelt wird, kann man das Produktleben beispielsweise in die Phasen *Einführung, Wachstum, Reife, Sättigung und Verfall* einteilen [125]. Dagegen fällt es schwer, empirische Gesetzmäßigkeiten über den Inhalt und zeitlichen Verlauf der einzelnen Phasen aufzuzeigen, die als allgemeingültige Planungsunterlagen herangezogen werden und Prognosen über die zukünftige Entwicklung bestimmter ökonomischer Größen wie Absatz, Umsatz oder Deckungsbeitrag einzelner Produkte liefern könnten. Lediglich zum Zwecke der *Ex-post-Kontrolle* können die einzelnen Phasen des Lebenszyklus verbindlich abgegrenzt werden, indem bestimmte ökonomische Werte im nachhinein definiert werden, die als Abgrenzungskriterien gelten.

Beispielsweise werden dazu die Verläufe von Umsatz, Grenzumsatz, Gewinnrate und Werbequote verwendet; Abb. 20 zeigt vereinfacht die Entwicklung dieser Größen in Abhängigkeit von der unabhängigen Variablen Lebenszeit des betrachteten Produktes [126].

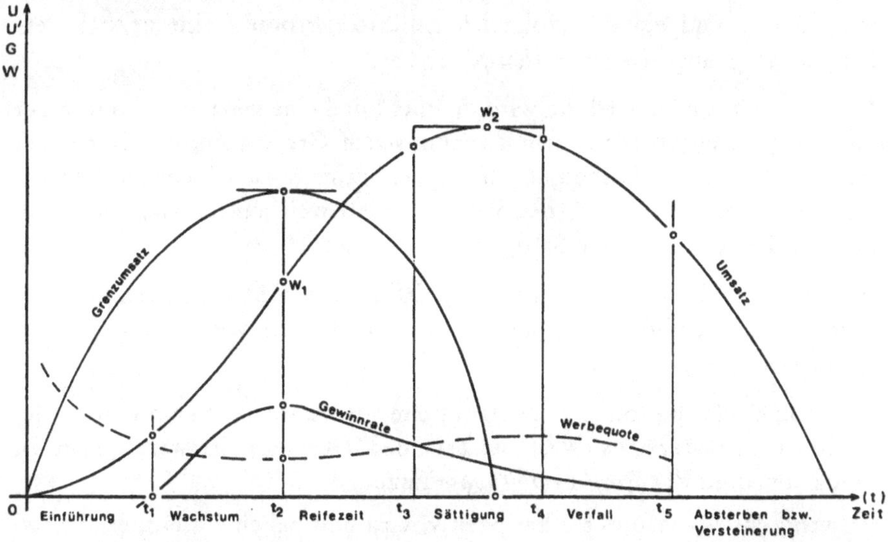

Abb. 20 Abgrenzung der Phasen des Lebenszyklus

Aus der Abbildung 20 kann man entnehmen, daß die *Einführungsphase* mit dem Eintritt des Break Even-Punktes (der Gewinnschwelle) beendet ist; die Gewinnschwelle wird erreicht, indem die Investitionskosten in den Markt – während der Einführungszeit spielt hier die Werbung eine große Rolle – bei steigenden Umsätzen relativ pro Umsatzeinheit zurückgehen. Die *Wachstumsphase* ist durch überproportional steigende Umsätze und durch weiter leicht abnehmende Investitionskosten pro Umsatzeinheit – nicht absolut abnehmend – gekennzeichnet; diese Phase ist dann abgeschlossen, wenn das Umsatzwachstum abflacht, die Grenzumsatzkurve ihren Wendepunkt hat (t 2). Bis hierher ist die Gewinnrate (Gewinn, bezogen auf den Umsatz) steigend; bei abgeflachtem Umsatzwachstum nimmt in der *Reifezeit* der relative Gewinn ab, während der absolute Gewinn durch das weiter wachsende Umsatzvolumen in dieser Phase am größten ist. Der Eintritt der *Sättigungsphase* bei t 3 schließlich ist durch nur noch leicht zunehmende Umsätze gekennzeichnet, die alsbald in einen absoluten Umsatzrückgang übergehen (Wendepunkt der Gesamtumsatzkurve). Dadurch tritt eine verstärkte Kostenbelastung ein, so daß die Gewinnrate weiter zurückgeht. Diese Entwicklung setzt sich auch nach dem Eintritt der *Verfallsphase* in t4 fort, die durch eine relativ zurückgehende Werbebelastung des Umsatzes – durch zurückgenommene absolute Werbeinvestitionen – eingeleitet wird; kennzeichnend ist, daß ein eingeführtes und einmal erfolgreich geführtes Produkt eine zeitlich verhältnismäßig lange *Degenerationsphase* hat.

Bereits an dieser Darstellung wird deutlich, daß eine genaue Definition der einzelne Phasen abgrenzenden ökonomischen Größen notwendig ist, um Aussagen über die Beendigung bzw. den Eintritt verschiedener Lebensphasen treffen zu können (beispielsweise: Ab welchem Umsatzwachstum geht die Reifephase in die Sättigungsphase über?).

Eine Entscheidungsregel unter Rückgriff auf die Umsatzentwicklung des betrachteten Produktes könnte ex post rein formal wie folgt gewonnen werden:

– solange die periodenweise ermittelte prozentuale Veränderung des Gesamtumsatzes positiv ist und bei einem Durchschnittswert x_1 liegt, ist das Produkt der *Einführungsphase* zuzuordnen
– wenn das Wachstum stärker positiv wird und bei einem Durchschnittswert ($x_2 > x_1$) liegt, befindet sich das Produkt in der *Wachstumsphase*
– sobald dagegen die prozentualen Umsatzzuwächse abnehmen ($x_3 < x_2$), geht das Produkt in die *Reifephase* über
– von einem bestimmten Grenzwert des durchschnittlichen prozentualen Umsatzwachstums ab ($x_4 < x_3$) ist das Produkt dann der *Sättigungsphase* zuzurechnen
– bei beginnendem negativen Umsatzverlauf deutet sich die *Verfallsphase* an, deren Eintritt bei einer durchschnittlichen prozentualen Umsatzabnahme x_5 festgelegt wird,

wobei die Größen x_1 . . . x_5 branchen- und unternehmensspezifisch festzulegen wären [127]. Faktisch gesehen dürfte allerdings jedes Produkt andere Gesetzmäßigkeiten aufweisen, so daß das Modell strategisch gesehen, d. h. für die Markenführung, nur relativ wenig Aussagekraft besitzt. Ein Vergleich des Verlaufs der Lebenskurven verschiedener Produkte zeigt erwartungsgemäß im Rahmen der groben Modellstruktur erhebliche individuelle Abweichungen, sowohl was die Höhe von Umsatz, Investitionen und Gewinn als auch deren zeitlichen Eintritt betrifft. Ex-post-Analysen geben noch keinen Aufschluß darüber, *warum* sich diese Werte im Zeitablauf wie festgestellt entwickelt haben. Um Gesetzmäßigkeiten für die Planung und besonders für die Prognose der Entwicklung eines Produktes ableiten zu können, sind daher Einsichten in *inhaltliche Zusammenhänge* erforderlich, die Schlußfolgerungen darüber zulassen, unter welchen Voraussetzungen und Bedingungen mit welchen Verläufen gerechnet werden kann. Erst dann kann das Konzept des Lebenszyklus den Anspruch eines empirisch-realistischen Entscheidungsmodells erheben.

In diesem Zusammenhang spielt die *Marktforschung* eine große Rolle, und zwar sowohl als *Primär- als auch als Sekundärforschung*. Durch Gegenüberstellung phasenweise festgelegter Marketing-Instrumentalziele mit den erreichten Zielwerten können Schlußfolgerungen darüber gezogen werden, in welcher Phase seines Lebenszyklus sich das untersuchte Produkt in etwa befindet. Gleichzeitig können die Ergebnisse als Grundlage zur Beurteilung der weiteren Produktentwicklung dienen, zumal dann, wenn sie gemeinsam mit Erfahrungen aus anderen Produktverläufen in dieser bzw. in ähnlichen Branchen analysiert und bewertet werden.

Übersicht 12 gibt einen Überblick über ein *Marktforschungsprogramm*, das das Produkt vom Zeitpunkt der Einführung bis zur geplanten Herausnahme aus dem Markt begleitet. Auf methodische Details bei der Anlage und Durchführung der Forschung braucht an dieser Stelle nicht eingegangen zu werden [128]. Zu ersehen sind *zentrale Probleme des Unternehmens in einzelnen Phasen*, deren Beantwortung nur durch *systematische Marktforschung* möglich ist, die unter anderem langfristige Tendenzen und Trends verdeutlicht; fallweise durchgeführte Untersuchungen können diese wichtigen Voraussetzungen der Markenführung nicht oder nur sehr beschränkt leisten. Aus diesem Grunde sollte begleitend zu jedem Produkt-Investitionsprogramm von vornherein ein *Marktforschungsbudget* festgelegt werden, das parallel zu einzelnen Produktphasen realisiert wird, solange das Produkt im Markt geführt wird.

Übersicht 12
Marktforschungsprogramm für einzelne Phasen des Produktlebenszyklus

(1) *Einführungsphase*

Zentrales Problem: Ist die Strategie richtig?

Untersuchungspunkte u.a.:

- Kauf- und Verbrauchsverhalten der Verbraucher-Kernzielgruppe („Meinungsführer")
- Distributionsentwicklung des Produktes, numerisch und gewichtet

- Reaktionen der Absatzmittler, Aufnahmebereitschaft bzw. Widerstände
- Durchsetzung der zentralen werblichen Botschaft in der Kernzielgruppe, Bekanntheitsgrad des Produkts
- Reaktion wichtiger Wettbewerber, Entwicklung von Konkurrenzprodukten

Entscheidende Phase; Schlußfolgerung über Abbruch der Einführung bzw. Weiterführung des Produktes/der Produktlinie; u.U. Ziel- und Maßnahmenrevision

(2) *Wachstumsphase*

Zentrales Problem: „Greifen" die Marketingmaßnahmen?

Untersuchungspunkte u.a.:

- Kauf- und Verbrauchsverhalten der Kernzielgruppe (Ausschöpfung der Kernzielgruppe?)
- Kauf- und Verbrauchsverhalten der Randzielgruppe
- Distributionsentwicklung, numerisch, vor allem gewichtet, für die gesamte Produktlinie und einzelne Produkte
- Entwicklung des eigenen Marktanteils (gesamte Produktlinie und einzelne Produkte) und des Marktanteils wichtiger Wettbewerber
- Entwicklung von Bekanntheitsgrad und Image des Produktes (Überprüfung des „Greifens" der Kommunikationsstrategie)
- Beobachtungen über den Eintritt von Wettbewerbsprodukten in den Markt mit gleichen bzw. veränderten (u.U. verbesserten) Strategien
- Beobachtung von Größe und Entwicklung des gesamten Marktsegments und evtl. entstehender benachbarter Märkte mit möglichen Substitutionsbeziehungen

Schlußfolgerungen über weitere Strategie; Vorbereitung von geeigneten Maßnahmen zur Verbesserung des eigenen Produkts/Programms und zum Abblocken des Wettbewerbs

(3) *Reife- und Sättigungsphase*

Zentrales Problem: Kann eine veränderte eigene Strategie wieder steigende Umsatzzuwachsraten bewirken?

Untersuchungspunkte u. a.:

- Entwicklung der Markentreue in der Zielgruppe, Substitution der Produktlinie bzw. einzelner Produkte durch veränderte bzw. neue Produkte von Wettbewerbern
- Reaktion der Verbraucherzielgruppe auf taktische Kommunikations- und Preismaßnahmen, z. B. Verkaufsförderungsaktionen mit Preisnachlaß (wichtig: Umsatzelastizität im Hinblick auf Kommunikations- und Preismaßnahmen)
- Reaktion der Absatzmittler auf derartige Maßnahmen
- Entwicklung der Distribution, vor allem der gewichteten, sowie des Marktanteils für die gesamte Produktlinie und für einzelne Produkte
- Akzeptanz einer veränderten eigenen Strategie unter veränderten Marktbedingungen, auf Endverbraucher- und Handelsebene

Schlußfolgerungen betreffend die Wirksamkeit einer veränderten eigenen Strategie

(4) *Verfallsphase*

Zentrales Problem: Produktlinie bzw. einzelne Produkte daraus rechtzeitig eliminieren

Untersuchungspunkte u.a.:

- Entwicklung von Größe und Struktur der Käufer- und Verbraucherkreise
- Verhalten der Käufer/Verwender, z. B. kombinierte Verwendung des Podukts mit anderen Produkten desselben Anbieters („Marketingabhängigkeit")
- Verhalten der Absatzmittler (u. a. Bedeutung des Produkts für die Sortimentsbildung im Handel)

Schlußfolgerungen betreffend den Zeitpunkt der geplanten Produktelimination, u.U. gleichzeitig betreffend den Zeitpunkt für den Einsatz einer neuen Produktlinie

Die jeweils innerhalb der einzelnen Lebensphasen skizzierten *Schlußfolgerungen* können sinnvoll nur im Zusammenhang mit der Entwicklung unternehmensinterner Meßkriterien herangezogen werden, unter anderem

- der Entwicklung von Erlösen und direkt zurechenbaren Kosten
- der Bedeutung des Produktes als Gemeinkostenträger für das Unternehmen, zugleich der Belastung allgemeiner Kostenstellen durch das Produkt (u.a. Geschäftsführung, Marketingkoordination, Vertrieb, zentrale Verwaltung)
- dem Anspruchsniveau des Unternehmens im Hinblick auf Umsätze, Marktanteile und damit seine Stellung in einem bestimmten Marktsegment („Mitsprachewunsch" des Anbieters)
- dem Fortschritt bei der Entwicklung von Produktveränderungen, die eine abgewandelte Strategie tragen könnten, bzw. der Entwicklung gänzlich neuer Produkte bzw. Programme (Diversifikationsstrategie); hierbei sind einzelne Phasen zu durchlaufen, die im Rahmen der Ausführungen über die Angebotsplanung in Abschnitt 2.2 dargestellt worden sind.

Mit diesen Schlußfolgerungen verbunden sind Entscheidungen über zu tätigende Marktinvestitionen, um gesetzte Ziele durch entsprechende strategische und taktische Maßnahmen zu realisieren. Dabei steht die *Verhältnismäßigkeit von Zielen und Mitteln* im Vordergrund; allgemein gültige und anwendbare Empfehlungen können nicht ausgesprochen werden.

Die Ausführungen über die Markenführung machen klar, daß die Produktlebenskurve nur im Grenzfall der in Abb. 20 dargestellten Form gleichen wird. Durch strategische und taktische Maßnahmen versucht das Unternehmen, die Wachstumsphase zu verlängern, m.a.W. bereits den

Eintritt in den Sättigungsbereich hinauszuzögern. Produkte mit zurückgehenden Wachstumsraten werden unter Umständen vom Handel bereits argwöhnisch betrachtet, weil als Folge häufig zurückgehende Umschlagsgeschwindigkeit und erhöhter Lagerbestand – bei zunächst gleichbleibender numerischer und gewichteter Distribution – eintreten. Der industrielle Anbieter versucht deshalb, rechtzeitig zu agieren, um Aktionen des Handels – u.a. mit dem Effekt des Distributionsrückganges durch abnehmendes Interesse – zuvorzukommen. Welcher Art diese Maßnahmen im einzelnen sein können, wird in den folgenden Abschnitten 3.2.2 bis 3.2.4 zu diskutieren sein. Man spricht von *primären Lebenskurven* (wie in Abb. 20 dargestellt) als gedanklichen Modellen, mit denen man rechnen könnte, wenn die ursprünglich vorgesehene Strategie ohne Veränderungen durchgeführt werden würde, und von *sekundären, tertiären usw. Lebenskurven*, die auf einzelne Strategieveränderungen folgen und damit die empirische Realität widerspiegeln. Allerdings können bereits taktische Maßnahmen – z.B. in Form von Verkaufsförderungs- und Preisaktionen – das Bild der primären Lebenskurve verschieben.

Ergebnissen aus dem Nielsen Retail Index zufolge ist bereits der zweite Wachstumszyklus wesentlich kürzer als der erste: Bei 86 untersuchten Neueinführungen aus 70 Warengruppen dauerte der erste Wachstumszyklus, dessen Ende nach Rückgang des Umsatzes unter 80% des Spitzenumsatzes seit Produkteinführung festgelegt wurde, im Durchschnitt $2^1/_2$ Jahre, während die Dauer des zweiten Wachstumszyklus im Durchschnitt 12 Monate betrug (vgl. Abb. 21) [129].

Im Zusammenhang mit dem Lebenskurvenkonzept ist in den letzten Jahren die sog. *Diffusionstheorie* diskutiert worden, weil es sich hier ebenfalls um die Untersuchung der Frage handelt, wie neue Produkte, generell neue Ideen, in den Markt einfließen [130]. Unter einem Diffusionsprozeß versteht man allgemein „die Ausbreitung einer neuen Idee von der Quelle ihrer Entdeckung oder Schöpfung bis hin zu ihren Benutzern oder Übernehmern" [131]. Nach dieser Theorie spielen dabei die *Meinungsführer* („opinion leader") eine große Rolle; wenn diese für das neue Produkt gewonnen werden können, ist ein Produkterfolg in Aussicht. Die Markenführung wäre wesentlich durch eine genaue *Zielgruppenanalyse im Zeitablauf* zu steuern: Zunächst wäre es notwendig, die Zielgruppe hinsichtlich ihrer Einstellungen, Bedürfnisse, Produkterwartungen sowie ihres Innovations-, Adoptions- und Kommunikationsverhaltens zu untersuchen, um Meinungsführer zu lokalisieren und die Kommunikation über das neue

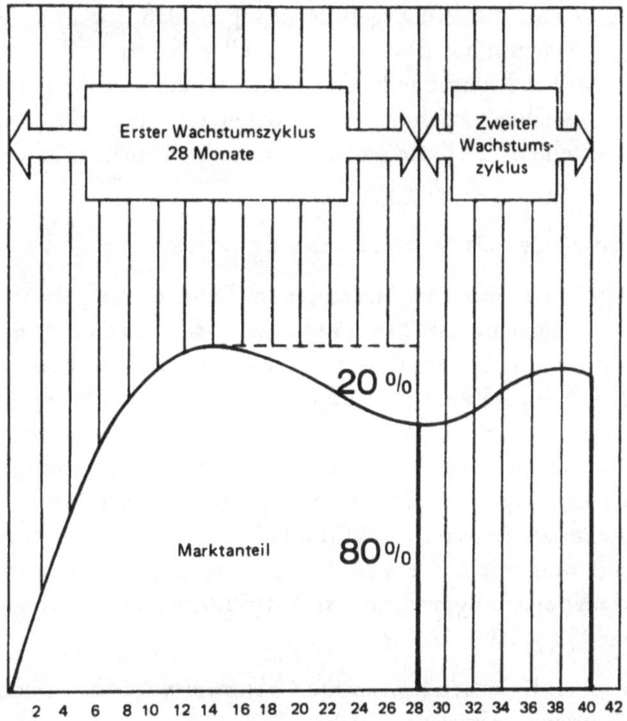

Abb. 21 Länge des Wachstumszyklus

Produkt auf diese auszurichten. Wichtig wäre, daß das Produkt nach Übernahme durch die Meinungsführer (*Einführungsphase*) aufgrund von Mund-zu-Mund-Kommunikation von der Breite der Zielgruppe akzeptiert wird, so daß starkes Umsatzwachstum einsetzt (*Wachstumsphase*). Anhand des weiteren Verhaltens der Zielgruppe könnten dann u.a. in späteren Phasen Strategien abgeleitet werden, um ein Absinken der Lebenskurve in die Degenerationsphase rechtzeitig zu verhindern, indem das Produkt beispielsweise entsprechend den sich wandelnden Vorstellungen der Zielgruppe verändert bzw. die Kommunikation über das Produkt den gewandelten Zielgruppenvorstellungen angepaßt wird.

Diese Theorie leidet in ihrer praktischen Anwendung darunter, daß es schwierig, wenn nicht gar unmöglich ist, einzelne Segmente der Zielgruppe im Sinne der Diffusionstheorie durch Forschung zu lokalisieren und zu definieren. Schließlich stellen neuere empirische Untersuchungen einen derartigen stufenweisen Ablauf des Diffusionsprozesses beispielsweise insofern in Frage, als sie zu dem Ergebnis gelangen, daß „opinion leader" nicht die einzigen Startpunkte des interpersonellen Kommunikationsprozesses darstellen und daß darüber hinaus während des gesamten Lebenszyklus vielfältige Wechselbeziehungen zwischen einzelnen Subsystemen der Zielgruppe bestehen [132], die genau untersucht werden müßten.

3.2.2 Der Lebenszyklus als Strategiemodell

Bevor wir auf den Inhalt einzelner Strategien im Rahmen des Lebenszyklus eines Produktes eingehen, ist die Frage zu beantworten, *wann* der ursprüngliche (primäre) Lebenszyklus durch strategische Maßnahmen verlassen werden sollte. Zentrale Aufgabe der Markenführung ist die *ständige Beobachtung der im Markt eingeführten Produkte und Programme*, auch wenn sich daraus momentan keine Entscheidungen zur Strategieveränderung ergeben. Diese Beobachtungen erfolgen anhand *ökonomischer Kriterien* (Absatz-, Marktanteils-, Umsatz-, Deckungsbeitragsentwicklung) und mit Hilfe von *Ergebnissen aus dem das Produkt begleitenden Marktforschungsprogramm*. Korrekturen der Strategie sind angezeigt, wenn

- die ökonomischen Kriterien bestimmte Grenzwerte erreichen oder eine ungünstige Tendenz aufweisen
- interne technologische Entwicklungen eine Verbesserung des Produkts möglich machen
- marktliche Veränderungen eine Weiterentwicklung der Strategie signalisieren (u.a. Wettbewerbsmaßnahmen, Wandlungen des Kauf- und Konsumverhaltens in der Handels- bzw. Endverbraucherzielgruppe).

Veraltete Produkte oder solche, die einstmals „Umsatzrenner" waren und zu sich schlecht umschlagenden Bestandteilen der Handelssortimente degeneriert sind, können bekanntlich Goodwill-Einbußen nach sich ziehen, so daß es in jedem Falle zweckmäßig ist, nicht erst dramatische Umsatzrückgänge abzuwarten, sondern bereits in der Wachstumsphase mit der Entwicklung von Strategieveränderungen zu beginnen, die dann spätestens in der Reife- bzw. Sättigungsphase eingesetzt werden können.

Um anhand *ökonomischer Kategorien* den richtigen Zeitpunkt für strategische Maßnahmen zu erkennen, wird neuerdings häufiger mit einer *Produkt-Matrix* gearbeitet, die in ihrer einfachsten Form die Produkte des Unternehmens nach hohem bzw. niedrigem Marktanteil bei hohem bzw.

niedrigem Marktwachstum einstuft. Dann ergibt sich beispielsweise das in Abb. 22 dargestellte Schema [133], aus dem gleichzeitig bestimmte Grundsatzentscheidungen abgeleitet werden können, wie zum Beispiel:

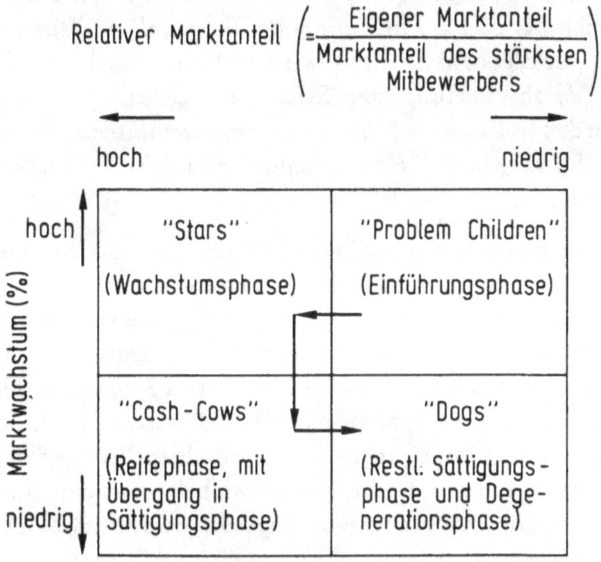

Abb. 22 Produkt-Matrix

- Nachwuchsprodukte („*Problem Children*“) müssen sich von einem niedrigen zu einem hohen (relativen) Marktanteil (in Richtung „Stars“) entwickeln; gelingt dies innerhalb eines festzulegenden Planungshorizonts nicht, dann ist das betreffende Produkt zu eliminieren
- „*Stars*“ sind Produkte in Wachstumsmärkten mit hohem Marktanteil; es geht darum, ihre Position im Markt zu erhalten und evtl. auszubauen, um mit diesen Produkten beim Abflachen des Marktwachstums einen möglichst großen Cash-flow zu erzielen.
- „*Cash-Cow*“-Produkte erzielen hohe (relative) Marktanteile in Märkten mit niedrigem Wachstum; da Investitionen in diese Produkte im allgemeinen nicht lohnend sind, werfen sie aufgrund ihrer Marktposition meist einen hohen Cash-flow ab, der zur Finanzierung der notwendigen Investitionen für die Entwicklung von Nachwuchs- zu Starprodukten dient, gleichzeitig zur Entwicklung von neuen Produkten bzw. Programmen des Unternehmens

– *„Dogs"* sind nach einem festen Plan zu eliminieren, um das Unternehmen zu entlasten, sofern nicht firmeninterne bzw. -externe Gegebenheiten dagegen sprechen [134].

Aus dieser einfachen Produkt-Matrix können *Normstrategien* abgeleitet werden, die letztlich das Ziel der *Erhaltung des finanziellen Gleichgewichts im Unternehmen* verfolgen. Allerdings wird vielfach übersehen, daß vor der endgültigen Verabschiedung der Strategien funktionale Planungen durchgeführt werden müssen – vor allem eine *detaillierte Marketingplanung* –, um die Ergebnisse einzuleitender strategischer Maßnahmen voraussehen zu können.

Ähnlich ist die Vorgehensweise von Wind und Claycamp, die ihre *Produktbewertungs-Matrix* zunächst aufgrund der Analyse von vier ökonomischen Variablen (Größe des Marktsegments, Marktanteil, Umsatz und Gewinn des beobachteten Produkts) aufbauen; der erste Schritt liegt in der *Messung der Entwicklung dieser Größen im Zeitablauf*. Abb. 23 gibt eine derartige Produktbewertungs-Matrix als dynamisches Modell wieder [135]: Produkt A hat sich von 1973 bis 1975 zu einem sehr profitablen Produkt mit Umsatzwachstum und steigendem Marktanteil entwickelt, während B im gleichen Zeitraum in der Umsatzentwicklung abgesunken und im Marktanteil bedeutungslos geworden ist. A befindet sich in einem Wachstumssegment, B in einem fallenden Gesamtmarkt.

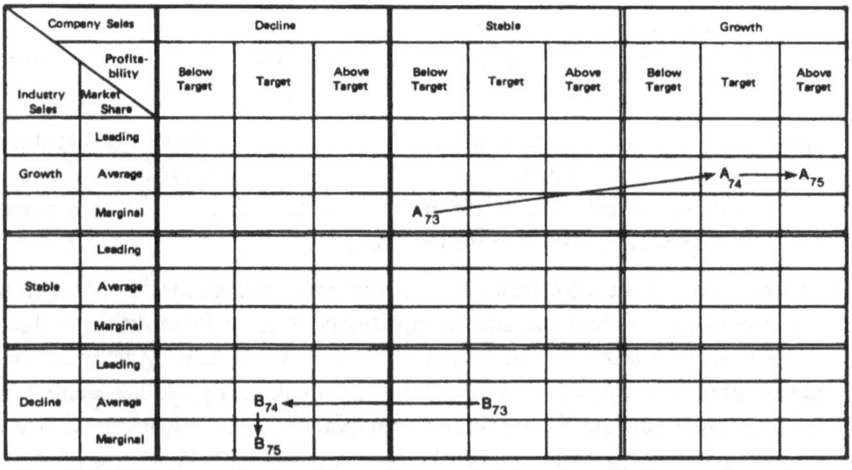

Abb. 23 Produktbewertungs-Matrix

Damit ist die Analyse aber noch nicht beendet. Zusätzlich ist es wichtig, *Prognosen über die zukünftige Entwicklung der Meßkriterien* (z.B. mit Hilfe der *Risiko-Analyse*) [136] einzubeziehen, außerdem *Untersuchungen über strategische Zusammenhänge* wie beispielsweise über die Beziehungen zwischen der Entwicklung von Umsatz, Marktanteil und Deckungsbeitrag auf der einen und Kommunikationsaufwand, Distribution und Preis auf der anderen Seite.

Nach Wind und Claycamp lassen sich aus der Gesamtsicht der einzelnen Indikatoren folgende grundsätzlichen Schlußfolgerungen hinsichtlich der einzuschlagenden Produktstrategie ableiten [137]:

- weder Veränderung des Produkts noch der Marketingstrategie
- keine Veränderung des Produkts, jedoch der Strategie, mit der es im Markt geführt wird
- Veränderung des Produkts, bei Beibehaltung seiner Position im Markt bzw. bei Um- oder Neupositionierung mit entsprechenden Konsequenzen
- Eliminierung des Produkts bzw. Programms
- Einführung neuer Produkte, entweder im Rahmen bestehender Programme oder durch Anfügung neuer Programme

Die Entscheidung zugunsten der einen oder anderen strategischen Alternative kann nur im konkreten Einzelfalle vorgenommen werden.

Krautter und Link stellen als Entscheidungsgrundlage einen *kombinierten Ansatz* aus der *Produktbewertungs-Matrix* und einem *Scoring-Modell* vor [138]. Gleichzeitig lösen sie die kompakte Matrix in zwei Einzel-Matrizen auf: Eine *Mengen-Matrix*, in der Marktgröße und Marktanteil in verschiedenen Ausprägungsgraden bewertet werden, und eine *Preis-Kosten-Matrix*, in der die vier Kriterien Innovationsgrad, Konkurrenzsituation, Know-how sowie Engpaßfaktoren (Rohstoffe, Kapital), jeweils bezogen auf das beobachtete Produkt, analysiert und bewertet werden. Dieser mehrdimensionale Ansatz hat für die praktische Planung angeblich erhebliche Vorteile.

3.2.3 Variations- und Differenzierungsstrategien (Relaunch-Strategien)

Die Realität zeigt, daß der „primäre" Wachstumszyklus von Produkten unterschiedlich lang ist: Bei der Gruppe Gesundheits- und Körperpflegemittel beträgt er im Durchschnitt knapp 3 Jahre, bei Haushaltsprodukten und Nahrungsmitteln ca. 2 Jahre. Diese Ergebnisse stammen aus Nielsen-Untersuchungen in den USA, in die 70 Produktkategorien einbezogen wurden [139]. Die Länge des Wachstumszyklus ist dabei abhängig von dem *erreichten Marktanteil* eines Produktes; je höher der Marktanteil, desto besser sind allgemein gesagt die Lebenschancen: Produkte mit einem „primären“ Wachstumszyklus von mindestens 4 Jahren erreichten einen mittleren Marktanteil von 16%, während andererseits Produkte, bei denen das Umsatzwachstum maximal 2 Jahre anhielt, lediglich einen durchschnittlichen Marktanteil von 3% aufzuweisen hatten.

Tendenziell nehmen zweifellos die Schwierigkeiten bei der Suche und Realisierung neuer Produkte mit Hilfe von Diversifikationsstrategien ständig zu; sie drücken sich unter anderem in steigendem Aufwand aus, der während des Durchlaufens der einzelnen kreativen und selektiven Planungsschritte der Angebotsstrategie anfällt, ohne daß dadurch das Einführungsrisiko drastisch herabgesetzt werden könnte. Erfolgreiche Einführungen erfordern darüber hinaus steigende Marktinvestitionen, so daß der Break Even-Punkt oft erst zwei bis drei Jahre nach der Markteinführung eintritt. Auch während der anschließenden Wachstumszeit der Produkte sind der Tendenz nach heute eher mehr finanzielle Mittel aufzuwenden als früher [140].

Daher ist es keine Frage, daß systematischen Variations- und Differenzierungsstrategien praktisch große Bedeutung zukommt. Die *Produkt-Variation* bezieht sich dabei auf jede Veränderung der ursprünglichen Produktstrategie in den Bereichen der Angebots-, Distributions- oder Kommunikationsplanung, von der mittel- bzw. langfristig positive Auswirkungen auf die Produktentwicklung erwartet werden, während *Differenzierungsstrategien* in einer Veränderung des Produktprogrammes bestehen, indem ein bestehendes Programm durch ein bzw. mehrere zusätzliche Produkte erweitert wird bzw. in seinem Umfang gleich bleibt, indem parallel zu der Ergänzung ein bzw. mehrere andere Produkte eliminiert werden (*Programm-Variation durch Produktdifferenzierung*).

Einleitend ist zu beiden Strategien zu sagen, daß damit häufiger eine Beibehaltung der Produktposition bzw. eine Um-, nicht aber eine Neupositionierung der Produktpersönlichkeit beabsichtigt ist: Man versucht, den bisherigen Zielgruppenkern (die „heavy users“) zu erhalten, sofern dazu günstige Aussichten bestehen, und seine Bedürfnisse durch eine Veränderung bestimmter Eigenschaften des Angebots noch besser als bisher zu treffen (unter Umständen haben inzwischen Konkurrenzprodukte die eigene Strategie imitiert bzw. die allgemeinen Vorstellungen des Zielsegments haben sich gewandelt). Damit können in der strategischen Planung gleichzeitig bestimmte Zielgruppen-Verlagerungen bzw.-Erweiterungen beabsichtigt sein, ohne daß die Produktposition jedoch grundsätzlich aufgegeben wird [141]. Nur in den Fällen, in denen auf der Basis der bisherigen Strategie keine Wachstumsmöglichkeiten für Umsatz und Ertrag mehr bestehen, beispielsweise weil sich die Einstellungen der Kernzielgruppe zu dem Produkt in den negativen Bereich hinein verschoben haben, ist eine Neupositionierung mit Hilfe einer Strategie notwendig, die von einer stark veränderten Zielgruppe ausgeht.

Für das Unternehmen ist es äußerst wichtig, operationale Ziele für die Planung des Marketinginstrumentariums im Rahmen von Variations- bzw. Differenzierungsstrategien zu setzen – Absatz-, Umsatz- und Deckungsbeitragsziele reichen hier nicht aus –, und in jedem Falle durch Marktforschung ex ante zu ermitteln, auf welche Weise sich eine Variationsstrategie mutmaßlich auswirken wird. Falsches und unkontrolliertes Vorgehen kann leicht zum Zusammenbrechen eines Produktmarktes mit entsprechenden absatzpolitischen und finanziellen Folgen für das Unternehmen führen. An diesem Zielsystem muß nicht zuletzt auch die Intensität des Mitteleinsatzes ausgerichtet werden, um erfolgreich im Markte vorzugehen; eine Neupositionierung kommt, mindestens was die notwendigen marktlichen Investitionen betrifft, einer völligen Neueinführung (Diversifikation) gleich. Nielsen hat empirisch ermittelt, daß Strategien, die nicht in die bisherige Markenführung integriert werden können (mit unseren Worten also Neupositionierungs-Strategien), dann mehr Aussicht auf Realisierung der geplanten Marketingziele haben, wenn mindestens in den beiden ersten Jahren nach Umstellung der Strategie der Anteil der Marktinvestitionen, an den gesamten Marktinvestitionen der Wettbewerber in dem betreffenden Marktsegment gemessen, anderthalb bis zweimal so hoch angesetzt wird wie der angestrebte Marktanteil in diesem Segment [142] (Beispiel: Marktinvestitionen der Produktgruppe, z. B. gemessen anhand des Aufkommens für „klassische“ Werbung – Werbung in Print-Medien, TV- und Funkwerbung –, 20 Mio DM/Jahr; angestrebter Marktanteil in der ersten Periode 4%; anzusetzende Investitionen zur Erreichung dieses Marktanteils 1,2 bis 1,6 Mio DM).

Betrachtet man die Markenführung unter diesem Aspekt, dann liegt es nahe, daß Produkt- bzw. Programmvariationen zwei dicht beieinanderliegende Teilentscheidungen zur Zielrealisation darstellen: In einem Fall kann das Angebots- und Marketingziel durch eine Variation von bereits vorhandenen Produkten erreicht werden, im anderen Falle über die Anfügung eines bzw. mehrerer weiterer Produkte. Dabei geht es nach Bidlingmaier um folgende *inhaltliche Variationsformen*: [143]

- Variation der physischen und funktionellen Eigenschaften des Erzeugnisses
- Variation der ästhethischen Eigenschaften (Stil, Farbe, Form etc.) eines Produktes
- Variation der Symbolbedeutung, des Images eines Produkts (von altmodisch auf modern, von modern auf supermodern)
- Variation der Produkte durch Gewährung von Zusatzleistungen (z.B. Kundendienst, laufende Beratung)
- Variation des Namens bzw. der Marke von Produkten.

Geht man diese Zusammenstellung durch, stellt man Strategie-Veränderungen fest, die sämtlich auf die Angebotsplanung und hier i.e.S. auf die Produktplanung und ihre Instrumente bezogen sind. Je nach der Art der Veränderungen können sie zu *Um- bzw. Neupositionierungen* des Produkts führen; insbesondere bei der Variation des Namens bzw. der Marke von Produkten liegt es nahe, daß eine völlig neue Produktpersönlichkeit entsteht, wenn hier nicht sehr vorsichtig vorgegangen wird. Durch das Instrumentarium der Marktforschung lassen sich in diesem Zusammenhang auftretende Fragen meist abklären; dies ist – wie bereits betont – für das planende Unternehmen unbedingt notwendig, um keine unkontrollierten Strategieveränderungen vorzunehmen. Nielsen stellt anhand von Beispielen eine Checkliste gängiger Variationsformen innerhalb der Produktpolitik zusammen; *keine markante Veränderung der Produktposition* (also höchstens eine *Umpositionierung*) tritt im allgemeinen ein bei

- der Verbesserung der Marke durch eines oder mehrere zusätzliche Produkte in anderer Gestaltung (z.B. Form, Geschmack, Farbe, Größe)
- einer Verbesserung durch Aufholen einer Unzulänglichkeit (u.a. von Entwicklungsfortschritten der Konkurrenz), z.B. Löslichkeit, Geschmack, Aroma
- einer Verbesserung der Verpackung.

Dagegen wird der Weg einer *Neuprodukteinführung* (*Neupositionierung*) beispielsweise in folgenden Fällen eingeschlagen:

- wenn die Verbesserung in eine echte Qualitätsanhebung und gleichzeitig in eine strategische Preiserhöhung einmündet
- wenn die Verbesserung gravierend in die Verbrauchergewohnheiten eingreift, m.a.W.
- wenn durch die Verbesserung ein darstellbarer neuer Produktnutzen („unique selling proposition") zustandekommt. [144]

Auch diese Aufstellung ist noch insofern unvollständig, als hier im Gegensatz zu Bidlingmaier zwar bereits der Produktpreis sowie das Programm als Variationsfaktoren einbezogen werden, nicht jedoch instrumentelle Veränderungsmöglichkeiten außerhalb der Angebotspolitik, die einer Strategie-Variation zugrunde liegen können. Schließlich ist bei der Besprechung des Ablaufs der Angebotsplanung wiederholt darauf hingewiesen worden, daß die Wertigkeit, die das Angebot im Rahmen des Marketing-Mix verkörpert, nur durch eine mit den beiden anderen großen Instrumentalbereichen Vertrieb und Kommunikation abgestimmte Planung zustande kommt. Insoweit hängen Veränderungen der Produktpersönlichkeit nicht zuletzt auch mit vertriebs- und kommunikationspolitischen Maßnahmen zusammen. Das in Abb. 24 abgedruckte Schema gibt dafür Anhaltspunkte [145].

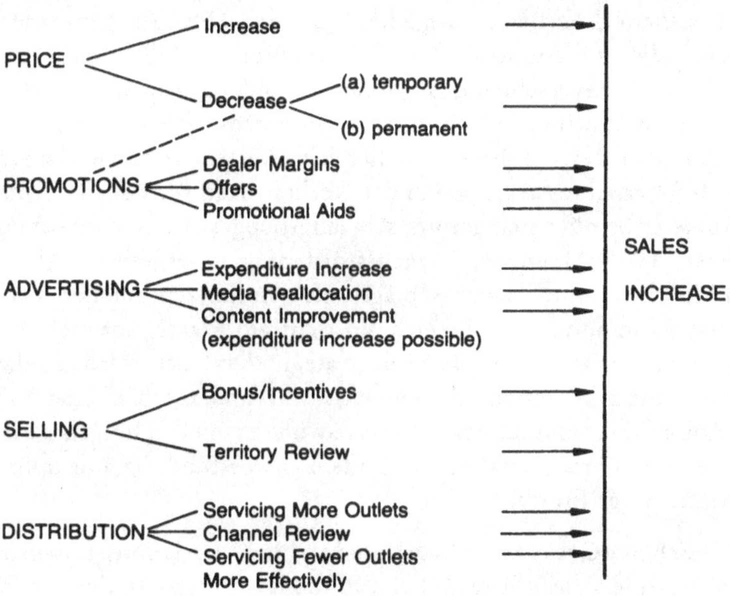

Abb. 24 Revision des Marketing-Mix bei Variationsstrategien

Was *preisliche Variationen* betrifft, so ist an dieser Stelle besonders scharf zwischen *strategischen* und *taktischen* Maßnahmen zu unterscheiden. Häufig wird das Produkt mit einer *Abschöpfungsstrategie* („*skimming*") im Markte eingeführt, d.h. auf relativ hohem Preisniveau, mit der Absicht, eine (begrenzt) vorhandene Monopolstellung des Anbieters zunächst zu nutzen und später das Preisniveau zu senken. Denkbar und erfolgversprechend wäre aber auch der umgekehrte Weg, Preise und Konditionen erst im Zuge des sukzessiven Imageaufbaus durch Kommunikationsmaßnahmen anzuheben (*Durchdringungsstrategie, „penetration"*) [146]. In beiden Fällen stehen *strategische Preisveränderungen* an, die sehr sorgfältig geprüft werden müssen, damit der einmal gewonnene Zielgruppenkern durch Neupositionierungseffekte nicht verlorengeht. Daneben spielen *taktische Preissenkungen* eine Rolle, die unter bestimmten Umständen eine Verbesserung der Wachstumsraten des Produktes zur Folge haben können, die jedoch im allgemeinen nicht von langer Dauer sein wird, sofern sie nicht mit anderen (angebots-, vertriebs- oder kommunikationspolitischen) Maßnahmen verknüpft werden.

Ins Auge zu fassen bei notwendigen Variationsstrategien sind unter Umständen auch *vertriebspolitische Veränderungen*, sofern solche aus der Analyse der Ergebnisse der Marktforschung angezeigt sind, die das Produkt auf seinem Lebensweg begleitet. Die in Abb. 24 genannten Überlegungen, die Distribution durch bestimmte Maßnahmen zu verändern oder Gebietsverschiebungen bzw. Veränderungen der Absatzwege vorzunehmen, dürften im allgemeinen höchstens zu einer Umpositionierung des Angebots führen. Schließlich spielen *kommunikative Maßnahmen* bei Variationsstrategien in der Realität wohl die bedeutendste Rolle; der Anbieter bemüht sich darum, sein langfristiges Werbekonzept zu verändern bzw. Maßnahmen der Verkaufsförderung zu ergreifen. Allerdings ist im Hinblick auf die Durchschlagskraft von konzeptionellen Veränderungen im Kommunikationsbereich Vorsicht am Platze, sofern diese nicht durch eine Variation der Produktstrategie flankiert werden, die gleichzeitig von den Abnehmern als innovativ empfunden wird. Eine Variation der Kommunikationsstrategie kann sowohl zu einer Um- als auch Neupositionierung führen, letzteres vor allem in Verbindung mit spürbaren Maßnahmen der Produktpolitik.

Neben inhaltlichen Gesichtspunkten spielen bei Variationsstrategien *zeitliche Aspekte* eine wesentliche Rolle, also die Beantwortung der Frage, wann innerhalb des Produktlebens Variationsstrategien vorzubereiten und einzusetzen sind. *Die ständige Weiterarbeit an einem Produkt ist das zentrale Anliegen der Markenführung*, auch wenn sich daraus keine Variationsentscheidungen für den Augenblick ergeben. Variationen müssen planmäßig in Angriff genommen werden

- wenn durch interne technologische Entwicklungen eine Verbesserung des Produktes und/oder eine Erweiterung der Produktpalette möglich und notwendig erscheinen bzw.
- wenn marktliche Veränderungen eine Weiterentwicklung des Produktes und/oder des Angebotsprogramms signalisieren (u. a. Wettbewerbsmaßnahmen, Wandlungen des allgemeinen Kauf- und Konsumverhaltens der Handels- bzw. Endverbraucherzielgruppe).

In Übersicht 13 sind einige Punkte in Form einer Checkliste zusammengestellt worden, die eine Produktvariation nahelegen können. In der Mehrzahl der Fälle wird die Initialzündung von Veränderungen im Markt (neue, verbesserte Wettbewerbsprodukte, generelle marktliche Wandlungen) ausgehen. Auf keinen Fall sollten wegen möglicher Goodwill-Einbußen für das Unternehmen und der Schwierigkeit, Trends umzukehren, erst dramatische Umsatzrückgänge abgewartet werden; die Vorbereitung von Variationsstrategien sollte vielmehr unter Umständen schon in der Wachstumsphase des Produktes, ihr Einsatz bereits in der Reifephase erfolgen.

Übersicht 13
Checkliste zur Bestimmung des Zeitpunktes der Vorbereitung und Durchführung von Variationsstrategien

Warnsignale u. a.:

- Stagnierender bzw. zurückgehender aktiver (ungestützter) Bekanntheitsgrad des Produktes (*Maß für die Marken-Aktualität*)
- Abnahme der Durchdringung der Zielgruppe mit Produktinformationen, Andeutung von negativen Imagefacetten
- Abnehmende Größe der Käufer- und/oder Verbraucherkreise, Umstrukturierung der Zielgruppe (z. B. kein Nachwachsen junger Käufer/Verbraucher)
- Zurückgehende Kauf-/Verbrauchsintensitäten
- Abnehmende Markenbindung, zunehmende Fluktuation zwischen einzelnen Marken
- Fallende Distribution (vor allem gewichtet) und Umschlagsgeschwindigkeit, Bevorratungslücken, erhöhter Lagerdruck
- Zurückgehender Lagerbestand, schlechte Warenplazierung im Handel
- Negative Einstellungen der Absatzmittler zum Produkt und/oder zum Hersteller (u. a. Vorwurf mangelnder Innovationsbereitschaft)

3.2.4 Eliminationsentscheidungen

Allgemein gilt heute die Regel, daß auf 20% bis 30% der Produkte eines Angebotsprogramms 80% der Umsätze entfallen, die restlichen 70% bis 80% aller geführten Produkte tragen lediglich 20% zum Umsatz bei. Sicherlich kann daraus nicht die Schlußfolgerung gezogen werden, daß schwache Umsatzträger grundsätzlich zu eliminieren sind; wichtig und lebensnotwendig ist jedoch für jedes Unternehmen die *geplante Produkt-, unter Umständen auch Programmelimination*. Gerade im Zusammenhang mit Differenzierungsstrategien stellt sich die Frage, ob alle ursprünglichen Produkte neben den ergänzten beibehalten oder ob einige davon eliminiert werden sollten – eine Entscheidung, die nicht vom Schreibtisch aus, sondern aus der Perspektive des Marktes zu fällen ist.

Ansatzpunkte für Entscheidungen zur Aussonderung von Produkten/Programmen ergeben sich beim Durchgehen folgender Prüfpunkte [147]:

- Marktanteils-, Absatz-, Umsatz- und Deckungsbeitragsentwicklung des Produkts/Programms, Zukunftserwartungen diese Kriterien betreffend
- Inanspruchnahme von knappen Ressourcen des Unternehmens, die bei anderem Einsatz ein günstigeres Ergebnis erwirtschaften würden (z.B. Bindung von Vertriebspotential zu Lasten anderer Produkte)
- Prüfung der Ergebnisse aus dem laufenden Marktforschungsprogramm, unter anderem im Hinblick auf die Entwicklung von Marktdurchdringung, Größe und Struktur der Käufer-Verbraucherkreise, der Verbrauchsintensität und Markenbindung, der Distribution (s. im einzelnen auch die Prüfliste in Übersicht 13); ist aufgrund ungünstiger Ergebnisse von einer Variation abzuraten, dann ist das Produkt bzw. Programm ein Eliminationskandidat
- Abhängigkeit zu anderen Produkten des Unternehmens (auf Absatzmittler- und/oder Verbraucherebene).

Besonders *Komplementaritätsbeziehungen zu anderen Produkten des Unternehmens* müssen genau untersucht werden; viele Produkte bleiben nur deshalb im Angebot, weil ihr Ausscheiden die Attraktivität des Gesamtangebots negativ beeinflussen, im Extremfall völlig zunichte machen würde (sog. *Marketingabhängigkeit*). Andererseits kann die Tatsache, daß Substitutionsprodukte in das Programm aufgenommen worden sind, eine Eliminierung des ursprünglichen Produktes nahelegen [148]. In jedem Falle geht aus der Zusammenstellung hervor, daß vor Eliminationsentscheidungen stets *sämtliche genannten Gesichtspunkte* genau analysiert werden müssen [149]. Zur Systematisierung und Verbesserung der notwendigen Bewertungsarbeiten wird teilweise vorgeschlagen, mit Scoring-Modellen zu operieren, deren Struktur bei der Diskussion der Screening-Phase in der Angebotsplanung in Abschnitt 2.2.2.3 ausführlich dargestellt worden ist. Als Beurteilungskriterien werden u.a. genannt die absolute und prozentuale Höhe des Deckungsbeitrags, die Möglichkeiten zur Deckungsbeitragsverbesserung mit Hilfe von Variationsstrategien, der langfristige Entwicklungstrend des Produktes und der Produktkategorie,

Tab. 16 Beispiel einer Produkterhaltungsmatrix für die Eliminationskandidaten a und b

Lfd. Nr.	Beurteilungs-Kriterien	Gewichtung der Kriterien	Beurteilung nach Schulnotensystem						gewichtete Bewertung	
			1	2	3	4	5	6	a	b
(1)	Durchschnittlicher Mindestabsatz pro Monat	0,10				b	a		0,50	0,40
(2)	Absolute Höhe des Deckungsbeitrages	0,12				b		a	0,72	0,48
(3)	Prozentuale Höhe des Deckungsbeitrages	0,15				b		a	0,90	0,60
(4)	Verbesserungsmöglichkeiten des Deckungsbeitrages durch Produktmodifikationen	0,12	b				a		0,60	0,12
(5)	Entwicklungstrend des Produktes	0,10			b	a			0,40	0,30
(6)	Entwicklungstrend der Produktkategorie	0,08		a	b				0,16	0,16
(7)	Durchschnittlicher Absatz pro Distributionsstelle	0,08				b	a		0,40	0,32
(8)	Gibt es Alternativprodukte (nein = 1, ja = 6)	0,08		b		a			0,48	0,16
(9)	Bedeutung des Produktes für den Verkauf anderer Produkte	0,10		b		a			0,40	0,20
(10)	Prozentualer Retourenanteil	0,07			b	a			0,28	0,21
(11)	Total	1,00	Produkterhaltungsindex						4,84	2,95

die Bedeutung des Produkts für den Verkauf anderer Produkte des Unternehmens sowie die Frage, ob Alternativ-Produkte angeboten werden oder nicht. Entsprechend der Arbeitsweise mit Scoring-Modellen ist zunächst das Gewicht einzelner Bewertungskriterien nach ihrer Bedeutung für die Eliminationsentscheidung zu bestimmen, während anschließend die Bewertung der Produktkandidaten anhand der (gewichteten) Kriterien erfolgt; als Resultat ergibt sich pro Produkt ein *Produkterhaltungsindex* (Tab. 16) [150].

Unter anderem im Zusammenhang mit dem Aspekt, daß sich der Anbieter dazu entschließt, ein Produkt oder Programm lediglich aufgrund seiner komplementären Marketing-Beziehungen zu anderen Produkten/Programmen des Unternehmens weiterzuführen, spielt die *Wertanalyse* eine wichtige Rolle. Es handelt sich hier darum, das Kosten-/Leistungsverhältnis von Produkten auf dem Wege über eine Beeinflussung der Kostenseite so zu verbessern, daß die (direkt zurechenbaren) Produktkosten bei gleichbleibenden Produktleistungen bzw. -erlösen zurückgehen. Die Wertanalyse stellt ein Instrument dar, das grundsätzlich bei der Produktplanung anzuwenden ist, bei Produktneuentwicklungen ebenso wie im Rahmen der Markenführung; allgemein lehrt jedoch die Erfahrung, daß die Unternehmen besonders dann eine Kostenreduzierung anstreben, wenn Erlöserhöhungen nicht mehr realisierbar sind. Die Wertanalyse läuft in ihren Grundzügen darauf hinaus, durch Marktforschung die Funktionen eines Produktes für die Abnehmerzielgruppe zu analysieren, auf der anderen Seite die Kostenstruktur zu durchleuchten um festzustellen, ob unter Umständen Teilfunktionen unter Kosteneinsparung aufgegeben werden können, gleichzeitig die Kernfunktionen des Produktes kostengünstiger erstellt werden können – ohne oder mit nur geringen Nachteilen für das Produkt.

Im einzelnen vollzieht sich das Verfahren in folgenden Schritten, nachdem die Produktkandidaten für die Wertanalyse bestimmt worden sind [151]:

– *Ermittlung des Ist-Zustandes* anhand der Analyse der Produkte nach möglichst detaillierten Kosten und Funktionen für die Zielgruppe, wobei versucht wird, so weit es geht Kosten und Leistungen zuzuordnen
– *Ermittlung des Soll-Zustandes* durch Beantwortung der Frage, welche Funktionen zukünftig abgedeckt werden sollen und an welchen Stellen die tatsächlichen von den geforderten Produktleistungen abweichen

- *Ermittlung von Alternativen für Kosteneinsparungen* durch Erarbeitung von Lösungsvorschlägen aufgrund eines Leistungs-Soll-Ist-Vergleichs, mit den jeweils entsprechenden Kosten
- *Auswahl und Realisation* der am besten geeigneten Alternative

Leistungen, die über die vom Markt geforderten hinausgehen, werden im allgemeinen nicht durch den Preis honoriert, so daß es nahe liegt, hier Abstriche vorzunehmen. Bei der Entwicklung und Auswahl von Lösungsvorschlägen werden die im einzelnen behandelten Verfahren der Angebotsplanung eingesetzt [152], wobei das Kostenbewußtsein hier besonders ausgeprägt ist. In der Auswahlphase kommt es darauf an abzusichern, inwieweit Umsatzeinbußen etwa dadurch zu befürchten sind, daß die Zielgruppe aufgrund der veränderten Angebotsstrategie schrumpfen oder sich verschieben könnte.

Die Wertanalyse wird häufig in die Produkt- bzw. Projekt-Managements integriert, um eng mit der Arbeit dieser organisatorischen Einheiten verzahnt zu werden.

3.3 Erweiterung des Angebotsvolumens durch Diversifikation

Diversifikationsstrategien werden zwar organisatorisch häufig in gesonderten Unternehmensbereichen entwickelt, sind jedoch Bestandteil einer integrierten Unternehmens- und Marketingstrategie. Auf der einen Seite treten neue Produkte oder Programme an die Stelle von eliminierten, andererseits wird angestrebt, die Chancen neuer Märkte rechtzeitig zu erkennen und zu nutzen; in beiden Fällen geschieht das zur Erhaltung des finanziellen Gleichgewichts des Unternehmens und zur langfristigen Wachstumssicherung. Entsprechendes *Know-how* ist entscheidende Voraussetzung zur Angebotserweiterung; dieses Know-how ergibt sich u.a. aus Erfahrungen im Marketing und Vertrieb, in der Forschung, Entwicklung und in der Produktion, und es kommt darauf an, brachliegende Potentiale systematisch zu nutzen, andererseits die Schwierigkeiten zu erkennen, die bei der Bewältigung von Problemen auftreten, für deren Lösung keine ausreichenden Erfahrungen vorliegen und auch nicht beschaffbar sind. Hier liegen die Grenzen für die Diversifikation, und eine Außerachtlassung dieses Gesichtspunktes führt im allgemeinen zu Flops mit entsprechenden negativen Folgen für das Unternehmen. Der Auffassung von Kiwitz, daß der Begriff „neues“

Produkt für Produkte „außerhalb der bisherigen Erfahrungen des Unternehmens" steht, kann daher in dieser Form allgemein nicht zugestimmt werden [153].

Trotz Berücksichtigung natürlich gegebener Grenzen des Unternehmens ist das Risiko von Diversifikationsstrategien im allgemeinen höher als bei Produkt- oder Programm-Variationen, besonders deshalb, weil erhebliche Aufwendungen dahinter stehen; Mißerfolge können das Unternehmen unter Umständen aus seinem finanziellen Gleichgewicht bringen.

Grundsätzliche *Ziele*, die mit Diversifikationsstrategien verbunden sind, können sein:

- Verbesserung der Marktstellung des Unternehmens durch Expansion
- Verbesserung der Ergebnissituation durch Gewinnzuwachs
- breitere Risikoverteilung
- systematische Nutzung von vorhandenen oder beschaffbarem Know-how
- Auslastung überschüssiger Kapazitäten bzw. der Ausgleich von Beschäftigungsschwankungen

Im allgemeinen sind mehrere Gesichtspunkte gleichzeitig maßgebend [154].

Durch *Wachstum* vergrößert das Unternehmen sein Mitspracherecht am Markt und sichert sich Überlebenschancen; Marktmacht ist ein wichtiger Faktor, um neue Marketingmaßnahmen erfolgreich durchzusetzen, und verbessert im allgemeinen langfristig die Ergebnisaussichten. Dabei handelt es sich häufig gleichzeitig darum, einen *Risikoausgleich* zu schaffen (z.B. ein Unternehmen der Zigarettenindustrie wird auf dem wachsenden Markt der Erfrischungsgetränke aktiv). In diesem Beispiel ist darauf zu achten, daß fehlendes Know-how (im Marketing, Vertrieb, in der Produktion usw.) zuwächst, beispielsweise durch Übernahme eines gut eingeführten Unternehmens, das entsprechende Erfahrungen mitbringt. Auf jeden Fall muß das diversifizierende Unternehmen über ein nutzbares Potential an *Management-Know-how* verfügen, um die Steuerung zu übernehmen; Management-Erfahrung kann der Ausgangspunkt für eine Reihe von offensiven und erfolgsträchtigen Zukaufstrategien im Rahmen der Diversifikation sein.

Überlegungen zur *Kapazitätsauslastung* bzw. zum *Kapazitätsausgleich* setzen nicht beim Markt, sondern bei innerbetrieblichen Voraussetzungen an. Hier ist streng darauf zu achten, daß eine Verfolgung derartiger Strategien anderen Gesichtspunkten der zielgerechten Angebotserweiterung durch Diversifikation nicht entgegenläuft, z. B. den Aspekten der langfristigen Absicherung von marktlichem und internem Wachstum und des bestmöglichen Einsatzes von Know-how. Die Chance, eine Vielzahl von Strategien parallel erfolgreich zu entwickeln und durchzuführen, ist selbst bei großen Anbietern gering, so daß alle verfügbaren Ressourcen von vornherein auf diejenigen gelenkt werden sollten, die im Verhältnis zu den gesetzten Zielen die größte Realisationsaussicht haben (*Prioritätsstrategie* des Unternehmens durch Abstufung nach Strategien 1., 2., . . . n. Priorität).

Im allgemeinen unterscheidet man je nachdem, in welchem Verhältnis die Diversifikation zu den bisherigen Betätigungsfeldern des Unternehmens steht,

- horizontale
- vertikale und
- laterale Diversifikation.

Bei der *horizontalen Diversifikation* besteht grundsätzlich eine enge Verwandtschaft zu dem bisherigen Angebot, d.h. das Unternehmen betätigt sich weiterhin auf derselben Marktstufe, z. B. im Konsumgüterbereich (Beispiel: Ergänzung des Angebots durch Hinzunahme von Handelsmarken im Rahmen einer Kapazitätsauslastungs-Strategie, die gleichzeitig bei Ausnutzung des Know-hows einen gewissen Risikoausgleich und internes sowie externes Wachstum einbringt). *Vertikale Diversifikation* besteht darin, vor- bzw. nachgelagerte Marktstufen einzugliedern (z. B. Zulieferanten im Rahmen einer Beschaffungs-Franchise-Strategie bzw. Absatzmittler durch Aufbau eigener Absatzkanäle). Auch hier ist eine Verbindung zu den bisherigen Märkten des Unternehmens gegeben; in diesem Zusammenhang spielt das *vertikale Marketing* [155] eine Rolle (Einbeziehung vor- bzw. nachgelagerter Stufen in die eigene Marketingstrategie). Bei *lateraler Diversifikation* dagegen entfernt sich das Unternehmen von angestammten Märkten, wobei der Risikoausgleich in Verbindung mit hohen Wachstumszielen entscheidendes Anliegen ist (Aufbau „eines zweiten Beines"). Chancen, aber auch Risiken sind hier im allgemeinen relativ hoch einzuschätzen, besonders dann, wenn die neue Strategie aufgrund ihrer Eigenständigkeit im Markt ein hohes Innovationspotential erfordert.

Die Realität zeigt jedoch, daß die Mehrzahl der sowohl für das Unternehmen als auch für den Markt „innovativen" Maßnahmen von relativ engen Zielgruppenvorstellungen ausgeht, und das Unternehmen versucht, für eine bereits bearbeitete oder daran angrenzende Zielgruppe (Verbraucher, Handel) eine geeignete neue Angebotslösung zu erarbeiten. Daraus resultieren dann häufig sog. *Mee-too-Produkte*, die sich objektiv wenig von anderen unterscheiden, vom Markt aber aufgrund subjektiver Eigenschaften (u. a. anderes Kommunikationskonzept, preisliche Unterschiede) u. U. als anders erlebt und damit akzeptiert werden. Mee-too-Strategien können, wie die Praxis zeigt, erfolgreich sein, indem der Anbieter aufgrund seines Goodwills an einem expandierenden Markt partizipiert, ohne den Markt selbst „machen“ zu müssen, durch sein Auftreten den wachsenden Markt jedoch weiter in Bewegung hält. Häufig verbergen sich dahinter auch Defensivmaßnahmen zur Abwehr von Konkurrenten, die in angestammte Firmenmärkte eingebrochen sind.

II. Zwei Fallbeispiele aus der Praxis der Angebotsplanung

Im zweiten Teil dieses Buches werden zwei Fallbeispiele aus der Planungspraxis dargestellt. Die erste Fallstudie behandelt die Wachstumsstrategie der Firma Intel aus Kalifornien, die insbesondere durch bahnbrechende Technologie- und Produkt-Innovationen im Bereich der Halbleiterindustrie hervortrat. Der bemerkenswerte wirtschaftliche Erfolg dieses Unternehmens kann jedoch nicht allein auf das technologische Potential zurückgeführt werden, ebenso wichtig ist die von Anfang an geplante und umgesetzte Unternehmensstrategie. Intels Strategie kann u. a. auf eine Reihe wichtiger strategischer Konzepte zurückgeführt werden, insbesondere die Erfahrungskurvendynamik, die strategische Geschäftsfeldsegmentierung und das Portfolio-Management. Die Analyse dieser strategischen Erfolgsfaktoren und das entsprechende methodische Instrumentarium des Portfolio-Managements finden vor allem in jüngster Zeit immer stärkere Bedeutung in der Planungspraxis. Daher erscheint es uns erforderlich, nicht zuletzt auch zur Verdeutlichung der Fallstudie, der Darstellung der Wachstumsstrategie der Firma Intel, einen Beitrag über das Portfolio-Management voranzustellen.

Die zweite Fallstudie gibt die Entwicklung einer Marketing- und Unternehmenskonzeption für die Firma Brauerei Diebels, Issum, wieder. Da sowohl die Ausgangssituation für die Brauerei Diebels KG als auch die daraus entwickelten Empfehlungen ohne Einschränkung offengelegt werden, bedanken wir uns an dieser Stelle besonders bei den verantwortlichen Herren aus der Geschäftsleitung der Firma, die ein derartiges Vorgehen gestatteten. Die Darstellung folgt der Vorgehensweise, die bei der Analyse der Ausgangssituation, den daraus entwickelten Strategiehypothesen und der Ableitung der Angebotsstrategie angewendet wurde. Der Leser wird die engen Bezüge zu der theoretischen Grundlegung dieses Buches deutlich erkennen, beispielsweise was den Ablauf der einzelnen Planungsphasen, die Verzahnung der Produkt- und Preispolitik mit anderen absatzpolitischen und unternehmensinternen Teilpolitiken sowie organisatorische Probleme der Durchsetzung der Gesamtstrategie betrifft.

1. Portfolio-Management: Analyse- und Planungskonzept auf der Basis strategischer Erfolgsfaktoren

In der Vergangenheit stand bei der Unternehmensplanung meist ein System operativer bereichsbezogener Teilplanungen im Vordergrund. Heute wird zunehmend der inhaltlichen Durchdringung der künftigen Geschäftsentwicklung in *gesamtunternehmensbezogener*, komplexer Sicht Beachtung geschenkt. Die Portfolio-Betrachtungsweise ermöglicht es, die verschiedenen divergenten Geschäftsfelder der Unternehmung jeweils getrennt, ihrer Situation angemessen zu analysieren und strategisch zu planen und dennoch die Restriktionen der Gesamtunternehmung einzuhalten und die Chancen des Marktes zu nutzen.

1.1 Konzept des Portfolio-Managements

Die Diskussion um die Portfoliotechnik bezieht sich heute auf ein Konglomerat unterschiedlicher *Planungsinstrumente*, die von verschiedenen Unternehmen und Beratern in den letzten Jahren entwickelt wurden. Am bekanntesten sind die Modelle der drei internationalen Beratungsgesellschaften The Boston Consulting Group, Mc Kinsey & Co. und Arthur D. Little [1]. Die Grundidee ist dabei den Überlegungen zur Bestimmung des optimalen Wertpapierportfolios im Finanzbereich entlehnt. Ziel der dort verwendeten Konzepte ist es, Wertpapiere und Finanzanlagen so zu streuen, daß die Gesamtheit, das Portfolio als solches, ausgewogen ist. Dies bedeutet, daß einzelne Anlageoptionen nicht isoliert nach ihren Ertragsaussichten, Risiken etc. beurteilt werden dürfen, sondern nur aus dem Zusammenhang des gesamten Portfolios heraus. Diese Sichtweise läßt sich nun leicht auf ein diversifiziertes Unternehmen übertragen. Geschäftsbereiche können als einzelne Renditebringer mit eigenen Ertragsaussichten, Chancen und Risiken interpretiert werden. Wendet man hierauf die Gedanken des Portfolios an, so folgt daraus, daß einzelne Geschäftsbereiche sinnvoll in eine *Gesamtkonzeption des Unternehmens* passen müssen und nur insgesamt beurteilt werden dürfen.

Nicht eindeutig ist in der Literatur die begriffliche Klärung: Hinterhuber [2] spricht von *Portfolio-Methode*, Albach [3] von *Portfolio-Technik*, Abell/Hammond [4] von *Portfolio-Analysis* und Wittek [5] von *Portfolio-Modell*. Dabei gehen die meisten Autoren davon aus, daß es sich bei dem Portfolio-Ansatz lediglich um ein methodisches Instrumentarium der Unternehmensanalyse oder der Unternehmensplanung handelt. Lediglich Szyperski [6] und Dunst [7] sprechen von *Portfolio-Management*, was sowohl die Analyse der Ist-Situation als auch die Planung der Zukunftsstrategie einschließt und darüber hinaus auch beinhaltet, daß Portfolio-Management eine andere Betrachtung der Gesamtunternehmung umfaßt. Berücksichtigt werden nicht nur die einzelnen Geschäftsfelder und deren strategische Entwicklung, sondern auch die Interdependenzen zwischen den einzelnen Geschäftsfeldern. Der Begriff Portfolio-Technik bzw. Portfolio-Methode erfaßt demgegenüber stärker das entsprechende *Analyse- und Planungsinstrumentarium*. Doch nicht durch das Instrumentarium alleine ist die Bedeutung des Portfolio-Konzepts begründet, eng damit verbunden sind Fragen der *Geschäftsfeldbildung* und die *Bestimmung strategischer Erfolgsfaktoren*. Dies alles schließt der Begriff Portfolio-Management ein.

1.2 Analyse strategischer Erfolgsfaktoren als Grundlage der Unternehmensplanung

Strategische Erfolgsfaktoren sind solche Faktoren, die einen wesentlichen Einfluß auf das Erfolgspotential eines strategischen Geschäftsfeldes haben. Die Ermittlung und Analyse dieser Erfolgsfaktoren und die Entwicklung langfristig angelegter Konzepte zur Zukunftssicherung stehen im Mittelpunkt der strategischen Planung.

1.2.1 Definition der „Strategischen Geschäftsfelder"

Grundlage der Entwicklung spezifischer Zielvorstellungen, Strategien und Maßnahmen ist eine detaillierte *Marktsegmentanalyse* hinsichtlich Volumen, Abnehmerverhalten, Wachstum, Marktanteil, Umsatz, Deckungsbeitrag usw. Das Konzept der Segmentierung ist dabei in der Marketinglehre seit langem bekannt. Kotler definiert Segmentierung als das Unterteilen eines Marktes in homogene Untergruppen von Kunden, von denen jede als Zielmarkt angesehen werden kann, die mit einem bestimmten Marketing-Mix erreicht werden soll [8]. Die Segmentierung soll somit *Marktnischen* schaffen, in denen Unternehmen sich von Wettbewerbern abschirmen können. Marktnischen, auf die Strategien aufgebaut werden, müssen langfristig stabil sein, d.h. es muß ein eindeutig definierbares und andauerndes Kundenproblem bestehen.

In vielen Unternehmen ersetzt die *Organisationsstruktur* eine analytische Segmentierung nach strategischen Gesichtspunkten; dies bedeutet, daß strategische Entscheidungen regelmäßig auf die dezentralen organisatorischen Einheiten bezogen werden. Organisatorische Strukturen sind jedoch häufig das Ergebnis eines politischen Prozesses, der auf die Logik der Umwelt wenig Rücksicht nimmt [9]. Für die strategische Analyse und Planung der Unternehmensaktivitäten ist es daher erforderlich, daß Einheiten entsprechend den *strategischen Erfordernissen* abgegrenzt werden. Man spricht daher in diesem Zusammenhang von *„strategischen Geschäftsfeldern"* [10]. Für eine eindeutige Definition der strategischen Geschäftsfelder liegen keine objektiven Abgrenzungskriterien vor. Es haben sich aber in letzter Zeit in Literatur und Praxis einige Lösungsansätze zur Bestimmung abgezeichnet. Die Kombination der beiden Elemente Produkt und Markt bilden in der Regel die Grundlage für die Geschäftsfeld-Definition. Man spricht daher auch von *Produkt/Markt-Kombinationen.*

Hinterhuber bezeichnet *strategische Geschäftseinheiten* als Zusammenfassung von „Produkt/Markt-Kombinationen, Produktlinien usw., die gemeinsam eine Funktion erfüllen, die sich klar von den anderen Produkt/Markt-

Marktkriterien / Produkte	Abnehmergruppen			Absatzkanäle			Geographische Gebiete		
A			×	×	×	×	×		
B		×			×			×	
C			×			×	×		
D	×			×	×	×	×	×	×
E	×	×	×		×	×	×	×	×
F			×		×		×		
G	×				×		×		
H		×		×			×		
I		×		×			×	×	×
J	×			×					×

Abb. 25 Zusammenfassung der Produkt/Markt-Kombinationen zu strategischen Geschäftseinheiten

Kombinationen abhebt." [11] Eine strategische Geschäftseinheit kann mit einem Unternehmungs- oder Gechäftsbereich zwar übereinstimmen, sie wird jedoch ohne Rücksicht auf bestehende Organisationseinheiten auf der Basis von Unterschieden zu den Konkurrenten definiert (vgl. Abb. 25) [12] mit dem Ziel, Wettbewerbsvorteile zu erzielen und die Gewinnspanne zu optimieren. [13]

Strategische Geschäftsfelder sind also deutlich abgrenzbare Einheiten, die Produkt/Markt-Kombinationen zum Zwecke der Bildung einer einheitlichen Strategie zusammenfassen. Anhaltspunkte zur Abgrenzung solcher Geschäftsfelder können folgende Kriterien sein:

- Ein strategisches Geschäftsfeld muß einen klar *bestimmbaren Abnehmerkreis* und eine eigenständige, von anderen Planungseinheiten *unabhängige Marktaufgabe* haben (definierbares und andauerndes Kundenproblem).
- Für ein strategisches Geschäftsfeld lassen sich klar *bestimmbare Marktverhältnisse* abgrenzen (klar bestimmbare Konstellationen von Konkurrenten und *abgrenzbare Absatzkanäle*).
- Die zusammengefaßten Produkt/Markt-Kombinationen weisen die *gleiche Kostenstruktur* auf (vor allem Wertschöpfungsstruktur) zur Ausnutzung von Erfahrungskurven-Effekten (Kostenbarrieren) [14].
- Das strategische Geschäftsfeld muß die Formulierung und Implementierung einer integrierten strategischen Planung erlauben (*Managebarkeit*).

Durch die Bildung strategischer Geschäftsfelder versucht man also, die Grundlagen herauszuarbeiten, ob und wie man über relative Wettbewerbsstärken Segmente bearbeiten kann. Auf dieser Basis können die strategischen Erfolgsfaktoren je Geschäftsfeld näher definiert und analysiert werden.

1.2.2 Die „Profit Impact of Market Strategies" (PIMS)-Studie

Das *PIMS-Programm* stellt einen kooperativen Zusammenschluß von rund 250 Unternehmen dar, die ihren Sitz vor allem in den Vereinigten Staaten und in Europa haben. Diese Unternehmen stellen umfangreiche Daten über rund 1500 strategische Geschäftseinheiten dem *Strategic Planning Institute (SPI) in Cambridge (Mass.)* für Forschungszwecke zur Verfügung. Ergebnis dieser Forschungsarbeiten ist das PIMS-Programm [15]. Mit Hilfe der

Datenbank, die teilweise bis zu 10 Jahre zurückreicht, untersucht das SPI den systematischen Einfluß strategischer Erfolgsfaktoren auf *Return on Investment* (ROI) und *Cash-flow*. PIMS hat 37 Variable identifiziert, die mehr als 80 % der Unterschiede des ROI zwischen Geschäftsfeldern erklären. Von allen untersuchten Einflußgrößen erklärt der *Marktanteil* die Unterschiede zwischen dem ROI der Geschäftsfelder am besten (vgl. Abb. 26) [16].

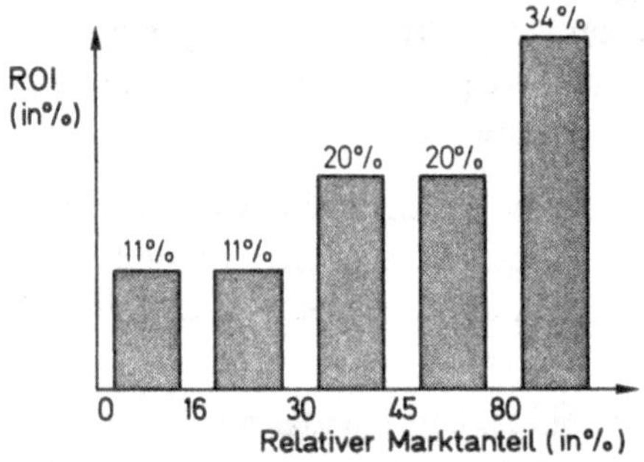

Abb. 26 Der Zusammenhang zwischen ROI und relativem Marktanteil

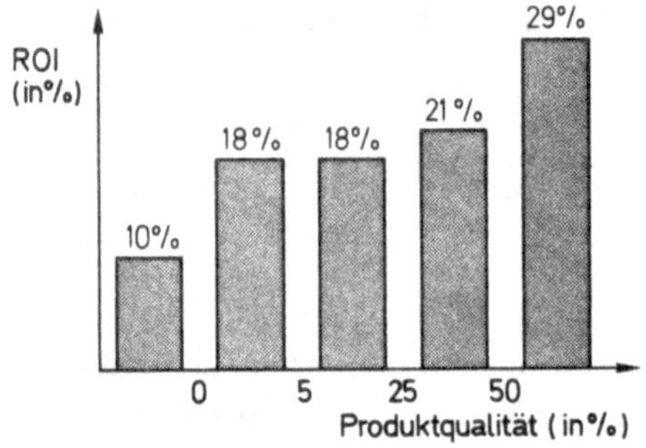

Abb. 27 Der Zusammenhang zwischen ROI und Produktqualität

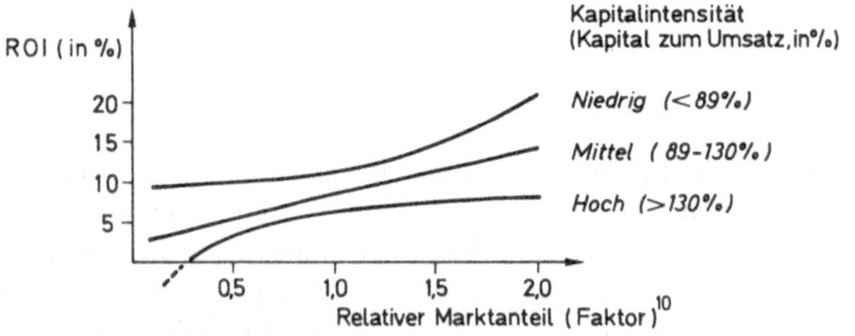

Abb. 28 ROI in Abhängigkeit von Kapitalintensität und relativem Marktanteil

Einen deutlich positiven Einfluß auf den ROI hat ebenfalls die *Produktqualität* (vgl. Abb. 27). Deutlich negativ korreliert mit dem ROI die *Investitionsintensität*. Unternehmen mit hoher Investitions- bzw. Kapitalintensität weisen in der Regel einen niedrigeren ROI auf als weniger investitionsintensive (vgl. Abb. 28) [17].

Diese Beispiele zeigen bereits die Problematik und die Nachteile der Einzelbetrachtung auf; so ist der relative Marktanteil sicherlich abhängig von der Produktqualität, d.h. auch unter den einzelnen Faktoren bestehen Abhängigkeiten. Daher ist es wesentlich, die *Wechselwirkungen zwischen Variablen* näher zu untersuchen. Dies ist im PIMS-Programm bis heute nur ansatzweise verwirklicht, da man ursprünglich als Modell eine additive lineare Gleichung gewählt hat. Dadurch kann die Bedeutung einzelner Variablen zwar leicht isoliert werden, Zusammenhänge zwischen den unabhängigen Variablen, z.B. die wechselnde Bedeutung von Marktanteilen in verschiedenen Phasen des Lebenszyklus, werden dagegen vernachlässigt [18].

Einzelne Abhängigkeiten – wie auch Abb. 28 zeigt – wurden exemplarisch untersucht. Positive Korrelationen wurden u.a. festgestellt zwischen

- der Höhe des *Marktwachstums* und der Leichtigkeit, *Marktanteile* zu erwerben,
- der Höhe des *relativen Marktanteils* und der *relativen Kostengünstigkeit* und zwischen
- der Höhe des *Marktwachstums* und der *Produktivität*.

Die Interpretation der angeführten Ergebnisse [19] zeigt, daß das *Ertragspotential* eines strategischen Geschäftsfeldes meist abhängig ist von der Höhe des relativen Marktanteils. Je höher das Marktwachstum ist, je leichter ist es, diese Marktanteile zu erwerben. Es erscheint daher sinnvoll, sowohl mit neuen als auch mit bestehenden Produkten, insbesondere in stark wachsenden Märkten, eine führende Marktposition anzustreben. Wesentliches weiteres Kriterium ist der Finanzbedarf bzw. die Finanzierbarkeit dieser Maßnahmen. Abb. 29 gibt Hinweise über die Abhängigkeit des *Cash-flows* [20] vom Marktwachstum und vom relativen Marktanteil [21]:

- Geschäftsfelder in Märkten mit hohem Marktwachstum, die einen geringen relativen Marktanteil haben, sind *Liquiditätsverbraucher*.

– Geschäftsfelder mit hohem relativem Marktanteil in nur gering wachsenden oder stagnierenden Märkten erbringen den *höchsten Cash-flow*.

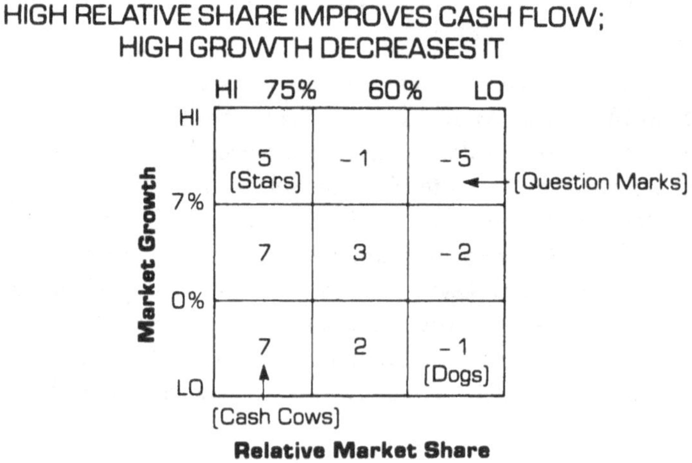

Abb. 29 Abhängigkeit des Cash-flows vom Marktwachstum und vom relativen Marktanteil

Die *Finanzierung von Strategien* bedingt eine Ausgewogenheit zwischen Geschäftsfeldern, die Cash-flow erbringen, und Geschäftsfeldern, die Cash-flow verbrauchen. Diese Ausgewogenheit sicherzustellen und in den Vordergrund der strategischen Überlegungen zu stellen, ist Aufgabe des Portfolio-Managements.

1.2.3 Das Produktlebenszyklus-Konzept

Das *Produktlebenszyklus-Konzept* beruht auf der Hypothese, daß sich die Absatzentwicklung eines Produktes oder einer Produktgruppe nach bestimmten Gesetzmäßigkeiten vollzieht [22]. Das Produktlebenszyklus-Konzept ist in seiner unmittelbaren Anwendung nicht problemfrei. In der Regel wird es jedoch als Beschreibungs- und Erklärungsmodell akzeptiert. Als Grundlage der Portfolio-Betrachtung sind vor allem zwei Aspekte wichtig:

– Es erlaubt eine Aussage über die *typischen Phasen* eines Produktlebenszyklus und über die *Finanzmittelströme* in den verschiedenen Phasen.
– Es zeigt sich, daß *Umsatz* (Marktanteile) am schnellsten in den frühen Phasen des Lebenszyklus zu gewinnen ist.

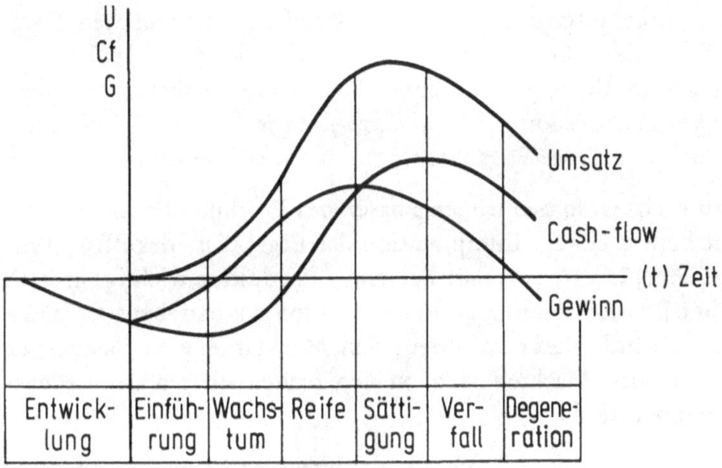

Abb. 30 Produktlebenszyklus-Konzept

In idealtypischer Weise läßt sich dem Produktlebenszyklus ein Kurvenverlauf des produktbezogenen Cash-flows je Periode zuordnen:

- In der Einführungsphase kann der erforderliche Bedarf an Finanzmitteln für Anlageinvestitionen und Marketingaufwendungen aus den Einnahmeüberschüssen des laufenden Absatzes des Produktes nicht gedeckt werden. Diese Phase ist somit durch *negative Cash-flow-Beiträge* gekennzeichnet.
- In der Wachstumsphase sind zur Erhaltung und zum Ausbau der Marktanteile im allgemeinen umfangreiche Erweiterungsinvestitionen erforderlich. Das Produkt benötigt in dieser Phase noch mehr Finanzmittel, als es durch seinen Absatz bereitstellen kann, auch wenn der produktbezogene *Cash-flow je Periode eine Tendenz zu positiven Beiträgen* zeigt.
- In der Reifephase gehen die Bemühungen der Unternehmung dahin, den erreichten Marktanteil zu erhalten. Es sind vor allem noch Aufwendungen für geeignete marketingpolitische Maßnahmen erforderlich. Der *Cash-flow ist positiv*.
- Auf die Reifephase folgt die Sättigungsphase. Die Umsatzkurve erreicht hier ihr Maximum. Der produktbezogene *Cash-flow je Periode erreicht* ebenfalls *seine höchsten Werte*.

- Schließlich sinkt aufgrund geänderter Nachfrage, technischen Fortschritts oder anderer Gründe der Umsatz pro Periode ab, das Produkt befindet sich in der Verfalls- bzw. Degenerationsphase. Mit dem Umsatz *sinkt der produktbezogene Cash-flow je Periode*. Die Finanzmittelüberschüsse dieses Produktes vermindern sich zunehmend.

Der Umsatzzuwachs ist in den frühen Phasen des Produktlebenszyklus am stärksten. Wie bereits bei der Interpretation der Ergebnisse des PIMS-Programms ausgeführt [23], ist es gerade bei neuen Produkten wichtig, in stark wachsenden Märkten eine führende Marktposition anzustreben. Es lassen sich zahlreiche Gründe dafür anführen, daß Marktanteile am leichtesten in schnell wachsenden Märkten, d.h. in den frühen Phasen des Lebenszyklus, zu gewinnen sind [24]:

- Das Marktwachstum wird durch die *Nachfrage neuer Abnehmer* getragen. Somit müssen Wettbewerber nicht verdrängt werden, um Marktanteile zu gewinnen.
- *Wettbewerber unterschätzen* das Marktwachstum oder werden von ihm überrascht.
- Die *Kapitalbudgetierungsmechanismen* von Wettbewerbern fördern eine Durchschnittsbetrachtung, schnell wachsenden Bereichen werden nicht genügend Mittel zugeteilt.
- Wettbewerber errichten erst *neue Kapazitäten*, wenn die bestehenden ausgelastet sind. Sie operieren daher an der Kapazitätsobergrenze und verlieren dabei Marktanteile.

Weiterhin hat ein Unternehmen, das den Umsatz von Geschäftsfeldern stark steigern kann, deutliche *Kostenvorteile*. Die Vorteile treten am schnellsten auf in stark wachsenden Märkten bzw. in den ersten Phasen des Produktlebenszyklus. Diese Kostendegression ist u.a. auf die Zunahme kumulierter Erfahrung zurückzuführen. Im nächsten Abschnitt wird darauf näher eingegangen.

1.2.4 Scale- und Experience-Effekte

Der *Scale-Effekt* besagt, daß größere Unternehmen das Potential dazu haben, mit geringeren Kosten als kleinere Konkurrenzunternehmen zu arbeiten. Die Degression der Kosten bei steigender Kapazität ist allgemein bekannt und wird akzeptiert. Die Theorie des *Experience-Effekts* oder auch

Erfahrungskurven-Konzept genannt, findet dagegen erst allmählich Eingang in die Diskussion der strategischen Planung.

In empirischen Untersuchungen stellte die Boston Consulting Group fest, daß die inflationsbereinigten Preise verschiedener Produkte mit ihren kumulierten Absatzmengen fortlaufend fielen [25]. Nach Auffassung der Boston Consulting Group ist der beobachtete Preisverfall in der Entwicklung der Stückkosten begründet. In näheren Untersuchungen wurde festgestellt, daß *sämtliche Kosten*, z.B. Fertigungskosten, Vertriebskosten, Kapitaleinsatzkosten, Forschungs- und Entwicklungskosten, diesem Verlauf folgen. Dies ist damit eine Erweiterung der bekannten Lernkurve, die lediglich besagt, daß mit kumulierter Ausbringungsmenge die Fertigungskosten sinken. Ihre Ergebnisse faßte die Boston Consulting Group in folgender Aussage zusammen:

> Mit jeder Verdoppelung der im Zeitablauf kumulierten Produktionsmengen gehen die auf die Wertschöpfung bezogenen Stückkosten eines Produktes potentiell um 20–30% zurück [26].

Diese Rückgangsquote ist überraschenderweise auch in weit auseinander liegenden Industriezweigen annähernd gleich hoch. Trägt man die Kosten in einem Ordinatenkreuz gegen die im Zeitablauf kumulierten Gesamtmengen auf, dann ergibt sich bei einer *linearen Skalierung* der Ordinaten der in Abb. 31 dargestellte typische Kurvenverlauf. Obgleich die *Stetigkeit des Kurvenverlaufs* auf eine Gesetzmäßigkeit der dahinter stehenden Zusammenhänge hinweist, bleiben bei dieser Darstellungsform einige Besonderheiten verborgen. Sie treten deutlich hervor, wenn man die Beziehungen in einem *doppelt logarithmisch* eingeteilten Ordinatenkreuz einträgt (vgl. Abb. 32). Die eingetragenen Punkte zeigen bei gleichen Abständen gleiche prozentuale Veränderungen. Eine Gerade bedeutet dann, daß eine bestimmte prozentuale Veränderung einer Variablen stets eine konstante Veränderungsrate bei der anderen (abhängigen) Variablen mit sich bringt [27].

Die stattfindende Kostenreduktion wird vorwiegend durch folgende Faktoren erklärt: Konstruktionsverbesserungen, Produktstandardisierung, Produktveränderungen zur Erreichung niedrigerer Kosten durch Wertanalyse, Verbesserungen der Arbeitsorganisation, technologischer Wandel, Substitution von Arbeit durch Kapital und Verbesserungen im Kommunikations- und Kontrollsystem. Diese Faktoren zeigen, daß durch die *Erfahrungskurve* lediglich ein *Rationalisierungs- bzw. Kostenreduzierungspotential* aufgezeigt wird, das durch geeignete Maßnahmen zu realisieren ist.

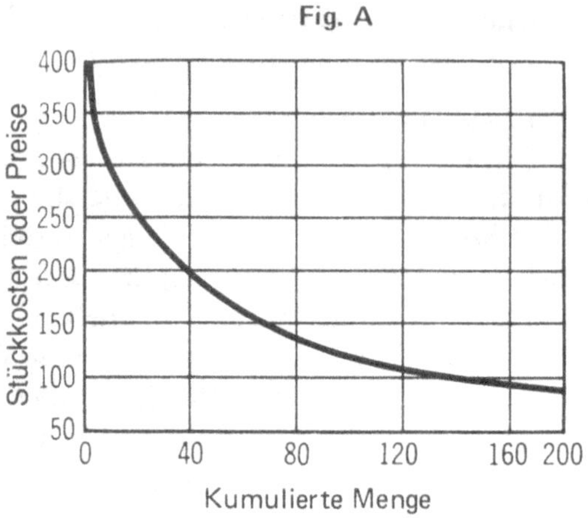

Abb. 31 Erfahrungskurve (lineare Skalierung)

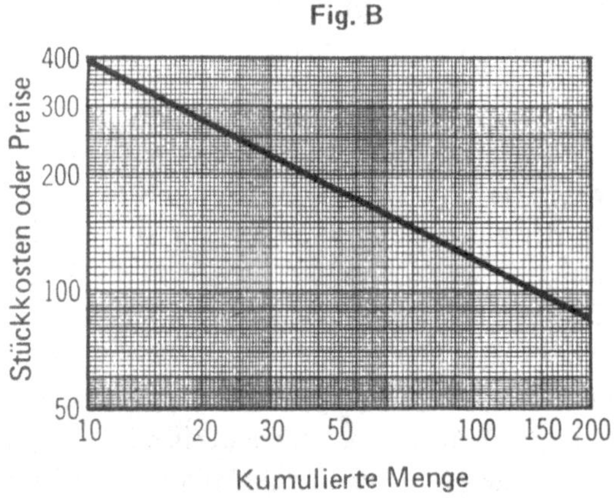

Abb. 32 Erfahrungskurve (doppelt logarithmische Skalierung)

Die wesentlichen strategischen Schlußfolgerungen, die aus dem Erfahrungskurven-Konzept abgeleitet werden können, beziehen sich auf den *relativen Marktanteil und das Marktwachstum.* „Wenn Kosten eine Funktion von kumulierten Mengen sind, bestimmen Marktanteile die Kostenpositionen von Unternehmen. In Märkten, in denen sich die Marktanteile der einzelnen Wettbewerber nur wenig verschieben, verfügt das Unternehmen mit dem höchsten Marktanteil über das höchste kumulierte Volumen und damit über die niedrigsten Kosten. Alle nachrangigen Anbieter haben höhere Kosten.“ [28] Hieraus erklärt sich auch die Bedeutung des relativen

Marktanteils. Ein hoher Marktanteil ist nämlich dann von geringerem Wert, wenn ein Wettbewerber einen noch höheren Marktanteil und damit noch niedrigere Kosten besitzt. Abb. 33 verdeutlicht nochmals diesen Zusammenhang [29].

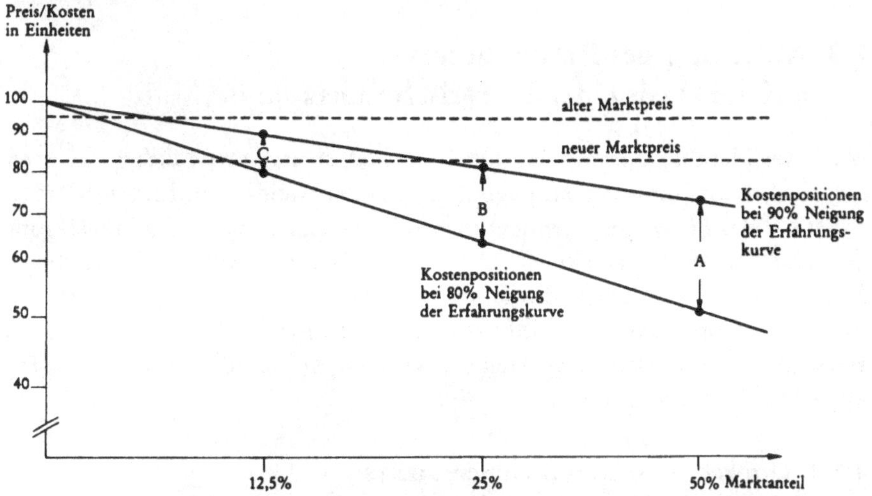

Abb. 33 Schematische Darstellung des Zusammenhangs zwischen relativem Marktanteil, Kosten- und Gewinnpositionen bei unterschiedlicher Neigung der Erfahrungskurve

Das Beispiel zeigt, daß der *Anbieter A* potentiell die größte Gewinnspanne bei einem gegebenen Marktpreis hat. Setzt der Marktführer einen neuen, reduzierten Preis am Markt durch, so verringert sich die Umsatzrendite des *Anbieters B* weitaus stärker, als die des *Anbieters A*. Die marginale Gewinnposition des *Anbieters C* kehrt sich sogar in einen Verlust um. Somit impliziert das Konzept der Erfahrungskurve weiterhin, daß Anbieter mit einem kleinen relativen Marktanteil nicht nur weniger Gewinn erwirtschaften, sondern auch empfindlicher von Preisrückgängen betroffen werden. Das Erfahrungskurven-Konzept liefert damit die Erklärung für die Feststellung des PIMS-Programms, daß der ROI bestimmt wird vom relativen Marktanteil.

Besonders bei hohem Markt- und entsprechendem Mengenwachstum steigen die kumulierten Mengen rasch, und die entsprechenden Erfahrungseffekte sind deutlich erkennbar. Somit fließen die Aufwendungen zur Erlangung eines zusätzlichen Marktanteils schnell zurück. Investitionen für Marktanteilssteigerungen in Märkten mit hohen Zuwachsraten sind daher besonders rentabel. Ein Anbieter, der es versteht, sich durch Vergrößerung seines Marktanteils die Marktführerschaft zu sichern, kann im Vergleich zu seinen Wettbewerbern schneller die Kosten senken und bei gleichen Marktpreisen die Gewinnspanne verbessern.

1.3 Ableitung des Ist-Portfolios auf der Basis einer Unternehmensanalyse

Nach der Herausarbeitung der wesentlichsten *strategischen Erfolgsfaktoren* für die Entwicklung der strategischen Geschäftsfelder wird im folgenden näher auf das *Planungsinstrumentarium* eingegangen. Basis aller Überlegungen und Strategien ist eine detaillierte *Ist-Analyse*. Auf der Basis dieser Ergebnisse ist es möglich, das *Ist-Porfolio* der Unternehmung aufzustellen und zu interpretieren. Mit Hilfe von *Normstrategien* können anschließend strategische Alternativen entwickelt werden, die letztlich zur Erstellung eines *Soll-Portfolios* führen.

1.3.1 Umwelt- und Unternehmensanalyse

Wesentliches Element eines jeden Planungsprozesses ist die Anpassung der Unternehmung an ihre Umwelt. Der technische Fortschritt, die Evolution der gesellschaftlichen Strukturen, die Verschiebung der Nachfrage nach bestimmten Produkten, die Energie- und Rohstoffkrise und dergleichen mehr schaffen Probleme und Möglichkeiten für die Unternehmung, die deshalb sowohl größere Veränderungen als auch deren Auswirkungen auf ihre Arbeitsgebiete rechtzeitig erkennen muß [30].

Ein praktikabler Weg, um die dynamischen Umweltveränderungen mit den Arbeitsgebieten der Unternehmung in Beziehung zu setzen, besteht darin, ausgehend von der allgemeinen Umwelt eine *Analyse des Marktes* durchzuführen, in dem das Unternehmen tätig ist, und in der Folge die spezifische *Position der Unternehmung* in diesem Markt zu bestimmen. Somit ergibt sich folgender Ablauf der Ist-Analyse:

- Analyse der politischen, gesellschaftlichen, wirtschaftlichen und technischen Entwicklung;
- Analyse des Marktes oder der Märkte, in denen die Unternehmung operiert bzw. zu operieren plant;
- Analyse der Stellung der Unternehmung im jeweiligen Markt.

Diese Analyse schließt in der Regel *Markt- und Absatzprognosen* auf der Basis der heutigen Situation einschließlich ihrer Entwicklung in der Vergangenheit ein [31]. Wesentlicher Bestandteil der Umwelt- und Unternehmensanalyse ist die *Analyse der strategischen Erfolgsfaktoren*. Insbesondere ist zu überprüfen, wie sich die Stärken und Schwächen der eigenen Unternehmung sowie der wichtigsten Konkurrenzunternehmen im Hinblick auf die Erfolgsfaktoren entwickeln.

1.3.2 Erstellung der Portfolio-Matrix

In einem Portfolio von Geschäftsfeldern sind die Wachstumsaussichten unterschiedlich; einige Geschäftsfelder sind wachstumsorientiert, andere weisen nur geringe Wachstumsraten, aber hohe Gewinne auf. Es zeigen sich Differenzen in den Anforderungen an *Ressourcen*: Einige Geschäftsfelder werden die knappen Management- und Kapitalressourcen stark beanspruchen, andere ihren positiven Beitrag zum Cash-flow leisten. Unübersehbar sind in einem Portfolio auch die unterschiedlichen *Risiken und Probleme*. Einige Geschäftsfelder halten das gesamte zukünftige Potential, andere stellen erhebliche unternehmerische Risiken, aber auch Chancen dar, weitere sollen eliminiert werden, da sie sich als Mißerfolge erwiesen haben. Alles dies sind Gesichtspunkte, die in einer *Portfolio-Matrix* erfaßt werden. Die Portfolio-Matrix der Boston Consulting Group (BCG-Matrix) legt die beiden Erfolgsfaktoren „*Marktwachstum*" und „*relativer Marktanteil*" der Beurteilung der strategischen Geschäftsfelder zugrunde. Durch die jeweilige Differenzierung dieser Faktoren in die Ausprägungsintervalle „hoch" und „niedrig" entsteht eine Vier-Felder-Matrix. Der relative Marktanteil wird auf der horizontalen Achse auf einem logarithmischen Maßstab [32], das Marktwachstum auf der vertikalen Achse auf einem linearen Maßstab abgetragen (vgl. Abb. 34).

Die einzelnen strategischen Geschäftsfelder eines Unternehmens werden durch Kreise dargestellt und entsprechend dem erwarteten Marktwachstum und dem relativen Marktanteil in der Matrix positioniert. Die Größe der Kreise indiziert die Größe (Umsatz, Kapital, Deckungsbeitrag) eines Geschäftsfeldes, um die Bedeutung der einzelnen Bereiche herauszustellen. Die Portfolio-Matrix verdeutlicht in diesem Sinne die *Umweltbeziehung* des Unternehmens. Die Ordinate gibt die unternehmerische Umwelt, d.h. die Situation der jeweiligen Märkte, wieder, eine mit dem Lebenszyklus des Geschäftsfeldes bzw. mit den Umwelt- und Wettbewerbsbedingungen gegebene externe Größe. Die Abszisse dieser Matrix stellt die relative *Stel-*

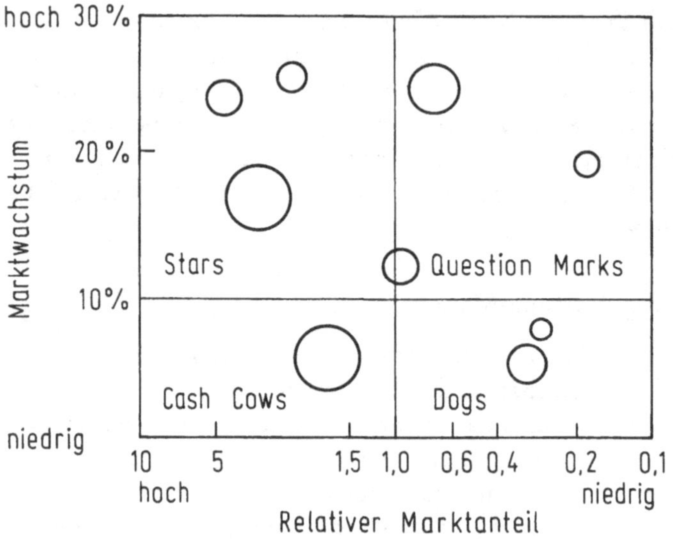

Abb. 34 Schema des Portfolio-Modells der Boston Consulting Group

lung des Unternehmens in den jeweiligen Märkten dar, eine von eigenen Entscheidungen und eigenen Ressourcen abhängige Größe. Aufgrund dieser Erfolgsfaktoren lassen sich durch diese Matrix die kurz- bis langfristigen Auswirkungen auf Cash-flow und Ergebnis darstellen.

Um Geschäftseinheiten mit ähnlichen Cash-flow-Charakteristiken und -Erfordernissen zusammenzufassen, wird das Portfolio mit zwei Hilfslinien in vier Quadranten eingeteilt. In der Literatur haben sich für diese *strategischen Positionen* Bezeichnungen herausgebildet, mit denen die Bedeutung dieser vier Bereiche anschaulich verdeutlicht wird [33]:

Question Marks: Strategische Geschäftsfelder, die durch hohe Marktwachstumsraten und niedrige relative Marktanteile gekennzeichnet sind, werden als Question Marks oder auch Problem Children bzw. Nachwuchsprodukte bezeichnet. Diese Geschäftseinheiten befinden sich in Anlehnung an das Produktlebenszyklus-Konzept in der Einführungs- bzw. Wachstumsphase. Sie erfordern ständig mehr finanzielle Mittel als sie erzeugen. Sie bleiben chronische Liquiditätsverbraucher, solange es nicht gelingt, einen hohen relativen Marktanteil zu erreichen, d.h. Stars zu werden. Nur dann bringen sie das Wachstum von morgen. Geschäftsfelder in dieser Kategorie weisen dementsprechend in den meisten Fällen außergewöhnlich hohe Chancen und Risiken auf.

Stars: Geschäftsfelder mit dominantem Marktanteil bei hohem Marktwachstum werden als „Stars" bezeichnet. Stars finanzieren ihr weiteres Wachstum in aller Regel selbst. Sie weisen häufig zwar buchmäßige Gewinne aus, diese Mittel müssen jedoch meist zur Erhaltung der Marktanteilposition in einem stark wachsenden Markt reinvestiert werden. Stars bringen das Wachstum von heute. Sie werden bei nachlassendem Marktwachstum zu Cash Cows und bringen dann infolge geringerer erforderlicher Investitionen den Cash-flow von morgen.

Cash Cows: Wird die Marktführerschaft verteidigt und tritt das Geschäft schließlich in die Reife- und Sättigungsphase, dann nimmt es die Merkmale einer Cash Cow an. Geschäftsfelder in dieser Phase erwirtschaften den höchsten Cash-flow je Periode, da erforderliche Reinvestitionen und die Verwundbarkeit des Geschäftes in einem langsamer wachsenden Markt abnehmen. Die Cash Cows bilden somit in aller Regel die Hauptquelle der Unternehmung für die ausgewiesenen Gewinne und die Liquidität.

Dogs: Mit dem Eintritt eines Geschäftsfeldes in die Degenerationsphase seines Lebenszyklus sinken auch die Cash-flow-Beträge je Periode. Das niedrige Marktwachstum, verbunden mit einem niedrigen relativen Marktanteil, macht es gegenüber einem Marktführer unverhältnismäßig teuer, Marktanteile hinzuzugewinnen. Mit diesen Geschäftsfeldern ist in aller Regel keine angemessene Rentabilität mehr zu erreichen, d.h. sie bringen weder gegenwärtig befriedigende Gewinne, noch tragen sie zum zukünftigen Wachstum der Unternehmung bei. Man bezeichnet diese Geschäftsfelder daher als Dogs oder Auslaufprodukte.

Der Vorteil der Matrix-Technik des Portfolios und der Bildung strategischer Typen liegt zweifellos in ihrer Einfachheit, ihrer Anschaulichkeit und ihrem hohen Kommunikationswert. Die Darstellung im Ist-Portfolio zeigt ein deutliches *Unternehmensportrait* anhand der relevanten Kriterien Marktwachstum und relativer Marktanteil. Die Abbildung 35 zeigt, wo die Deckungsbeitrags- und Cash-flow-Potentiale liegen und wo der Nachwuchs herkommen kann, wenn diese Quellen versiegen. Weiterhin werden die *Interdependenzen zwischen Produkt- und Finanzstrategie* aufgezeigt. Nur wenn das Zusammenwirken der Cash-flow-Ströme im Gesamt-Portfolio des Unternehmens analysiert wird, läßt sich eine endgültige Entscheidung über die optimale Strategie für jeden Geschäftsbereich treffen. Während der Idealverlauf eines Geschäftsfeldes (*Innovation*) gleich beim Starbereich ansetzt, erfolgt der aufwendigere aus der *Me-too-Position* durch Überholung des Wettbewerbers vom Question Mark her über den Star zum

Cash Cow-Sektor [34]. Der Finanzfluß verläuft eher umgekehrt. Die Kräfte zur Finanzierung neuer Stars oder zur Durchsetzung von Me-too-Produkten kommen aus den beiden unteren Sektoren der Matrix. Die Haupt-Cash-Kraft kommt aus dem Cash Cow-Bereich. Daneben gibt es noch Finanzmittel aus dem Dog-Bereich, wenn hier noch Geschäftsfelder gehalten werden können.

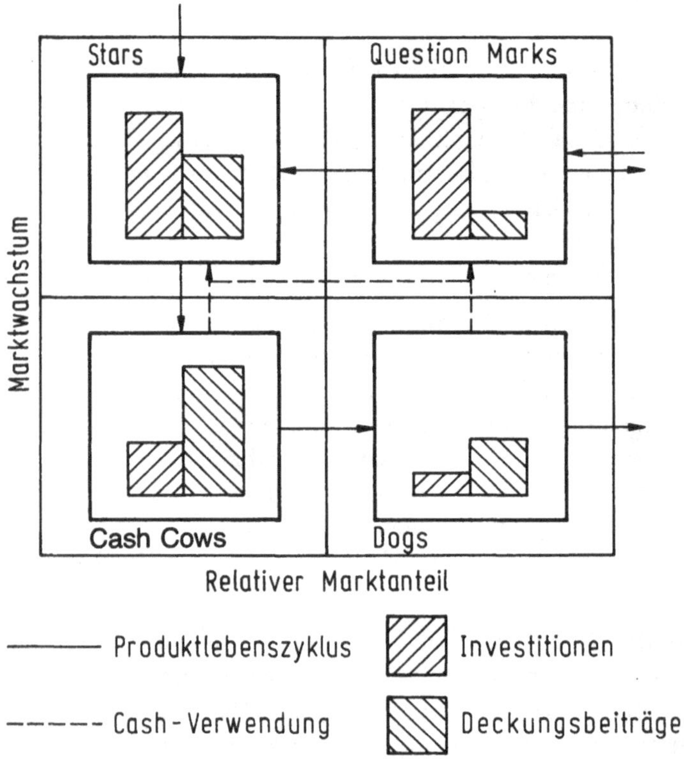

Abb. 35 Lebenszyklus und Finanzfluß

Das Denken in dieser Portfolio-Matrix zeigt somit den Unterschied zwischen operativer und *strategischer Finanzmittelverwendung*. Operativ geht man davon aus, daß sich Produkte bzw. strategische Geschäftsfelder mit ihren Maßnahmen selbst tragen müssen. Man verwendet dafür die Erfolgsrechnung als Steuerungsinstrument. Strategisch ist es anders: Hier müssen die alten, etablierten Geschäftsfelder die neuen finanzieren, bis diese kräftig genug sind.

1.3.3 Strategische Analysen auf der Basis des Ist-Portfolios

Wenn auch die Portfolio-Matrix eine detaillierte Analyse und Darstellung der strategischen Geschäftsfelder einer Unternehmung ermöglicht, so vermag sie jedoch die Aufgaben einer detaillierten und systematischen Marketingplanung nicht zu ersetzen. Zum einen kann eine Portfolio-Analyse nur auf der Basis einer umfangreichen Informations- und Analysephase erfolgen, zum andern bietet sie die *Basis für weitergehende und vertiefende Analysen* aufgrund ihres hohen Informationsgehalts.

Portfolio-Darstellungen werden leicht aufgrund ihrer Anschaulichkeit und ihrer leichten Handhabbarkeit als generelle Katechismen statt als Denkanstöße für konkrete Situationen mißverstanden. Dabei läuft man Gefahr, daß vor allem die einzelnen *Vorentscheidungen* (z.B. Definition der strategischen Geschäftsfelder) unüberprüft und alternativlos übernommen werden. Darüber hinaus ist es erforderlich, neben der Aufstellung des Ist-Portfolio weitergehende Analysen durchzuführen. Hierzu gehören die Überprüfung der internen Ausgeglichenheit der Matrix, die Analyse erkennbarer Trends, die Bewertung der Konkurrenz und die Analyse einer Vielzahl von Faktoren, die nicht direkt in der Matrix erfaßt wurden. Weitere Analysen ergeben sich meist aus der aktuellen Problemstellung. Dies reicht häufig hin bis zur Abtestung möglicher Marketingstrategien.

Ein ausgewogenes Portfolio muß im Verlauf der Zeit stets eine das Überleben und das Erfolgspotential sichernde Balance zwischen den diversen strategischen Typen von Geschäftsfeldern aufweisen. Das bedeutet, daß der Cash-flow, der vor allem von den Cash Cows herrührt, stets ausreichend sein muß, um die unterstützungsbedürftigen Stars und Question Marks, die gefördert werden sollen, zu finanzieren. Ein *ausbalanciertes Portfolio* ist also durch eine ausreichende Zahl von Cash Cows und einige zukunftsträchtige Stars und Question Marks gekennzeichnet. Die Existenz von nicht erwünschten Question Marks und Dogs, d.h. Question Marks deren Aufbau zu Stars mißlungen ist, bzw. Dogs, deren Rentabilität sich negativ entwickelt, muß dabei nicht notwendigerweise auf ein schlechtes Management deuten. Ihr Vorhandensein kann auch als Indikator für eine gesunde Risikobereitschaft der Unternehmung interpretiert werden. Wichtig ist nur, daß aus ihrer Existenz die richtigen Schlußfolgerungen gezogen werden.

Werden Portfolio-Matrizen mehrmals oder laufend aufgestellt, so kann der Weg der Geschäftsfelder genau beobachtet und die jährliche *Veränderungsrate* erfaßt werden. Dadurch ist es möglich, die zukünftige Entwicklung der

Geschäftsfelder vorauszuschätzen. Unterstützt wird diese Analyse durch den Einsatz von *Prognosetechniken*, beispielsweise zur Prognose des zukünftigen Marktwachstums. Die erkennbar gewordenen Trends werden analysiert und bei der strategischen Planung berücksichtigt.

Zur Ableitung optimaler Strategien ist neben dem eigenen auch das Portfolio der wichtigsten *Konkurrenten* zu untersuchen. Dazu gehört die Analyse der Konkurrenzstrategie, die Herausarbeitung der Stärken und Schwächen sowie die Einordnung der strategischen Geschäftsfelder der Konkurrenten in eine Matrix. Man erfährt dadurch, welches die Cash Cows, welches die Stars usw. der Wettbewerber sind. Dadurch kann Einblick in die wahrscheinlichen künftigen Aktionen der Konkurrenten gewonnen werden.

Die Analyse der Portfolio–Matrix bestimmt zwar die strategische Planung und zeigt künftige Richtungen auf; bevor jedoch genaue strategische Alternativen für einzelne Geschäftsfelder bestimmt werden können, ist es erforderlich, weitere vielfältige Einflußfaktoren zu untersuchen, z.B. [35]:

- *Eintrittsbarrieren* in den Markt,
- *technologische* Möglichkeiten,
- soziale, rechtliche und politische *Einschränkungen*,
- Leistungsfähigkeit des *Managements*,
- *Konjunktursituation*,
- Abhängigkeit des Umsatzes von *Preis, Werbung, Service* etc.,
- Existenz unausgelasteter *Kapazitäten* etc.

Auf der Basis dieser Analysen und Untersuchungen ist es möglich, das *Zielportfolio* der Unternehmung zu erarbeiten, d.h. Strategien festzusetzen, die Rentabilität und Existenzsicherung des Unternehmens gewährleisten.

1.3.4 Andere Portfolio–Modelle

In der Nachfolge des von der Boston Consulting Group entwickelten *Marktanteil–Marktwachstums–Portfolios* wurden von verschiedenen Beratern und Unternehmen weitere Konzepte als Analyse- und Planungsinstrumente entwickelt. Diese Portfolio–Konzepte beziehen vor allem weitere Dimensionen in die Darstellung mit ein. Das strategische

Problem wird nicht mehr allein auf die Größen „Marktwachstum“ und „relativer Marktanteil“ reduziert.

Bei dem *Marktattraktivitäts-Geschäftsfeldstärken-Portfolio* (vgl. Abb. 36), entwickelt von Mc Kinsey & Co. [36], handelt es sich um ein Raster, dessen Abszisse die „relativen Wettbewerbsvorteile“ (Stärken) der Unternehmung mit Bezug auf den stärksten Konkurrenten ausdrückt und dessen Ordinate durch die Marktattraktivität dargestellt wird. In dieses Raster, auf der Basis eines 9–Felderschemas, werden die strategischen Geschäftseinheiten mit dem Ziel eingeordnet festzulegen, welchen Bereichen welche Ressourcen zuzuweisen sind [37].

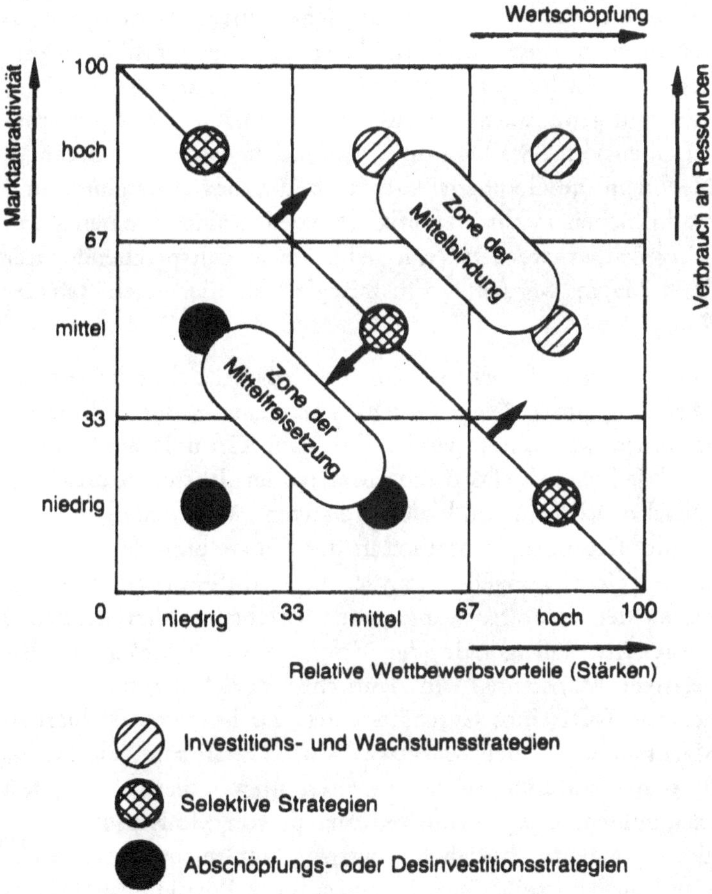

Abb. 36 Schema des Portfolio-Modells von McKinsey & Co.

Voraussetzung für die Erstellung dieser Portfolio–Matrix ist die Festlegung der Kriterien, anhand deren die Aussichten eines Marktsegments als günstig oder ungünstig in bezug auf ein Gewinn- oder Wachstumspotential und die Position der strategischen Geschäftseinheit im Marktsegment als stark oder schwach beurteilt werden können [38].

Das Marktanteils–Marktwachstums–Portfolio und das Marktattraktivitäts–Geschäftsfeldstärken–Portfolio sind statische Augenblicksaufnahmen, die das Alter der Geschäftsfelder nur indirekt, nämlich im Marktanteil oder im Wettbewerbsvorteil erfassen. Will man aber die Umweltrisiken und die Unternehmensrisiken im Gleichgewicht halten, muß darauf geachtet werden, daß stets genügend neue Produkte entwickelt werden und daß nie zu viele alter Bereiche einem kostenspieligen Relaunch unterzogen werden. Das *Markt–Produktlebenszyklus–Portfolio*, entwickelt von Arthur D. Little [39], versucht dieses Gleichgewicht zu berücksichtigen, indem neben der Dimension „Wettbewerbsstellung" die Dimension „Stellung im Produktlebenszyklus" herangezogen wird. Nachdem die Geschäftsfelder nach Wettbewerbsstellung und Stellung im Produktlebenszyklus klassifiziert worden sind, können sie in eine Matrix eingeordnet werden (vgl. Abb. 37). Entsprechend ihrer Position in dieser Matrix werden Normstrategien für die Geschäftsfelder abgeleitet [40].

Die zahlreichen weiteren Vorschläge zur Portfolio–Methodik betonen meist andere Aspekte, unter denen Geschäftsbereiche in einem diversifizierten Unternehmen betrachtet werden können. Grundlage all dieser Überlegungen ist jedoch die Portfolio–Matrix der Boston Consulting Group, die Marktwachstum und den relativen Marktanteil in den Vordergrund stellt. Die übrigen Methoden der Darstellung als Portfolio basieren auf diesen Überlegungen. Analysen des PIMS–Programms und auch Ergebnisse der Untersuchung von Erfahrungskurven haben empirisch abgesichert, daß gerade die Erfolgsfaktoren „Marktwachstum" und „relativer Marktanteil" in deutlicher Beziehung stehen zum Cash-flow und zum ROI eines Geschäftsfeldes. Zu beachten ist hierbei, daß sowohl Marktanteil als auch Marktwachstum Daten sind, die bereits eine Vielzahl von Einflußfaktoren enthalten bzw. diese zumindest indirekt berücksichtigen. Das Portfolio–Konzept von Mc Kinsey & Co. und verwandte Konzepte beziehen dagegen zahlreiche strategische Variablen in das Portfolio selbst ein. Damit soll die Positionierung eines Geschäftes im Portfolio differenziertere Aussagen erlauben als beim

Wettbewerbs-stellung	Stellung im Produkt-Lebenszyklus Embryonal	Wachsend	Reif	Alternd
Dominierend	Marktanteil entschieden erhöhen; Stellung halten	Stellung halten; Marktanteil halten	Stellung halten; mit Branche wachsen	Stellung halten
Stark	Stellung verbessern; Marktanteil entschieden erhöhen	Stellung verbessern; Marktanteil erhöhen	Stellung halten; mit Branche wachsen	Stellung halten oder abbauen
Günstig	Marktanteil selektiv oder überall erhöhen; Stellung selektiv verbessern	Stellung verbessern; Marktanteil selektiv erhöhen	Stellung schützen oder halten; Nische finden u. schützen	Abbau; schrittweiser Rückzug
Dürftig	Stellung selektiv verbessern	Nische finden und schützen	Schrittweiser Rückzug oder Nische finden;	Schrittweiser Rückzug oder Aufgabe
Schwach	Verbessern oder Aufgabe	Verbessern oder Aufgabe	Verbessern oder kontrollierter Rückzug	Aufgabe

Abb. 37 Schema des Portfolio-Modells von Arthur D. Little

Konzept des Marktanteil–Marktwachstums–Portfolios. Diese Portfolio–Modelle sollten daher primär als Ergänzung zu den Aussagen des Portfolios der Boston Consulting Group herangezogen werden.

1.4 Ableitung der Unternehmensstrategie

Die Ableitung der *Unternehmensstrategie* und damit die Aufstellung eines Ziel–Portfolios ist ein *kreativer Prozeß*, der sich im Rahmen und aufbauend auf der systematischen Analyse der externen Chancen und Risiken, internen Stärken und Schwächen, Wertvorstellungen und gesellschaftlichen Rahmenbestimmungen der Unternehmung vollzieht [41]. Aufgabe der strategischen Planung ist es somit, die *Unternehmensressourcen* mit den *Unternehmenszielen und -chancen* in Einklang zu bringen. Die Ableitung der Unternehmensstrategie erfolgt also vor dem Hintergrund des Zielsystems der Unternehmung.

1.4.1 Strategische Alternativen

Die Ist–Matrix für das Portfolio der Unternehmung zeigt die Verteilung der strategischen Geschäftsfelder auf verschiedene Portfoliofelder. Je nach ihrer Lage in der Matrix ergeben sich für die strategischen Geschäftseinheiten unterschiedliche *Normstrategien*, d.h. unterschiedliche strategische Stoßrichtungen. Diese Normstrategien greifen auf zahlreiche Konzepte der Marketinglehre zurück.

Investitionsstrategien [42]: Bei Question Marks, d.h. bei strategischen Geschäftsfeldern in Märkten mit hohem Marktwachstum, aber niedrigem relativem Marktanteil, müssen alle Chancen genutzt werden, den Marktanteil zu steigern. Dazu sind zum einen hohe Investitionen erforderlich, zum andern müssen die entsprechenden Marketingstrategien konsequent und offensiv verfolgt werden. Solange das Marktwachstum anhält, kann eine Erhöhung des Marktanteils mit geringerem Risiko erfolgen als in weniger stark wachsenden Märkten. Sind in einem Unternehmen mit knappen Ressourcen mehrere Nachwuchsprodukte vorhanden, so müssen die Geschäftsfelder ausgewählt werden, mit denen es möglich ist, überdurchschnittliche Wachstumsraten zu erreichen.

Wachstumsstrategien: Bei Stars, also bei Geschäftsfeldern mit hohem Marktwachstum und hohem relativem Marktanteil, müssen Marketinganstrengungen darauf gerichtet sein, eine solide Wettbewerbsposition aufzubauen und Konkurrenzunternehmen vom Eintritt in dieses Marktsegment abzuhalten. Generelle Strategie ist somit die Verteidigung der Marktführerschaft. Damit wird der relative Kostenvorteil für die Zukunft erhalten, auch wenn kurzfristig geringere Ergebnisse und weitere Finanzmittelzufuhr in Kauf genommen werden müssen [43].

Abschöpfungsstrategien: Cash Cows, d.h. Marktführer in Märkten mit geringem Wachstum, bringen die höchsten gegenwärtigen Einnahmeüberschüsse. Ein Anteil dieser strategischen Geschäftsfelder in Höhe von 40–60% ist eine gute Basis für eine langfristig angelegte Sicherung des Finanzbedarfs der Wachstumsbereiche [44]. Die einfachste Strategie besteht darin, die Gewinnpotentiale der Geschäftsfelder durch Produktverbesserung, Rationalisierung usw., unter Ausnutzung der Erfahrungskurve abzuschöpfen. Ziel muß es sein, den Marktanteil zu halten, aber nicht, den Marktanteil durch Einsatz finanzieller Mittel auszubauen.

Desinvestitionsstrategien: Geschäftseinheiten in Positionen mit niedrigem Marktwachstum und niedrigem relativem Marktanteil sollten so gemanagt werden, daß sie für das Unternehmen keine Cash–Belastung darstellen. Kurzfristig kann versucht werden, durch kleinere operative Verbesserungen, Suche nach Marktnischen oder Ausschöpfung des Kostensenkungspotentials, diese Geschäftsfelder zu halten. Mittelfristig ist ein Rückzug aus dem Markt notwendig, wenn es nicht gelingt, die Cash-flow–Situation zu verbessern. Sonst binden diese Geschäftsfelder Ressourcen, die die Unternehmung an anderer Stelle, beispielsweise für die Strategien der Nachwuchsprodukte, gewinnbringender einsetzen kann.

Der nächste Schritt in der Verwirklichung des Ziel–Portfolios besteht in der *Entwicklung strategischer Alternativen* auf Basis der Normstrategien, denn die Normstrategie gibt lediglich die grobe Richtung der strategischen Planung an. Zur Verwirklichung der Normstrategien müssen somit Konzepte erarbeitet und in konkrete Strategien übersetzt werden. Die strategische Planung hat dabei den Charakter einer Grobplanung und zeichnet sich insbesondere durch hohe Kreativität aus. Art, Gestaltung und Intensität der einzusetzenden Instrumente werden grob erarbeitet, um Möglichkeiten der Zielrealisierung zu überprüfen und um den Kosten- und Erlösrahmen abstecken zu können.

1.4.2 Bewertung und Auswahl der zu realisierenden Strategie

Nach der Analyse des Ist–Portfolios und der Entwicklung strategischer Alternativen ist es erforderlich, eine *Bewertung der Strategien* vorzunehmen und diejenige Strategie auszuwählen, die den Zielvorstellungen am ehesten entspricht. Vor allem ist zu überprüfen, ob die Wachstumsmöglichkeiten des Unternehmens erfaßt und ob diese mit den Ressourcen des Unternehmens abgestimmt sind. Langfristiges Wachstum der Unternehmung und langfristige Sicherung der Unternehmensrentabilität sind nur dann möglich, wenn bereits frühzeitig die entsprechenden Strategien erarbeitet und Maßnahmen für die Zukunftssicherung geplant werden. Daher stehen bei der Bewertung und Auswahl von Strategien zunächst zwei Fragen im Vordergrund:

- Stehen dem Unternehmen genügend aussichtsreiche Question Marks zur Verfügung oder muß das *Unternehmenswachstum* außerhalb des Portfolios gesichert werden, indem neue, aussichtsreiche Tätigkeitsbereiche identifiziert und aquiriert werden?

– Stehen zur Zeit genügend Cash Cows zur Verfügung, um die *Finanzierung des Unternehmenswachstums* sicherzustellen und sind auch entsprechende Stars vorhanden, die in Zukunft den benötigten Cash-flow erwirtschaften können?

Diese Bedingungen sollten alle strategischen Alternativen erfüllen, da nur so langfristig die Rentabilität des Unternehmens gesichert werden kann. Die eigentliche *Bewertung und Auswahl* der zu realisierenden Alternative ist der schwierigste Schritt im Prozeß der Strategieformulierung. In der Literatur gibt es nur sehr wenige und meist recht abstrakte Aussagen über Möglichkeiten der Bewertung und Auswahl von Unternehmensstrategien. Häufig werden als Anhaltspunkte lediglich einige wesentliche Fragestellungen angesprochen. In der Praxis erfolgt die Auswahl der zu realisierenden Strategie zwar auf Basis einer detaillierten Analyse, die eigentliche Auswahl erfolgt jedoch rein intuitiv, da geeignete *Auswahlverfahren* nicht zur Verfügung stehen. Lediglich Deckungsbeitrags- und Renditerechnungen, d. h. Werte wie absoluter und relativer *Deckungsbeitrag, Umsatzrendite* oder *Kapitalrendite* werden als Maßstab herangezogen [45]. Unabdingbar ist jedoch, neben diesen Größen finanzanalytische Werte wie *Cash-flow* und *Geldsaldo* [46] zu berücksichtigen, um die Finanzierbarkeit der Strategien als Entscheidungsgrundlage mit einzubeziehen. Doch auch diese Werte erlauben letztlich keine eindeutige Auswahl der Strategie, die der Zielsetzung des Unternehmens am ehesten entspricht. Nicht beachtet wird beispielsweise, wie nachhaltig die entsprechenden *Wettbewerbsstellungen* abgesichert sind, ob zur Verfügung stehende *Kapazitäten* ausgelastet werden, ob *Erfahrungseffekte* hinreichend genutzt werden und welche *Synergie-* bzw. *Substitutionseffekte* zum Tragen kommen.

Um die Vielzahl der verschiedenen Aspekte berücksichtigen zu können, ist es erforderlich, einen möglichst umfassenden *Kriterienkatalog* zu erarbeiten und diese Kriterien entsprechend ihrer Bedeutung zu gewichten. Aufgrund von *Expertenurteilen* kann anhand einer Meßskala dann bewertet werden, inwieweit die Alternativen den Anforderungen des jeweiligen Kriteriums entsprechen, m.a.W. jeder Alternative wird je Kriterium eine bestimmte Punktzahl zugeordnet, gemessen an dem Ausmaß, in dem es die Anforderungen erfüllt. Die gewichteten Punktzahlen werden zu einem Punktwert zusammengefaßt, wodurch eine Aussage über die Vorteilhaftigkeit einer Alternative in Relation zu den übrigen möglich wird. Diese Vorgehensweise entspricht der eines *Scoring-Modells* [47]. Die Wahl geeigneter Kriterien und deren Gewichtung ist somit Ausgangspunkt der Bewertung und bestimmt weitgehend die Aussagefähigkeit des Modells.

1.4.3 Ziel–Portfolio der Unternehmung

Nach der Erarbeitung der Einzelstrategien werden die Strategie und die angestrebte Positionsänderung aller strategischen Geschäftsfelder im *Ziel-Portfolio* dargestellt (vgl. Abb. 38) [48].

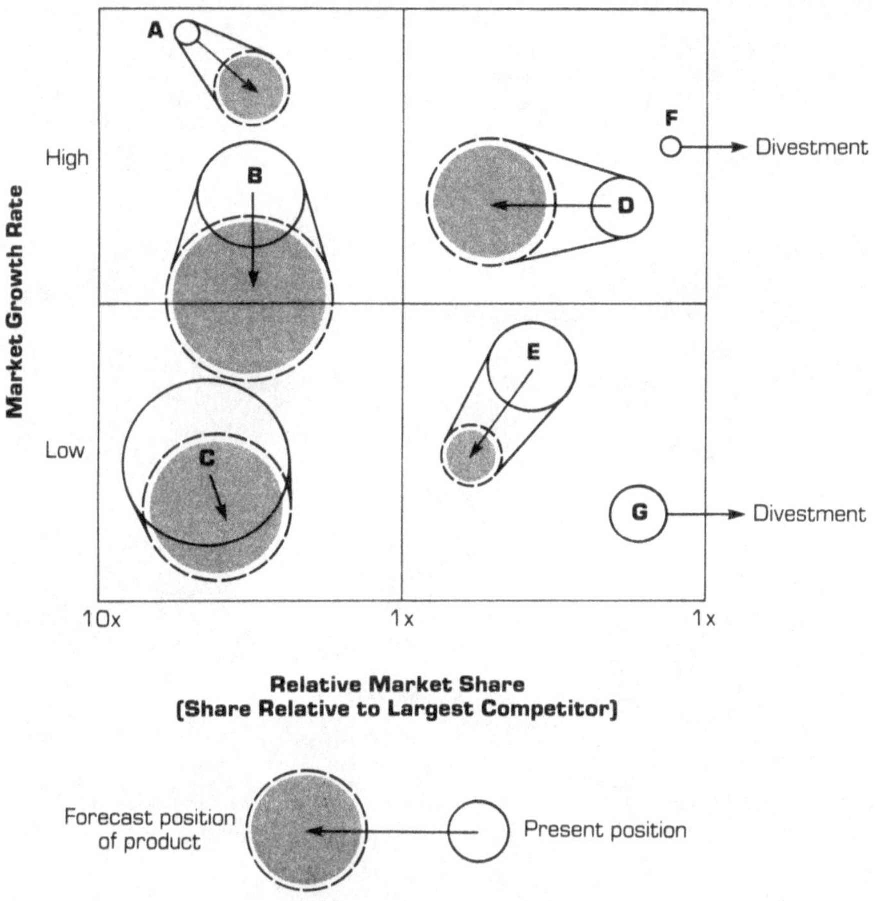

Abb. 38 Strategisches Ziel-Portfolio einer Unternehmung

Auf der Basis der verabschiedeten Grobstrategie und der Festlegung des Ziel-Portfolios erfolgt die Planung der *Detailstrategien* und die *Maßnah-*

menplanung der Funktionalbereiche. Eng integriert in die Realisation und Umsetzung der Strategien ist eine laufende *Kontrolle und Überprüfung* aller Einflußfaktoren. Änderungen in der Umwelt der Unternehmung, im Verhalten der Wettbewerber, in den Ressourcen der Unternehmung oder mangelnde Realisierbarkeit der verabschiedeten Strategien erfordern u.U. eine Revision der Strategien bzw. eine Modifizierung der Politiken und Maßnahmen der Funktionalbereiche.

2. Fallbeispiel 1: Wachstumsstrategie eines erfolgreichen Technologie-Unternehmens in der Halbleiterindustrie

2.1 Einleitung

Intel in Kalifornien wurde 1969 gegründet. Das junge Unternehmen trat durch bahnbrechende Technologie- und Produkt-Innovationen hervor, insbesondere die frühe Massenfertigung von Halbleiter-Schreib/Lesespeichern und die Erfindung von frei programmierbaren komplexen Logikschaltungen, sogenannten Mikroprozessoren.

Ebenso hervorhebenswert ist der wirtschaftliche Erfolg des Unternehmens. Intel erzielt eine überdurchschnittlich hohe Eigenkapitalrendite von mehr als 35% und konnte das bisherige Wachstum auf über eine halbe Mrd. Dollar Umsatz weitgehend aus dem erwirtschafteten Cash-flow finanzieren.

Wie konnte dieser Erfolg trotz langjähriger scharfer Konkurrenz gegen erfolgreiche multinationale amerikanische, japanische und europäische Elektronikkonzerne errungen werden? Viele Wettbewerber verfügen über wesentlich größere finanzielle Ressourcen und betreiben einen höheren Forschungsaufwand. Darüber hinaus können häufig erhebliche zusätzliche Mittel aus staatlichen Forschungsfonds mobilisiert werden.

Intels wirtschaftlicher Erfolg kann nicht allein auf das technologische Potential des Unternehmens zurückgeführt werden, wie der weit geringere wirtschaftliche Erfolg anderer technologisch motivierter Halbleiterfirmen (z. B. FCI) zeigt. Ebenso wichtig erscheint die von Anfang an geplante und erfolgreich umgesetzte Unternehmensstrategie. Intels Strategie in einer außerordentlich wettbewerbsintensiven und innovativen Industrie kann u.a. auf eine Reihe wichtiger strategischer Konzepte zurückgeführt werden, insbesondere die Erfahrungskurvendynamik, die strategische Geschäftsfeldsegmentierung, das Portfolio-Management und die geplante Technologie-Ablösung.

Das Konzept der Erfahrungskurve eignet sich bekanntlich für die Strategie-Entwicklung in Industrien mit hohen Wachstumsraten, hoher Wertschöpfung in der Produktion von Serienprodukten, produktspezifischen Fertigungskapazitäten und hoher Preiselastizität der Nachfrage.

Segmentierungsstrategien können besonders erfolgreich angewendet werden, wenn spezifische Produkteigenschaften für die Kaufentscheidungen bestimmend werden, große Unterschiede in der Produktauslegung zwischen einzelnen Produktfamilien existieren und die Marketing- und Servicekosten im Verhältnis zum Preis wesentlich sind.

Das Konzept des Portfolio-Managements kann bei knappen Finanz- und Managementressourcen und einer Vielzahl von potentiellen zukünftigen Wachstums-Alternativen mit großem Erfolg angewendet werden.

Eine Strategie der aktiven technologischen Innovation eignet sich bei hohem „Know-how" – und Patentbarrieren in Entwicklung und Produktion und größeren Umrüstkosten auf der Seite der Kunden beim Übergang auf eine konkurrierende Technologie.

Die Auswirkungen dieser Konzepte können zu wesentlichen Kostenvorteilen gegenüber dem Wettbewerb führen. Eine Analyse könnte dazu beitragen den bisherigen wirtschaftlichen Erfolg gegenüber vielfach größeren Firmen verständlich zu machen.

2.2 Erfahrungskurvendynamik

Bei einer wirtschaftlichen Massenfertigung von komplexen Halbleiterbausteinen spielen die ausbeuteabhängigen Produktionskosten und die Amortisierung der Entwicklungskosten eine Rolle.

Die Herstellungskosten komplexer „Chips" hängen – bedingt durch die gleichzeitige Fertigung vieler „Chips" in einem vielstufigen Prozeß – von der sogenannten Ausbeute ab, d.h. dem Anteil funktionsfähiger „Chips", die erst gegen Ende des gesamten Herstellungsprozesses ermittelt werden. Die Entwicklung der Ausbeute eines komplexen „Chips" kann durch das Gesetz der Lernkurve beschrieben werden. Ein realistisches Beispiel zeigt die folgende Entwicklung (Abb. 39).

Diese Kurve muß im Prinzip von jedem Wettbewerber durchlaufen werden und hat zur Konsequenz, daß die Nachsteller erfolgreicher Mikroprozessor- oder Halbleiterspeicher-„Chips" mehrfach höhere Herstellkosten haben können als der Marktführer.

Der zweite wichtige Kostenfaktor betrifft die Amortisierung der Entwicklungskosten über den Lebenszyklus eines Produktes. Der technologische

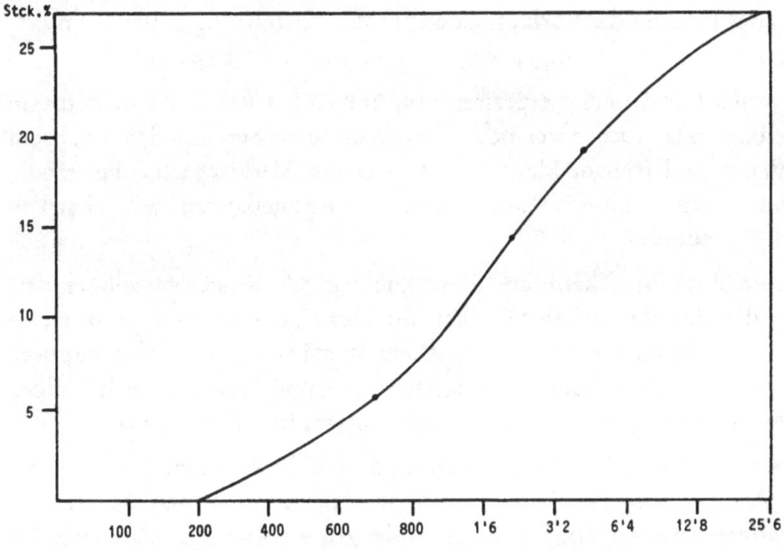

Abb. 39 Abhängigkeit der Ausbeute von der produzierten Menge

Fortschritt in der Massenproduktion ermöglicht die wirtschaftliche Herstellung immer komplexerer „Chips". So können neue „Standard"-Mikroprozessoren mit etwa der 10-fachen Leistung im Generationsrhythmus von etwa drei Jahren in die Massenfertigung überführt werden. Mit wachsender

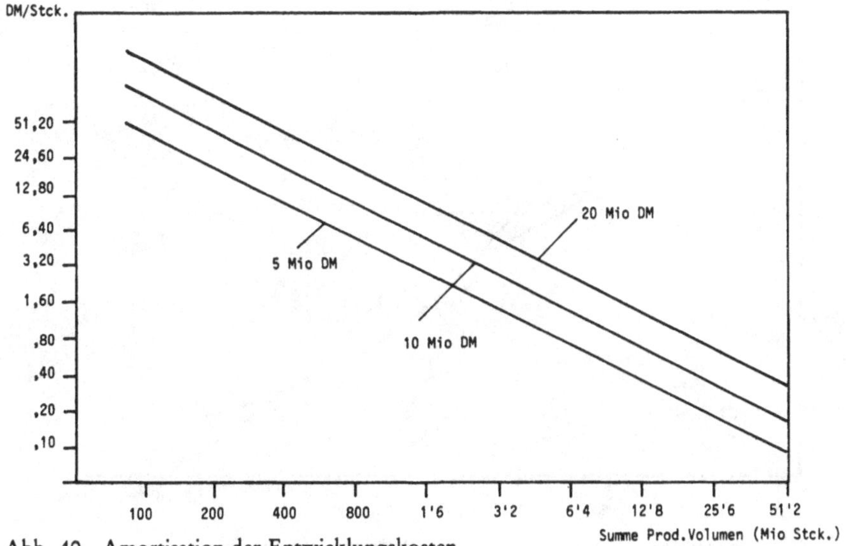

Abb. 40 Amortisation der Entwicklungskosten

Komplexität können die Vorlaufkosten für die Einführung neuer Produktfamilien auf Größenordnungen von über 10 Mio DM anwachsen.

Bei typischen Großabnehmerpreisen von nur 25 bis 100 DM pro Baustein werden dann nur noch zwei oder drei Wettbewerber mit den höchsten Marktanteilen und frühem Markteintritt in einem Marktsegment die ständig wachsenden Entwicklungs- und Markteinführungskosten wirtschaftlich rechtfertigen können.

Der Marktführer Intel kann aus dieser Sicht große Kostenvorteile erwirtschaften, die ohne kurzfristige Gefährdung der eigenen hohen Rendite eine aggressive Preispolitik ermöglichen. Viele Wettbewerber werden dadurch von der direkten Konfrontation abgeschreckt und weichen nach einigen schlechten Erfahrungen in weniger hart umkämpfte Nischen aus.

Eine Preispolitik mit dem Ziel, die eigenen Stückkostenvorteile zur strategischen Absicherung der Marktanteile an den Kunden weiterzureichen, kann weitere positive Folgen haben. Die große Nachfrageelastizität bei Massenprodukten der Halbleiterindustrie führt bei entsprechender Preisentwicklung häufig zu einer erheblichen Marktausweitung.

In Abbildung 41 werden die Preise für einzelne Produktgenerationen bei Halbleiterschreiblesespeichern wiedergegeben.

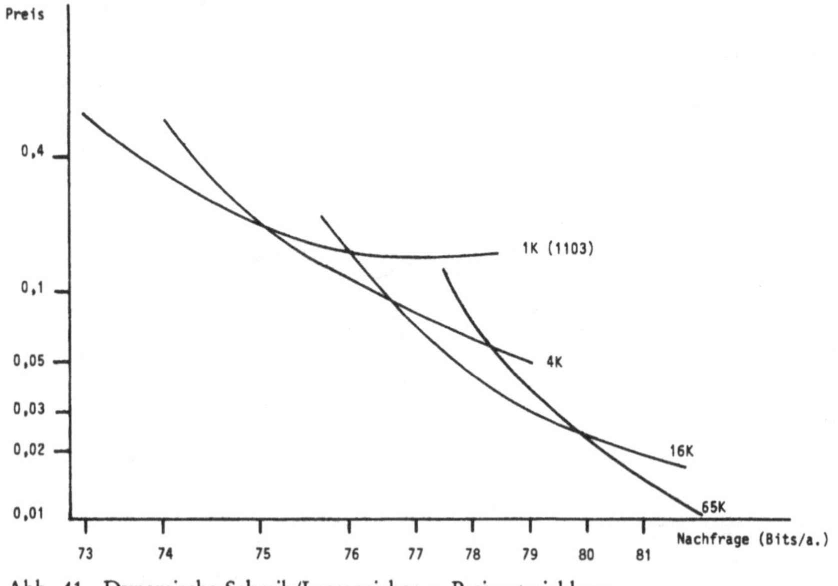

Abb. 41 Dynamische Schreib/Lesespeicher – Preisentwicklung

Bei dieser Betrachtung wird die Tragweite einer „Erfahrungskurven-Preispolitik" deutlich. Wir möchten aber gleichzeitig betonen, daß diese Zusammenhänge nicht unkritisch auf andere Industrien übertragen werden dürfen.

2.3 Strategische Geschäftsfeldsegmentierung

Wie kann Intel verhindern, in einem Markt mit über 50% jährlichem Wachstum die führende Position mit etwa 80% Marktanteil (8 bit Mikroprozessoren) zu verlieren? Können nicht finanzstarke Konzerne erfolgreich Intel-Produkte nachbauen und durch eine rigorose Dumpingpolitik Fuß fassen? Wie kann Intel das Vordringen von Spezialisten kontrollieren, die immer neue Marktnischen erschließen?

Intel muß die bisherige Profitabilität aufrechterhalten, um in einer zunehmend kapitalintensiveren Industrie bestehen zu können und die bisherige finanzielle Unabhängigkeit auch zukünftig zu erhalten.

Intels Segmentierungsstrategie zur Abwehr dieser Bedrohung stützt sich auf mehrere Stärken. Besonders hervorhebenswert gegenüber dem Wettbewerb ist die Fähigkeit, frühzeitig neue Produktionstechnologien für die Massenfertigung hochintegrierter Bausteine zu beherrschen. Als Folge des hohen Marktanteils bei komplexen Mikroprozessorsystemen verfügt Intel über das größte Software-Know-how bei volumenstarken Anwendungen. Schließlich kann Intel eher als der Wettbewerb spezialisierte Mikroprozessorbausteine für wichtige Teilfunktionen vermarkten. Im folgenden sollen diese Aspekte noch etwas weiter diskutiert werden.

Intel verfügt über ein überlegenes technologisches Prozeß-Know-how in der Massenfertigung komplexer Mikroprozessorchips. Auf dieser Erfahrungsbasis konnten ständig komplexer werdende Chips mit ein- bis zweijährigem Vorsprung vor dem Wettbewerb produziert und vermarktet werden.

Für den Kunden bietet die Anwendung komplexerer Chips eine Reihe von Vorteilen, insbesondere eine Verringerung der Komponentenzahl pro Mikrocomputer-System. Der Kunde kann leistungsfähigere Endgeräte mit kleinerem Volumen herstellen. Der elektrische Leistungsbedarf – ein wichtiger Aspekt für die Kosten des Netzteils – sinkt bei gleichzeitiger Erhöhung der Systemzuverlässigkeit. Die Verbesserung der Eigenschaften des Endprodukts gehen mit insgesamt niedrigeren Bauelementekosten pro System einher.

Ein anderer wesentlicher Aspekt betrifft die Softwarekosten einer Mikroprozessor-Anwendung. Durch den Einsatz komplexerer Mikroprozessoren wird eine Programmierung in höheren Sprachen möglich. Die Kosten für die Programmentwicklung und -wartung beim Anwender können wesentlich reduziert werden.

Die Anwender von Mikroprozessoren haben sehr unterschiedliche Anforderungen an die idealen Spezifikationen eines Prozessors. Typische Unterschiede betreffen die notwendige Programmlänge, den benötigten Raum für die Datenpufferung, Geschwindigkeit der Verarbeitung, Mächtigkeit des Befehlssatzes, die verarbeitete Wortlänge usw. Ein typischer Anwender wird mehrere Konkurrenzmodelle untersuchen und den Prozessor mit dem besten Preis/Leistungs-Verhältnis für die fragliche Anwendung auswählen.

Die Kundensegmentierung gibt Intel eine Möglichkeit, die führende Marktposition zu konsolidieren (Abb. 42).

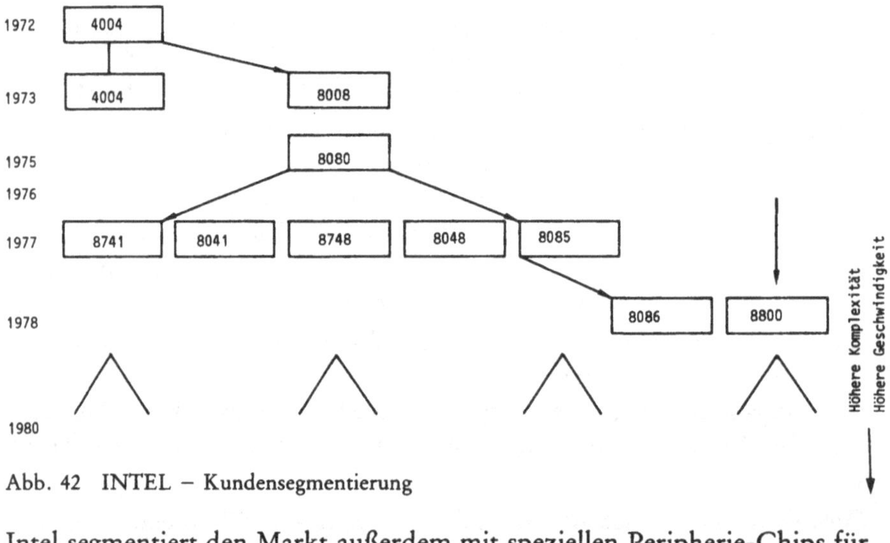

Abb. 42 INTEL – Kundensegmentierung

Intel segmentiert den Markt außerdem mit speziellen Peripherie-Chips für spezifische Anwendungen, z. B. für die Steuerung von Terminals oder die Datenübertragung über Fernsprechleitungen usw. Diese Spezialchips sind teilweise noch komplexer als Standard-Prozessoren.

In diesem segmentierten Markt liegt der Wert hoher Marktanteile nahe. Nur die volumenstarken Wettbewerber können die hohen Entwicklungskosten amortisieren und ausreichende Ausbeuten in der Produktion erreichen. Die Marketingkosten von Spezialchips, die innerhalb eines Familienkonzepts vertrieben werden, sind bedeutend niedriger.

Die Eintrittsbarrieren für neue Wettbewerber wachsen beträchtlich an. Sie erfordern hohe Vorleistungen für die Markteinführung eines glaubwürdigen Minimalprogramms. Die möglichen Umsätze in den ersten drei bis vier Jahren sind dagegen eingeschränkt, da der Einsatz neuer Mikroprozessorbausteine fast immer mit der Neuentwicklung und Markteinführung völlig neuer Endgeräte einhergeht.

2.4 Portfolio-Management

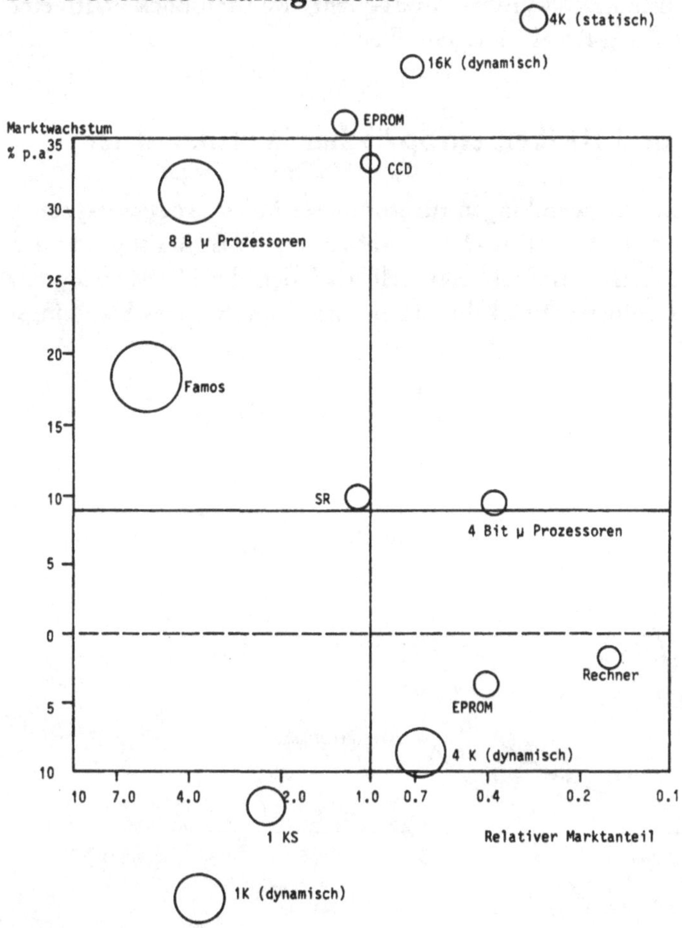

Abb. 43 INTEL 1976 – Portfolio

Intel verfügt in vielen Produktlinien im Vergleich zu den jeweiligen Marktführern über eine starke Position. Eine genauere Betrachtung in der bekannten von der Boston Consulting Group entwickelten Matrix zeigt allerdings, daß 1976 bei einigen schnell wachsenden Produktlinien, wie bei sogenannten dynamischen 16 K RAMS gegenüber Mostek und bei statischen 4 K RAMS gegenüber AMD noch keine führende Position errungen war.

Später hat Intel eine Strategieentscheidung gegen das Geschäft mit dynamischen 16 K RAMS und für einen Ausbau der Marktführung bei programmierbaren Festspeichern (EPROM) gefällt. Die Marktpositionen bei alten Produktlinien werden konsequent im Hinblick auf eine Maximierung des Cash-flows „ausgemolken".

2.5 Chancen und Risiken europäischer Wettbewerber

Die frühesten Massenanwendungen für komplexe Mikroprozessorsysteme entstanden in der elektronischen Datenverarbeitung, z. B. bei sogenannten intelligenten Terminals. Hierbei zeigt sich, daß sich die US-Märkte etwa drei bis fünf Jahre früher entwickeln und ein insgesamt höheres Sättigungs-

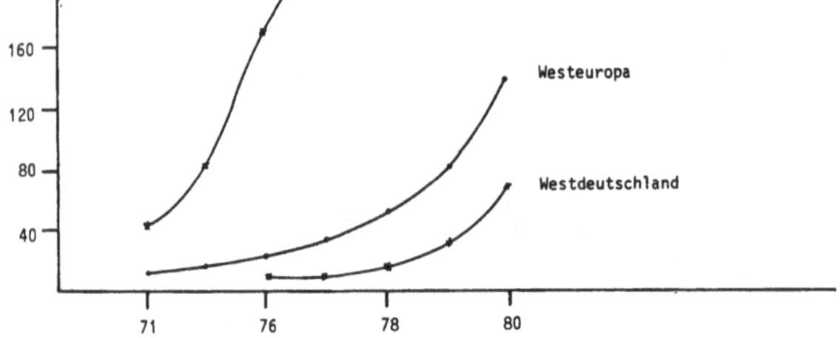

Quelle: IDC

Abb. 44 Markt für programmierbare Terminals

niveau erreichen als die westeuropäischen Märkte, die außerdem häufig national segmentiert sind.

Einige bekannte US-Produzenten beherrschen die wichtigsten Endgerätemärkte mit Weltmarktanteilen zwischen 30 und 70%.

Für europäische Wettbewerber können sich dadurch wesentliche strategische Nachteile ergeben, wie die folgende fiktive Betrachtung für einen volumenstarken Mikroprozessorbaustein zeigt:

	USA	Westeuropa
Marktpotential (Mio Stück)	5.0	1.0
Marktanteil US-Produzent	50%	40%
Marktanteil europ. Produzent	–	20%
Absatzpotential US-Produzent (Mio Stück)	2.5	0.4
Absatzpotential europ. Produzent (Mio Stück)	–	0.2

Die dadurch bedingten Mehrkosten bei der Amortisierung der Entwicklungskosten und den ausbeuteabhängigen Produktionskosten können, wie eine weitergehende Rechnung zeigen würde, 40 bis 50% des Endverkaufspreises erreichen. Diese Betrachtung kann erklären, warum in den letzten Jahren europäische Hersteller relativ erfolglos waren. Dagegen könnten sich im Verlaufe der 80er Jahre neue volumenstarke Märkte für Mikroprozessoranwendungen entwickeln, die auch Europäern eine Chance für die Entwicklung spezialisierter Systeme bieten, so bestimmte Bereiche in der Konsumelektronik, der Motorelektronik bei Kfz. und die Elektronisierung der Nachrichtentechnik.

Insgesamt hoffen wir, daß diese kurze Betrachtung deutlich werden ließ, wie eine relativ kleine Spezialfirma in einer wettbewerbsintensiven Wachstumsindustrie profitabel wachsen kann. Das Verständnis der wirtschaftlichen Zusammenhänge und der Dynamik der Märkte und darauf aufbauend die „richtige“ Strategie erweisen sich neben der technologischen Exzellenz dieser Firma als Grundlagen des Erfolgs.

3. Fallbeispiel 2: Marketing- und Unternehmenskonzeption der Brauerei Diebels KG

Die Brauerei Diebels ist eine überregional anerkannte Brauerei, die sich im Laufe der Zeit von einer Sortimentsbrauerei zu einer Spezialbier-Brauerei entwickelt hat. Im Jahre 1970[1] betrug der Anteil des Absatzes an „Diebels-Alt" am Gesamtabsatz der Brauerei bereits 85%. Bedingt dadurch hat die Brauerei ein regional orientiertes Absatzgebiet, in dem „Diebels Alt" jedoch eine gefestigte Position einnimmt.

Aufgabe der durchgeführten Untersuchung war es, für die Brauerei Diebels ein geschlossenes Konzept vorzulegen, das geeignet ist, Existenz und Gewinn dieser Brauerei mittel- und langfristig zu sichern. Als grundlegende Lösung dieser Fragestellung wurde das Konzept einer Unternehmens- und Marketingpolitik entwickelt, das auf 3 Säulen aufbaut: Altbier-Spezialisten-Strategie, Kooperations-Strategie für das Pilsbier-Geschäft und Diversifikations-Strategie.

3.1 Marktstruktur und Marktentwicklung

Aufgrund der Marktentwicklung der letzten Jahre ist davon auszugehen, daß sich das Wachstum des gesamten Biermarktes voraussichtlich in den nächsten Jahren erheblich verlangsamt. Besonders in den letzten 5 Jahren ist das Stagnieren des Gesamtbiermarktes deutlich hervorgetreten. Wie aus Tab. 17 zu ersehen ist, ist der Verbrauch an alkoholfreien Erfrischungsgetränken in den Jahren 1965–1969 enorm angestiegen. Der Pro-Kopf-Verbrauch an alkoholfreien Getränken ist allein von 1963 bis 1969 um 49,8% gestiegen, während im gleichen Zeitraum der Verbrauch an alkoholischen Getränken um 20,6% zunahm. Die Verbrauchszunahme in diesem Zeitraum an Bier betrug 19,6%. Das Wachstum des Gesamt-Bier-Verbrauchs war also in den fünfziger Jahren wesentlich stärker als in den sechziger Jahren: Zwischen 1950 und 1955 konnte noch ein Zuwachs von 83% erreicht werden, zwischen 1955 und 1960 wurde ein Zuwachs von rd. 59% erreicht,

[1] Bei der Durcharbeitung des Fallbeispiels ist zu beachten, daß die Studie auf dem Erkenntnisstand von September 1971 aufbaut.

während in den Jahren 1960 bis 1965 die Steigerungsrate auf rd. 36% absank. In den letzten Jahren (1965 bis 1968) betrug die Steigerungsrate dann nur noch rd. 15%. Die Wachstumsraten des Bierkonsums werden – wie Prognosen zeigen – auch weiterhin rückläufig sein.

Tab. 17 Die prozentuale Zusammensetzung des Pro-Kopf-Getränkeverbrauchs der BRD für die Jahre 1960–1969

Jahre	Alkoholgetränke insgesamt	davon: Bier	Alkoholfreie Erfrischungsgetränke, insges.	Hausgetränke insgesamt	Gesamtkonsum
1960	26,0	22,3	8,6	65,4	100
1961	24,0	22,6	8,2	67,8	100
1962	24,6	23,1	8,6	66,8	100
1963	27,3	23,5	8,8	63,9	100
1964	28,4	24,5	9,5	62,1	100
1965	29,3	24,5	9,2	61,5	100
1966	29,4	25,1	10,2	60,4	100
1967	29,4	25,2	11,1	59,6	100
1968	29,3	25,0	10,8	59,9	100
1969	29,1	24,0	12,6	58,3	100

Quelle: 10. Statistischer Bericht des Deutschen Brauer-Bundes e.V., Bonn-Bad Godesberg, 1970

Ursächlich für den wachsenden Anteil von alkoholfreien Erfrischungsgetränken zu Lasten der alkoholischen Getränke und damit des Bieres sind vor allem veränderte Konsumgewohnheiten. Die Gesundheitswelle, die besonders einige Arten der alkoholfreien Getränke (z.B. Fruchtsäfte) in den Vordergrund rückt, ist in diesem Zusammenhang bedeutungsvoll. Die steigende Motorisierung in Verbindung mit den verschärften Verkehrsgesetzbestimmungen (Promillegrenze) hat den Verbrauch von alkoholfreien Getränken begünstigt. Ganz sicher hat auch die Qualitätsverbesserung der alkoholfreien Erfrischungsgetränke, wie auch das differenziertere Angebot, zur Expansion dieses Getränkesektors beigetragen. Weiterhin hat sich der Anstieg des frei verfügbaren Einkommens in den letzten Jahren günstig auf den Absatz der alkoholfreien Erfrischungsgetränke ausgewirkt.

Die voraussichtliche Entwicklung des Bierkonsums in der Bundesrepublik Deutschland in Mio hl insgesamt und in Liter pro Einwohner bis zum Jahre 1980 ist in Tab. 18 ausgewiesen.

Tab. 18 Voraussichtliche Entwicklung des Bierkonsums in der BRD in Mio. hl insgesamt und in Litern/Einwohner in den Jahren 1965–1980

Jahr	Ausstoß in Mio. hl	Wachstum in % gegenüber Vorjahr	Konsum in 1/E	E in Mio.
1965	78,1	1,1%		
1966	76,1	4,1%	125,9	53,633
1967	77,2	1,5%		
1968	79,1	2,4%		
1969	83,1	5,2%	137,1	60,592
		Prognosewerte		
1970	84,8	2,0%		
1971	86,4	1,8%		
1972	87,8	1,6%		
1973	89,2	1,5%		
1974	89,6	1,3%	146,1	62,004
1975	91,9	1,4%		
1976	93,1	1,3%		
1977	94,3	1,2%		
1978	95,4	1,1%		
1979	96,5	1,1%	152,0	63,311
1980	97,5	1,0%		

Quelle: Prognose der quantitativen und qualitativen Entwicklung des Biermarktes (erarbeitet von Roland Berger & Partner, München 1968, überarbeitete Fassung 1970)

Nach dieser Prognose sinken die Zuwachsraten von 2% im Jahre 1970 auf 1% im Jahre 1980 kontinuierlich ab. Bezogen auf das Jahr 1969 ist mit einem Ansteigen des Bierkonsums bis 1975 um 10,6% zu rechnen, bis 1980 um 17,3%. Das durchschnittliche jährliche Wachstum zwischen 1970 und 1975 beläuft sich auf 1,7%, zwischen 1975 und 1980 auf 1,2%. Der Pro-Kopf-Bierkonsum für das Jahr 1969 betrug 134,1 l. Für 1974 bzw. 1979 errechnet sich ein Cirka-pro-Kopf-Verbrauch von 146,1 l bzw. 152 l.

Der Konsum an alkoholfreien Erfrischungsgetränken wird sich demgegenüber weit positiver entwickeln. Der Prognose nach wird sich der Konsum von alkoholfreien Erfrischungsgetränken, d. h. also von Mineralwasser, Limonaden, Fruchtsaftgetränken und Fruchtsäften bis zum Jahre 1980 in etwa wie in Tab. 19 dargestellt entwickeln.

Die zu erwartenden durchschnittlichen Wachstumsraten auf dem Markt der alkoholfreien Erfrischungsgetränke sind demnach wesentlich interessanter als bei Bier. Sie werden bis 1980 immerhin zwischen 5% und 6% liegen.

Der Pro-Kopfverbrauch im Jahre 1970 von 66 Liter wird bis zum Jahre 1980 auf rd. 112 Liter steigen und sich damit fast verdoppeln.

Tab. 19 Voraussichtliche Entwicklung des Konsums an alkoholfreien Erfrischungsgetränken

Jahre	Konsum in 1.000 l	Steigerung in %	Konsum in l/E	E in Mio.
1970	4016000		66,0	60,8
1971	4276000	6,5		
1972	4545000	6,3		
1973	4833000	6,3		
1974	5129000	6,1		
1975	5439000	6,0	87,4	62,2
1976	5750000	5,8		
1977	6069000	5,6		
1978	6400000	5,4		
1979	6741000	5,3		
1980	7087000	5,1	111,5	63,5

Quelle: Quantitative Prognose und psychologische Untersuchung über qualitative Konsumtrends auf dem Markt alkoholfreier Erfrischungsgetränke (erarbeitet von Roland Berger & Partner, München, September 1971)

3.2 Differenzierung des Biermarktes

Starke Ausprägungen auf dem bundesdeutschen Biermarkt hat vor allem der Pilsbier-Trend. Stattgefunden hat hier vor allem ein starker Wechsel vom Export- zum Pilsbier; während Pils 1967 noch einen Anteil von 20% hatte, sind es im Jahre 1970 bereits 27% bezogen auf das gesamte Bundesgebiet. Der Export-Anteil ging im gleichen Zeitraum um 10% zurück. Die zunehmende Präferenz für Pils ist so stark, daß man im Vergleich dazu bereits von einer Stagnation der obergärigen Biertypen Alt und Kölsch sprechen kann.

Die „imagehebenden" Züge eines Spezialbieres, wie z.B. des Pilsbieres, sind für eine aktive Sortimentspolitik einer Brauerei bedeutungsvoll und werden von den Brauereien auch in zunehmendem Maße genutzt. Für den starken Anstieg des Pilsbier-Konsums in der Bundesrepublik Deutschland sind einzelne Regionen verantwortlich: Der Pilsbier-Anteil in Berlin beträgt z. B. 77%, in Norddeutschland stieg der Pilsbier-Anteil von 33% im Jahre 1967 auf 38% im Jahre 1969. Den stärksten Anstieg hat der Pilsbier-Anteil jedoch in Nordrhein-Westfalen zu verzeichnen, wo er inzwischen höher liegt als der Exportbier-Anteil. Die Entwicklung in der Sortenstruktur in Nordrhein-Westfalen wird im folgenden anhand von Ergebnissen eines Flaschenbier-Haushalts-Panels, einer kontinuierlichen Primärerhebung also, dargestellt (vgl. Tab. 20).

Tab. 20 Sortenstrukturentwicklung im Bereich des Flaschenbier-Haushaltskonsums in NRW für die Jahre 1967 bis 1970

Jahre	Sorten (in %)			
	Export	Pils	Alt/Kölsch	Summe
1967	52	34,5	13,5	100
1968	48	34,0	18,0	100
1969	41	37,5	21,5	100
1970	34	45,5	20,5	100

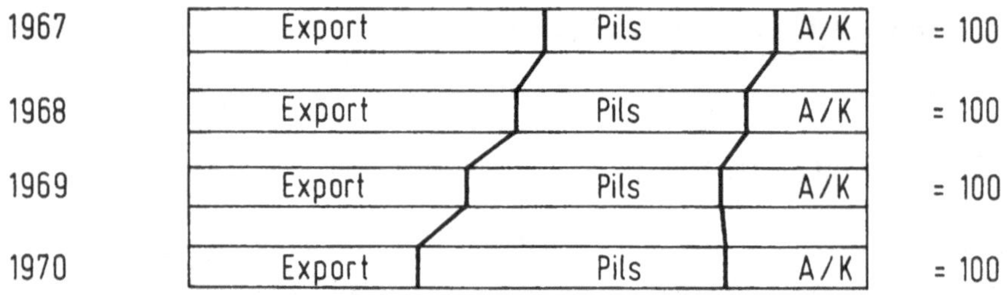

Das Marktpotential an obergärigem Bier hat sich bis 1968 kontinuierlich ausgedehnt; wie Tab. 21 verdeutlicht, trat jedoch bereits in den Jahren 1964 bis 1966 eine leichte Stagnation dieses Zuwachses ein.

Bemerkenswert ist, daß sich die Produktion obergäriger Biersorten immer stärker auf das Gebiet Nordrhein-Westfalen konzentriert: Im Jahre 1961 betrug der Anteil von Nordrhein-Westfalen am obergärigen Bier-Ausstoß 60,2%, im Jahre 1964 64,1% und im Jahre 1968 sogar 69,9%.

Die Frage, wie sich künftig der Konsum von obergärigem Bier weiterentwickeln wird, ist heute noch nicht schlüssig zu beantworten. Entscheidend ist, daß es bislang offensichtlich mehr eine Modeerscheinung als ein echter Trend war, dem die obergärigen Biere ihren Umsatzwachstum verdanken. Daraus resultiert zugleich die Notwendigkeit, für Brauereien von obergärigem Bier für diese Kategorie Bier einen eigenständigen und kontinuierlich entwicklungsfähigen Markt zu schaffen.

Tab. 21 Ausstoß an obergärigem Bier in der BRD und in NRW

	Bundesgebiet			NRW			Übriges Bundesgebiet		
Jahre	hl	Veränder. gegenüber Vorjahr %	Anteil am Gesamt-Bier-Ausst. %	hl	Veränder. gegenüber Vorjahr %	Anteil am obergärig. Bier-Ausst. %	hl	Veränder. gegenüber Vorjahr %	Anteil am obergärig. Bier-Ausst. %
1961	3.866.000	+17,9	6,5	2.327.629	+20.7	60,2	1.538.371	+13,6	39,8
1962	4.289.000	+11,7	6,9	2.646.878	+13,5	61,7	1.642.122	+ 6,7	38,3
1963	4.894.000	+14,3	7,4	3.070.660	+15,9	62,7	1.823.340	+11,0	37,3
1964	5.567.000	+13,4	7,7	3.565.766	+16,2	64,1	2.001.234	+ 9,8	35,9
1965	5.820.732	+ 4,6	8,0	3.774.901	+ 5,8	64,9	2.045.831	+ 2,2	35,1
1966	6.010.529	+ 3,3	7,9	3.952.663	+ 4,5	65,8	2.057.866	+ 0,6	34,2
1967	6.463.000	+ 7,5	8,3	4.362.000	+10,5	67,5	2.101.000	+ 2,5	32,5
1968	7.216.000	+11,5	9,1	5.045.000	+15,8	69,9	2.171.000	+ 3,2	30,1

3.2.1 Marktpotential an obergärigem Bier

Das Marktpotential für obergäriges Bier in Nordrhein-Westfalen ist relativ streng an bestimmte abgrenzbare Absatzgebiete gebunden. Das Absatzgebiet für „Kölsch" deckt sich hauptsächlich mit dem Einzugsbereich der Stadt Köln. Auf diesem Markt sind 22 Brauereien tätig, die 10% der nordrhein-westfälischen Bierproduktion und 32% des Ausstoßes an obergärigem Bier auf sich vereinen. Vom Wettbewerb auswärtiger Konkurrenten sind Brauereien in dieser Produktkategorie weitgehend isoliert, da „Kölsch" eine geschützte Herkunftsbezeichnung ist und nur von Unternehmen hergestellt werden darf, die ihren Sitz im Kölner Raum haben.

Im Gegensatz zu „Kölsch" ist „Alt" keine Herkunftsbezeichnung, sondern eine Gattungsbezeichnung. „Alt" kann insofern auch von Brauereien in anderen Gebieten hergestellt werden. Das eigentliche Absatzgebiet von „Alt" umfaßt jedoch hauptsächlich den Einzugsbereich der Stadt Düsseldorf, angrenzende niederrheinische Gebiete sowie Bestandteile des Ruhrgebietes. Hier sind insgesamt 46 Unternehmen tätig, die rd. 60% des Gesamtausstoßes an obergärigem Bier produzieren.

Die Düsseldorfer Brauereien versuchen vor allem, dieses klar abgegrenzte Absatzgebiet weiter auszudehnen und beziehen weite Teile des Ruhrgebietes, des Niederrheins bis zur holländisch-belgischen Grenze sowie das gesamte Münsterland und Sauerland in ihre Absatzbemühungen mit ein. Im besonderen versucht die Hannen-Brauerei, Willich, ihre Produkte auf nationaler Ebene schon seit dem Jahre 1966 zu vertreiben.

3.2.2 Marktentwicklung von obergärigem Bier

Man muß davon ausgehen, daß die zukünftigen Möglichkeiten für den Absatz von obergärigem Bier in einzelnen Absatzgebieten Nordrhein-Westfalens, insbesondere in Anbetracht der Ausweitung der „Pilswelle", begrenzt sind. Im Ruhrgebiet und in Westfalen dürfte sich der Marktanteil an obergärigem Bier auf höchstens 7–10% steigern lassen. Grund dafür sind die alteingeführten Pils- und Exportsorten, die in den Verbrauchsgewohnheiten sehr stark verwurzelt sind. Hinzu kommen starke lokalpatriotische Präferenzen, die gerade in diesen Gebieten besonders hervortreten und wenig Präferenzen für die obergärigen Biersorten entstehen lassen. Deshalb wird Altbier in diesen Gegenden hauptsächlich von einer relativ kleinen Gruppe von Verbrauchern als Spezialität nachgefragt, wie sich insbesondere aus Absatzmittlergesprächen deutlich ergeben hat.

Eindeutig kann festgestellt werden, daß in den Kernabsatzgebieten des „Kölsch" und „Altbieres" die Zuwachsraten an obergärigem Bier am größten waren, obwohl diese Sorten hier immer schon einen ziemlich hohen Marktanteil hatten. Man kann damit rechnen, daß sich diese Entwicklung in den Kernabsatzgebieten in der Zukunft auch fortsetzen wird.

Besonders im Ruhrgebiet und in Westfalen, wo sich das Pilsbier-Absatzgebiet und das Absatzgebiet für obergäriges Bier (besonders das Altbier) überlappen, hat sich in den Absatzmittlergesprächen gezeigt, daß das Altbier-Absatzpotential langsam vor der „Pilsbierwelle" zurückweichen muß. Auch konnte vereinzelt in den Kernabsatzgebieten des Altbieres ein Vordringen der „Pilsbierwelle" beobachtet werden. Einer Expansion des Absatzes von obergärigem Bier in Gebieten außerhalb der oben angegebenen Kernabsatzgebiete werden deshalb Grenzen gesetzt sein, wenngleich die Distribution besonders in den letzten beiden Jahren relativ stark auf nationaler Ebene zugenommen hat.

3.2.3 Vertriebswege für obergäriges Bier

Ungefähr 55% der mengenmäßigen Direktlieferungen der Brauereien in Nordrhein-Westfalen gehen an die Biergroßhändler. Damit haben diese hier eine wesentlich stärkere Position als in allen anderen Bundesländern. Ungefähr 1.700 der 4.500 deutschen Biergroßhändler haben in Nordrhein-Westfalen ihren Sitz (vgl. Bayern: 500). In den meisten Fällen sind sie in ihrer Sortiments- und Preisgestaltung frei und unabhängig und an keine bestimmte Brauerei ausschließlich gebunden. So setzt sich der Wettbewerb der Brauereien auf der Großhandelsstufe fort. Aufgrund der Schlüsselstellung im Biervertrieb der Brauereien üben die Bierhändler einen erheblichen Druck in bezug auf Preise und Konditionen auf die Hersteller aus.

In Nordrhein-Westfalen werden ungefähr 60% des Bierabsatzes von den Gastwirtschaften und knapp 30% vom Lebensmittelhandel und von Kiosken und „Stubenläden" getätigt, während der Rest von gut 10% auf den Heimdienst, auf Großverbraucher und Sonstige entfällt. Die Gaststätten befinden sich meist zu einem mindestens ebenso großen Anteil in Abhängigkeit von den Verlegern wie von den Brauereien. Obwohl die Bedeutung des Lebensmittelhandels bislang mit einem Anteil von 30% noch relativ gering ist, so ist doch mit einer größeren Bedeutung dieses Vertriebskanals in Zukunft zu rechnen, da dieser Bereich überproportional stark anwächst.

Tab. 22 Vertriebswege für Bier

Vertriebsweg	Absatzanteil
Gastwirtschaft	60%
Lebensmittelhandel	30%
Heimdienst und Großverbraucher	10%

Die Bedeutung des Biergroßhandels als Absatzweg für die Brauereien steigt mit ihrer Größe. So gehen bei den „hl-Millionären" des Ruhrgebietes bis zu 80% des Ausstoßes diesen Vertriebsweg. Aber auch hier ist die Tendenz spürbar, dem wachsenden Preisdruck des Großhandels durch die Errichtung eigener Niederlassungen und die Verpflichtung von Biergroßhändlern, die exklusiv an die Brauereien gebunden sind, zu entgehen. Mit zunehmender Bedeutung des Flaschenbiergeschäftes treten auch die Lebensmittelhändler als direkte Abnehmer der Brauereien hervor. Hinzu tritt natürlich die wachsende Bedeutung großer Verbraucher- und C+C Märkte.

3.3 Position der Brauerei Diebels im Wettbewerb

Die Brauerei Diebels, Issum, ist eine überregional anerkannte Altbierbrauerei mit spezifischen Produkteigenschaften und Privatbrauerei-Image.

3.3.1 Wettbewerbslage

Das Absatzgebiet der Brauerei Diebels läßt sich grob in vier Teilgebiete aufgliedern, die durch unterschiedliche Wettbewerbsverhältnisse, unterschiedliche Konsumgewohnheiten und unterschiedliche Marktanteile der Brauerei Diebels bestimmt sind.

Auf die unterschiedlichen Wettbewerbsverhältnisse in diesen Gebieten wird später eingegangen. Die verschiedenen Konsumgewohnheiten spiegeln sich in einem differenzierten Altbieranteil am gesamten Bierkonsum wider. Gemäß den Aussagen der Absatzmittler erreicht in den Landkreisen Kleve, Geldern, Moers das Altbier einen Anteil von 55% des Gesamtkonsums, in den Stadt- und Landkreisen Krefeld usw. (vgl. Tab. 24) einen Anteil von ca. 38%, in den Stadt- und Landkreisen Düsseldorf usw. einen Anteil von 70% und in den Stadt- und Landkreisen Rees usw. einen Anteil von 10%.

In allen 4 Absatzgebieten erreicht die Brauerei Diebels unterschiedliche Marktanteile. In Tab. 23 wurde der Cirka-Altbier-Absatz der Brauerei Diebels in den einzelnen Gebieten errechnet. Der Gesamtabsatz in den einzelnen Gebieten ist lt. Statistik der Brauerei Diebels bekannt. Von diesem Gesamtabsatz wurde für die einzelnen Gebiete ein unterschiedlicher Prozentsatz für die Sorten Export und Pils zum Abzug gebracht: Diese Prozentsätze wurden geschätzt, da bedingt durch den individuellen Vertrieb des Bieres keine genauere Berücksichtigung des Export- und Pils-Anteils möglich war. Somit konnte der ungefähre Absatz an Diebels Alt in den einzelnen Absatzgebieten festgestellt werden.

Ausgehend von den Einwohnerzahlen, dem Pro-Kopf-Bierkonsum und dem von den Absatzmittlern geschätzten Altbieranteil am Gesamtbierkonsum in einzelnen Gebieten wurden in Tab. 23 die Marktanteile für Diebels Alt errechnet. Danach erreicht Diebels im Absatzgebiet Kleve usw. einen Marktanteil von 18,0%, im Absatzgebiet Krefeld usw. einen solchen von 10,9%, in Düsseldorf und Umgebung einen Marktanteil von 3,0% und im rechtsrheinischen Gebiet des Oberrheins einschließlich des Ruhrgebiets einen Marktanteil von 14,3%. Für das Gebiet insgesamt errechnet sich ein Marktanteil von 8,8%. Aus den Marktanteilen ergibt sich, abgesehen vom

Tab. 23 Absatz Diebels-Alt in den einzelnen Absatzgebieten

Gebiet	Absatz Diebels-Biere in hl	Export und Pils (Diebels) in % vom Gesamtabsatz	in hl	Absatz Diebels Alt in hl
Kleve, Geldern, Moers	94.100	22	21.200	72.900
Krefeld, Kempen-Krefeld, Gladbach, Rheydt, Erkelenz, Grevenbroich, Duisburg	94.200	8	7.500	86.700
Düsseldorf, Neuß, Düsseldorf-Mettmann	35.100	3	1.000	34.100
Rees, Dinslaken, Oberhausen, Essen, Mülheim	39.300	30	11.800	27.500
Gebiet insgesamt	262.700		41.500	221.200
Diebels-Gesamtumsatz	282.000		41.500	240.500

Gebiet Düsseldorf, in dem lediglich ein Marktanteil von 3,0 % erzielt wird, der jedoch angesichts der starken Konkurrenz in diesem Gebiet dennoch beachtlich ist, daß Diebels Alt eine relativ gefestigte Position in diesen Absatzgebieten einnimmt.

Tab. 24 Regionale Altbier-Marktanteile der Brauerei Diebels

Gebiet	E (1969) in 1000	Bierkonsum pro E in l (1969)	Ø Altbier-Anteil in %	Altbier-Konsum in l/E	gesamt in hl	Absatz Diebels Alt in hl	Marktanteil Diebels Alt in %
Kleve, Geldern, Moers	539	136,2	55	74,9	404.000	72.900	18,0
Krefeld, Kempen-Krefeld, Gladbach, Rheydt, Erkelenz, Grevenbroich, Duisburg	1.537	136,2	38	51,7	795.000	86.700	10,9
Düsseldorf, Neuß, Düsseldorf-Mettmann	1.174	136,2	70	95,3	1.118.000	34.100	3,0
Rees, Dinslaken, Oberhausen, Essen, Mülheim	1.409	136,2	10	13,6	192.000	27.500	14,3
Gebiet insgesamt	4.659	136,2	39,5	53,8	2.509.000	221.200	8,8

Insgesamt dürfte die Höhe der Marktanteile in den einzelnen Absatzgebieten in erster Linie von der Entfernung der Brauerei zum Absatzgebiet und den dort herrschenden Wettbewerbsbedingungen abhängig sein; dennoch ist nicht auszuschließen, daß auch der Grad der Beliebtheit der spezifischen Produkteigenschaften in der Höhe der Marktanteile zum Ausdruck kommt. Bei der Fixierung des künftigen Absatzgebietes, bzw. bei Überlegungen hinsichtlich spezifischer Absatzmaßnahmen, müssen diese Gesichtspunkte berücksichtigt werden. Hierbei muß naturgemäß auch an den Produkteigenschaften von Diebels Alt wie auch am Image der Brauerei Diebels angeknüpft werden.

3.3.2 Produkteigenschaften und Produktumfeld

Die spezifischen Produkteigenschaften von Diebels Alt sind darin zu sehen, daß Diebels Alt etwas dunkler ist als die Altbiere der Konkurrenzbrauereien und daß die Konsistenz des Bieres als etwas weniger flüssig angesehen wird. Diese spezifischen Produkteigenschaften werden je nach Absatzgebiet vorwiegend positiv oder überwiegend negativ beurteilt. Eher negativ werden diese Eigenschaften im Großraum Düsseldorf angesehen, abgemildert auch im Absatzgebiet Krefeld usw., während im rechtsrheinischen Gebiet des Oberrheins positive oder negative Meinungen wenig ausgeprägt sind. Dagegen werden im *linksrheinischen* Gebiet des *Oberrheins* diese Eigenschaften ausschließlich als positiv bewertet.

Ein weiteres Imagekriterium der Brauerei ist der Charakter der Privatbrauerei. Dieses Kriterium wirkt wohl mehr im Verhältnis zu den Absatzmittlern als im Verhältnis zu den Letztverbrauchern. Sofern die echten Präferenzen der Privatbrauerei wirksam ausgespielt werden, wird diese Eigenschaft durchweg als positiv bewertet, insbesondere in bezug auf die Zusammenarbeit mit der Brauerei. Welche Konsequenzen sich aus dieser Ausgangslage bzw. welche Voraussetzungen sich für die künftige Marketing- und Unternehmenspolitik von Diebels ergeben, wird im Rahmen der Grundsatzstrategie entwickelt.

Zwar wird die Brauerei Diebels als gesund, als solide, in positivem Sinne als konservativ angesehen, aber eben auch als unaktiv und wenig aggressiv. Wettbewerbspolitisch wird im Absatzgebiet der Brauerei Diebels jede Altbier-Brauerei an der Brauerei Hannen gemessen. Der Erfolg der Hannen-Brauerei ist insbesondere darauf zurückzuführen, daß sie als einzige Altbier-Brauerei „etwas für den Altbierkonsum tut", d.h. daß sie aktiv und aggressiv im Markt agiert. Die Hannen-Brauerei wird als überregionaler Marktführer akzeptiert und anerkannt. Im gesamten Absatzgebiet – etwas abgeschwächt in den Landkreisen Kleve, Geldern, Moers – nimmt das Altbier der Hannen-Brauerei eine bevorzugte Stellung ein. Ausschließlich ist diese Marktführerschaft auf die intensive Werbung, den sehr aktiven Außendienst und wahrscheinlich auch auf die ausgewogenen Produkteigenschaften von Hannen Alt zurückzuführen. Darüber hinaus scheint sich die Hannen Brauerei in „Sonderleistungen“ ganz besonders auszuzeichnen.

Natürlich bestimmen im Großraum Düsseldorf primär die Düsseldorfer Altbierbrauereien die Wettbewerbssituation. Wenn auch dadurch bedingt die Wettbewerbsbedingungen für die Brauerei Diebels als relativ ungünstig anzusehen sind, so ist jedoch gerade dieser Raum strategisch mit der interessanteste. Die Brauerei Diebels setzt in diesem Gebiet immerhin 34.000 hl Altbier (fast 15% ihres gesamten Altbierabsatzes) um. Diese absolut hohe Menge verdeutlicht, daß in diesem Absatzgebiet auch Diebels Alt (mit seinen spezifischen Produkteigenschaften) eine Marktchance hat. Tab. 25 weist den hohen Altbier-Anteil im Düsseldorfer Raum und außerdem die Bedeutung der einzelnen Marken aus.

Tab. 25 Konsumanteile der einzelnen Biersorten in den untersuchten Regionen und die jeweils präferierten Marken in diesem Gebieten

	geschätzte Konsumanteile			Marken des Idealsortiments		
Gebiet	Pils	Alt	Export	Alt	Pils	Export
Großraum Düsseldorf	20	70	10	Gatzweiler, Dietrich (Schlösser)	König, Bitburger, Fürstenberg, Pilsener Urquell	austauschbar
linker Niederrhein	30	55	15	Diebels	Veltins, König, Krombacher	austauschbar
Ruhrgebiet (soweit Absatzgebiet der Brauerei Diebels)	30–40	10	60–50	Hannen, Diebels, Gatzweiler, Dietrich	König, Warsteiner, Stauder, Veltin (Stern, Pils 2000)	Dortmunder
Raum Krefeld, Gladbach, Viersen	35	40	25	Hannen (Diebels, Rhenania)	König	austauschbar

Quelle: Zusammengestellt aufgrund der durchgeführten Absatzmittler-Befragung

Welche Konsequenzen sich aus dieser Situation heraus für die künftige Marketing- und Unternehmenspolitik ergeben, wird im Rahmen der Grundsatzstrategie bzw. der Detailempfehlungen im einzelnen abgeleitet.

3.3.3 Konsumenteneinstellungen und Produkttrends

In den Wertvorstellungen der Verbraucher und Absatzmittler wird Altbier als typisches Massenkonsumbier bezeichnet, wobei zwischen den einzelnen Altbiermarken keine Unterschiede festzustellen sind. Im Wertniveau gesehen nimmt Altbier im Verhältnis zum Pils eine untergeordnete Stellung ein. Dies zeigt sich auch im unterschiedlichen Preisniveau der beiden Biersorten. Wahrscheinlich stellt diese Einstellung des Verbrauchers einen traditionellen Konsumtatbestand dar; er wird aber zweifellos auch durch die sehr anspruchsvolle Pils-Werbung der einzelnen Pils-Brauereien ständig untermauert und forciert. Eine Änderung dieser Konsumenteneinstellung kann natürlich eine einzelne Altbierbrauerei kaum bewirken, sondern sie dürfte nur über Gemeinschaftsmaßnahmen zu erreichen sein.

Im Rahmen des allgemeinen Gattungsniveaus von Altbier ist es jedoch für jede einzelne Brauerei, und damit auch gerade für die Brauerei Diebels, notwendig, den eigenen Präferenzrahmen anzuheben und für das eigene Altbierangebot ein eigenständiges Marktsegment zu schaffen. Dieser Präferenzwettbewerb soll in erster Linie vor einem ausgeprägten Preiswettbewerb schützen.

Im Absatzgebiet der Brauerei Diebels ist ein nachhaltiger Trend zum Pils gegeben. Inwiefern ein derartiger Trend den Altbierkonsum beeinträchtigen würde, insbesondere den Konsum von Diebels Alt, ist nicht mit Sicherheit vorherzusagen. In der Bewertung der derzeitigen und zu erwartenden Einstellungen zu den einzelnen Sorten ergibt sich mit relativ hoher Sicherheit, daß der Trend zum Pils-Konsum weiterhin wirksam sein wird. Allerdings dürfte dieser Trend schwer zu quantifizieren sein, zumal die Ursachen dieses Trends nicht eindeutig sind.

Drei Hypothesen, die wahrscheinlich in der Realität nicht isoliert zu sehen sind, könnten diesen Trend zum Pils erläutern:

(1) Der Trend zum Pils könnte getragen werden von den objektiven, geschmacklichen Produkteigenschaften dieser Sorte (spritzig, herb, bekömmlich, prickelnd). Soweit dies die Geschmackskriterien herb und bekömmlich betrifft, ist durchaus eine Deckungsgleichheit mit Alt gegeben, nicht jedoch in bezug auf die anderen Kriterien.

(2) Der Pils-Trend könnte getragen werden von subjektiven Produkteigenschaften (Pils wird als vornehmer, wertvoller, zeremoniell empfunden). Diese subjektiven Produkteigenschaften werden dem Alt-Bier zweifellos nicht zugeschrieben.

(3) Der Pils-Trend könnte in einen generellen Trend zu hellem Bier eingebettet sein, so daß also die Farbe die Ursache für den Pils-Trend darstellen würde, bedingt dadurch, daß bei dunklem Bier eher assoziiert wird, daß es sättigend ist und dick macht. Dies ist jedoch insofern zweifelhaft, als Pils bislang vornehmlich helles Exportbier verdrängt hat und nicht das Altbier.

Wahrscheinlich ist anzunehmen, daß alle drei Ursachen in ihrer Gesamtheit wirksam sind, daß also eine eindeutige Ursächlichkeit zum Pils-Trend nicht gegeben ist. Letztlich könnte als vierte Hypothese noch hinzugefügt werden, daß der Pils-Trend auf die allgemein hohe Werbeintensität der Pils-Brauereien zurückzuführen ist. Aber diese allein wäre auch nicht dazu in der Lage, einen derartig langfristigen und überregionalen Pils-Trend auszulösen. Somit dürften als Ursachen neben die Werbeintensität einige positive, dem Pils zugeschriebene Produkteigenschaften treten, außerdem wahrscheinlich die Assoziation, daß dunkles Bier eher sättigend ist und dick macht sowie die vergleichsweise werthaltige Vorstellung über die Sorte Pils.

Altbier entspricht mindestens in einigen Produkteigenschaften und teilweise im Assoziationsfeld diesem „Bedürfnis-Trend". Diese spezifischen Produkteigenschaften von Diebels-Alt, die darin bestehen, daß sie die charakteristischen Eigenschaften von Alt besonders betonen, scheinen diesem Konsumtrend in gewissem Maße zu widersprechen.

3.3.4 Markenpräferenzen

Im Absatzgebiet der Brauerei Diebels haben fast ausschließlich Biere von Spezialbier-Brauereien Markenpräferenzen. Die Befragung bei Absatzmittlern wie bei Konsumenten hat eindeutig ergeben, daß die höchsten Präferenzen jeweils Markenbieren beigemessen werden. In der Präferenzskala der Konsumenten und Absatzmittler steht das Spezialbier der Spezialbier-Brauereien jeweils an oberster Stelle, während den jeweiligen Randsortimenten dieser Spezialbier-Brauereien keine Bedeutung zukommt. Keine Brauerei dürfte daher eine Chance haben, in einem überregionalen Absatzgebiet ein volles Sortiment abzusetzen.

Für die Brauerei Diebels ergibt sich daraus umgekehrt der Zwang, sich noch stärker als bisher als Spezialist zu profilieren. Die Herausarbeitung der einzelnen Konsequenzen erfolgt im Rahmen der anschließenden Grundsatzstrategie.

3.4 Grundsatzstrategie

Grundziel der Unternehmens- und Marketingpolitik der Brauerei Diebels ist die Erhaltung der Selbständigkeit. Dieses Ziel setzt eine gesunde Gewinn- und Umsatzentwicklung voraus, welche zunächst an eine konsequente, marktadäquate Altbier-Konzeption gebunden ist. In Anbetracht der Marktentwicklung im Altbierbereich kann das Grundziel – Erhaltung der Selbständigkeit – langfristig jedoch nur durch eine Öffnung des Unternehmensziels sichergestellt werden.

3.4.1 Unternehmensziel und Marketingpolitik

Wenn es auch Basisziel der Unternehmensleitung ist, die Eigenständigkeit des Unternehmens zu erhalten, so ist in diesem Zusammenhang dennoch keine unumstößliche Grundsatzentscheidung möglich, da im derzeitigen Augenblick kaum vorherzusehen ist, welche Größenordnung langfristig notwendig sein wird, um dieses Grundziel erfolgreich zu behaupten. Mittelfristig ist dieses Ziel jedoch durchaus realistisch, da unter den derzeitigen Wettbewerbsvoraussetzungen die Chancen auch für einen Betrieb mittlerer Größenordnung erfolgversprechend sind.

Eine evtl. Notwendigkeit der Aufgabe der Eigenständigkeit hängt nicht zuletzt vom Fortgang der Konzentrationsbewegungen ab. Denn sie werden nicht nur für die Wettbewerbslage bestimmend sein, sondern auch für die Wettbewerbsfähigkeit der Betriebsgröße eines Unternehmens. Die Erhaltung der Eigenständigkeit, dies muß beachtet werden, sollte jedoch nicht als Selbstzweck gesehen werden, sondern eine auf dieses Ziel abgestellte Konzeption sollte im Unternehmen mittelfristig die Marktpräferenzen sichern, die einer selbständigen Privatbrauerei von Absatzmittlern und Verbrauchern grundsätzlich entgegengebracht werden.

Die Notwendigkeit der Steigerung der Marktposition als Altbier-Spezialist ergibt sich aus der gewachsenen Struktur bzw. aus der Tradition des Unternehmens. Die Marke Diebels wird überregional ausschließlich mit Altbier in Verbindung gebracht, das Image der Brauerei Diebels basiert im wesentlichen auf den positiven Präferenzen des Altbierspezialisten. Dieses Image stellt zwar einerseits eine Einengung des Bewegungsspielraums dar, ist jedoch andererseits der wesentliche immaterielle Wert der Brauerei Diebels. Zumindest mittelfristig muß daher das Gewinn- und Unternehmenswachstum aus einer weiteren Verbesserung der Marktposition im Altbiermarkt erwirtschaftet werden.

Um sich jedoch den im vorhergehenden Kapitel aufgezeigten nicht voll übersehbaren Risiken des Altbiermarktes gegenüber abzusichern, wird es notwendig sein, das Unternehmen langfristig aus dem relativ engen Unternehmensgegenstand der Altbierproduktion und des Altbierabsatzes herauszuführen. Die langfristige Zielsetzung bzw. der Gegenstand des Unternehmens darf sich deshalb nicht allein auf die Altbierproduktion und den Altbierabsatz beschränken, da eine langfristige Gewinn- und Umsatzsteigerung der Brauerei Diebels auf diesem Teilmarkt nicht mit der notwendigen Sicherheit gewährleistet ist. Die nachhaltige Sicherung der Existenz bzw. des Wachstums und der Rentabilität der Brauerei Diebels, und zwar auf selbständiger Basis, kann vielmehr nur über ein „kombiniertes Unternehmens- und Marketingkonzept" erreicht werden.

3.4.2 Mittel- und langfristige Strategie

Grundpfeiler der künftigen Unternehmens- und Marketingpolitik muß dementsprechend nach wie vor das eigene Altbier-Geschäft bilden, neben einer Sicherung des Pilsbier-Geschäftes und bei evtl. Diversifikation. Es ist die eigentliche Unternehmensbasis und damit durch keine andere Strategie zu ersetzen. Das eigene Brauereigeschäft muß jedoch in ein konsequentes Altbier-Konzept überführt werden. Die Brauerei Diebels hat

Tab. 26 Entwicklung der Sortenanteile am Gesamtausstoß der Brauerei Diebels (1965–1970)

Jahre	Sortenanteile %					
	Export	Pils	Alt	Malz	Dunkel	Gesamt
1965	9,8	11,1	75,9	0,7	2,5	100
1966	9,5	11,4	76,0	0,6	2,4	100
1967	8,0	10,0	79,6	0,6	1,8	100
1968	6,7	8,8	82,6	0,5	1,4	100
1969	6,6	10,1	81,6	0,5	1,2	100
1970	5,0	9,6	84,0	0,4	1,0	100

sich im Laufe der Entwicklung von einer Sortimentsbrauerei allmählich zu einer Spezialbrauerei entwickelt. Diebels hat im Rahmen dieser Entwicklung überdurchschnittliche Umsatzzuwächse und eine voll befriedigende Rentabilität realisiert. Aus Tab. 26 geht eindeutig hervor, wie sich die Brauerei Diebels kontinuierlich zu einer Altbier-Spezialbrauerei entwickelt hat. (Anteil 1965 rund 76%, 1970 bereits 84%).

3.4.2.1 Altbierkonzeption als Altbierspezialist

Die Brauerei Diebels kann und sollte künftig auf die erarbeitete Altbierbasis nicht verzichten. In der Grundrichtung war die Politik von Diebels bisher maßgerecht und entsprach weitgehend den Erfordernissen des Konkurrenzumfeldes. Die Brauerei Diebels hat sowohl das notwendige Unternehmensimage als auch das erforderliche Produktimage aufgebaut, um als Anbieter eines hochwertigen Altbieres zu gelten, was vom Markt entsprechend honoriert wird. Auf diesem Potential kann die künftige Altbierkonzeption aufbauen. Zumindest mittelfristig dürfte dieses Konzept voll tragfähig sein, da selbst bei unerwartet starkem Abbruch des Altbiertrends Diebels aufgrund der Imagevoraussetzungen Marktanteile von der Konkurrenz gewinnen könnte.

Neben bestimmten produktpolitischen Maßnahmen – auf die im Rahmen der Detailempfehlungen noch näher einzugehen sein wird – setzt eine solche Politik jedoch eine Überführung des bisher mehr gewachsenen Altbierkonzepts von Diebels in ein bewußt gesteuertes, voll marktadäquates Altbier-Spezialisten-Konzept voraus. Dieses Konzept wird dabei schwerpunktmäßig an der Kommunikations- aber auch an der Vertriebspolitik (neben den erwähnten produktpolitischen Maßnahmen) anzusetzen haben.

Mit diesem Konzept wird es Diebels gelingen können, von der Potenz her in qualitativer Hinsicht die zweite Stelle hinter Hannen am Markt einzunehmen und imagemäßig sogar die Marktführerschaft zu übernehmen (Grundkonzept: Diebels Alt als das „Premiumbier“ unter den Altbieren, zumindest der Tendenz nach).

3.4.2.2 Differenzierungs-Strategie: Sicherung des Pilsbier-Geschäftes durch Kooperation

Wenn auch aufgrund des zu verwirklichenden Altbier-Spezialisten-Konzeptes angenommen werden kann, daß evtl. stärker rückläufige Tendenzen des Altbiermarktes den Diebels-Altbierumsatz weniger tangieren als den

Umsatz anderer Altbiermitbewerber, so reicht doch eine reine Altbierkonzeption für die Sicherung von Diebels nicht aus. Zumindest im Trendsortimentsbereich Pils muß Diebels sich in einer Weise engagieren, daß evtl. Einbußen im Altbiergeschäft durch entsprechende Umsätze im Pilsbierbereich egalisiert werden können.

Nicht nur, um den Pilstrend und seine Ertragsreserven zu nutzen, sondern auch als reines Präventivkonzept ist es notwendig, daß Diebels das Pilsgeschäft als zweite tragende Säule des Unternehmens aufbaut. Für den Aufbau eines entsprechenden Pilsbiergeschäftes gibt es im Prinzip drei Alternativen:

- Angebot sowohl des Pils als auch des Altbieres unter der als Sortimentsmarke zu profilierenden Marke Diebels
- Pilsangebot unter einer eigenständigen Marke
- Abrundung des Sortiments durch Aufnahme einer Fremdmarke (Kooperation).

Wenn man davon ausgeht, daß die Unternehmens- und Marketingpolitik zwingend auf dem Altbierkonzept aufbauen muß bzw. Diebels bereits gewachsener Altbierspezialist ist, so ist das Konzept einer Sortimentsmarke für Diebels praktisch nicht mehr realisierbar. Weiterhin würde ein solches Sortimentsmarken-Konzept verhindern, ein tragfähiges, marktadäquates Altbier-Spezialisten-Konzept zu verwirklichen, das zur Sicherung des Altbiergeschäftes unbedingt notwendig ist.

Um der Enge und den möglichen Risiken des Altbiermarktes zu entgehen, würde mittel- und langfristig prinzipiell der Aufbau einer eigenständigen Pilsmarke in Frage kommen, die für das Unternehmen neben „Diebels-Alt" ein zweites Bein darstellen könnte. Diese Lösung ist jedoch nicht praktikabel. Erstens dürfte es auch auf diese Weise kaum möglich sein, mit den erwähnten angesehenen Pilsmarken zu konkurrieren (die bisherigen Erfahrungen anderer Brauereien sprechen nicht für den Erfolg eines solchen Konzeptes). Das bisher aufgebaute Image der Brauerei Diebels könnte andererseits niemals einen glaubhaften Hintergrund für die Marke „Diebels Pils" bilden, da die Brauerei Diebels bereits ein ziemlich ausgeprägtes Altbierimage besitzt, so daß ein Diebels Pils gegenüber so renommierten Marken wie König, Bitburger, Krombacher, Veltins usw. keinerlei Marktchance haben dürfte.

Aufgrund der Tatsache, daß weder das Sortimentsmarkenkonzept noch das Konzept einer eigenständigen Pilsmarke für Diebels realistisch und deshalb nicht zu empfehlen ist, bleibt – unter der Voraussetzung, daß das Pilsgeschäft als zweites „Bein“ für die Brauerei Diebels notwendig ist – demnach allein die Alternative, im Sortiment bzw. im Vertrieb ein Pilsbier einer renommierten Pils-Spezialbrauerei zu führen (Kooperationskonzept).

Dieses Konzept weist zwar auch nennenswerte Nachteile auf: Verleger fühlen sich, wie die Absatzmittlergespräche deutlich gezeigt haben, durch ein solches Konzept in ihren absatzpolitischen Funktionen (insbesondere in der Sortimentsfunktion) eingeschränkt. Dennoch weist dieses sog. Kooperationskonzept im Prinzip wesentlich geringere Nachteile auf als die beiden zuerst analysierten Alternativen. Entscheidend ist in dieser Hinsicht vor

Übersicht 14 Alternativen für das Pilsbier-Geschäft der Brauerei Diebels

Alternativen	Wesentliche unternehmens- und marketingpolitische Überlegungen		
	Vorteile	Nachteile	Empfehlungen
1. Diebels als Sortimentsmarke für Alt- und Pilsbier:	Diebels hätte ein solches Konzept voll in eigener Hand, außerdem mögliche Degression der Marketing- und Vertriebskosten	Würde das notwendige Altbier-Spezialisten-Konzept gravierend beeinträchtigen, Diebels Pils wäre umgekehrt nicht glaubhaft genug gegenüber der Markenkonkurrenz	nicht realisieren
2. Eigenständige Marke für Diebels Pils:	Markentechnisch an sich saubere Lösung.	Insgesamt zu risikovolle und auch aufwendige Lösung. Außerdem würde ein voll glaubhafter Unternehmenshintergrund für Pilsbier fehlen.	nicht realisieren
3. Aufnahme eines renommierten Spezialpilsbieres (Kooperation):	Verfügung über ein attraktives Pilsangebot, ohne Störung des eigenen Altbier-Spezialisten-Konzepts	In gewisser Weise Politik „gegen“ die Verleger (Brauerei übernimmt z.T. Sortimentsfunktion der Verleger), Konzept bei entsprechender Handhabung aber durchaus praktikabel	realisieren*

* Und zwar unter den Bedingungen, wie sie im Rahmen der Detailempfehlungen näher beschrieben werden

allem, daß den Absatzmittlern dieses Kooperationskonzept entsprechend „verkauft" wird. Auf diese Frage wird im Rahmen der Detailempfehlungen noch näher eingegangen. Die Empfehlung im Hinblick auf die Wahrnehmung des Pilsbiergeschäftes lautet deshalb auf Realisierung des Kooperationskonzepts, das heißt mit anderen Worten: Vertrieb einer renommierten Spezialpils-Marke über die Diebels-Organisation auf der Basis eindeutiger, das Diebelskonzept insgesamt stützender, langfristiger vertraglicher Abmachungen. In Übersicht 14 werden die Hauptüberlegungen bezüglich der grundsätzlich zur Wahl stehenden Alternativen noch einmal zusammengefaßt.

Der Grundrahmen des Kooperationskonzepts wird in der Detailplanung näher aufgezeigt.

3.4.2.3 Diversifikation in den Gastronomiebereich

Da weder das Altbier-Spezialisten-Konzept aufgrund der nicht voll überschaubaren Marktentwicklung noch das Kooperationskonzept für das Pilsbiergeschäft aufgrund gewisser Unsicherheiten, insbesondere auch in bezug auf die Absatzmittler, langfristig allein die Existenz und Rentabilität der Brauerei Diebels mit Sicherheit gewährleisten können, erscheint außer diesen beiden Strategien eine gezielte Diversifikation in den Gastronomiebereich sinnvoll und zweckmäßig.

Trotz der grundsätzlichen Absicherung des Biergeschäftes von zwei Seiten aus, wie angeführt, kann heute noch nicht mit Gewißheit festgestellt werden, ob diese vorgeschlagene Parallel-Strategie langfristig tragfähig ist. Aus diesen Überlegungen heraus erscheint eine gezielte Diversifikation angezeigt, für deren Realisierung heute einerseits noch ausreichende Mittel vorhanden sind und deren zu erwartender Deckungsbeitrag andererseits mittel- und insbesondere langfristig zur Sicherung des Unternehmens Diebels beitragen kann.

Als Gegenstand der vorgeschlagenen Diversifikation bietet sich für die Brauerei Diebels eindeutig der Gastronomiebereich an. Dieser Bereich steht einmal vor einem grundlegenden Wandel (Vordringen von Gastronomieketten, sehr stark über das sog. Franchise-System), und zum anderen verspricht dieser Sektor aufgrund des ständig steigenden frei verfügbaren Einkommens der Haushalte ein ausgesprochener Wachstumsbereich zu werden. Neben diesem vielversprechenden Markt- und Ertragspotential wäre für die Brauerei Diebels dieser Bereich vor allem auch deshalb vorteilhaft, weil die Brauerei Diebels bei einer derartigen Diversifikation das aus der Zusammenarbeit mit der Gastronomie gewonnene „Know-how" praktisch nutzen könnte und somit keine Managementlücke gegeben wäre (was der grundlegende Nachteil vieler Diversifikationsprojekte ist). Aufgrund der grundsätzlichen Verwandtschaft des vorgeschlagenen Diversifikationsprojekts mit dem bisherigen Biergeschäft von Diebels könnte deshalb auf die vorhandene Managementkapazität zurückgegriffen werden, was zugleich bedeutet, daß dieses Projekt ohne größeren Zeitverlust in Angriff genommen werden könnte.

Der Vorteil eines Engagements im Gastronomiebereich für die Brauerei Diebels würde umgekehrt auch darin bestehen, daß man mit einem solchen Konzept im Grunde zwei verschiedene Zielsetzungen bzw. Vorhaben verfolgen und realisieren könnte – je nach konkreter Ausgestaltung dieses Konzepts:

- eine „echte" Diversifikation (Aufbau einer Gastronomie- und/oder Hotelkette, unabhängig vom eigenen Biersortiment)
- eine „unechte" Diversifikation (Aufbau einer Gastronomiekette, die an das Diebels Alt gebunden ist und für Zwecke der Gebietsausweitung genutzt wird).

Der Vorteil eines solchen Konzepts würde demnach darin zu sehen sein, daß man einmal ganz generell die Wachstums- und Gewinnchancen, die grundsätzlich im Gastronomiebereich liegen, nutzen und zugleich auch das Altbier-Spezialisten-Konzept dadurch unterstützen würde, daß man die Aktivitäten im Gastronomiebereich auch zur systematischen Ausweitung des Absatzgebietes von Diebels-Alt und damit zur mittel- und langfristigen Sicherung der Altbierbasis heranziehen könnte. Je nach Ausgestaltung des Diversifikations- bzw. Gastronomiekonzepts könnte neben der aufgezeigten Unterstützung der Altbierstrategie u.U. auch die angestrebte Kooperationsstrategie (Aktivierung des Pilsbiergeschäfts) von diesem Konzept profitieren und zwar dann in aktiver Zusammenarbeit mit dem Kooperationspartner.

Auf der Basis der bisher entwickelten Grundsatzstrategie würden somit von drei Seiten aus Wege beschritten, die, zusammengenommen, bei entsprechender konsequenter Realisierung gewährleisten würden, daß Gewinn und Existenz der Brauerei bzw. des Unternehmens Diebels langfristig gesichert sind. Die Abb. 45 verdeutlicht nochmals diese Zusammenhänge.

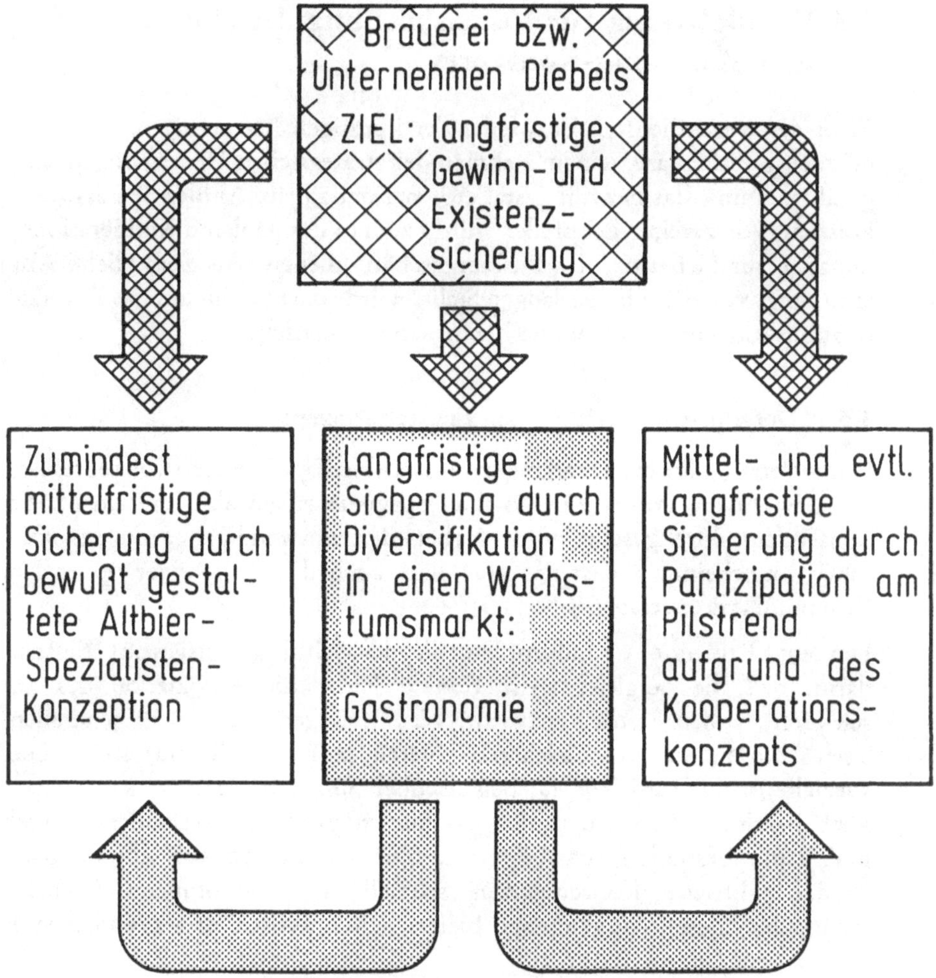

Abb. 45 Absicherung der Brauerei bzw. der Unternehmung Diebels in mittel- und langfristiger Sicht aufgrund einer kombinatorischen Unternehmens- und Marketing-Politik

Auf die grundlegenden Fragen und Voraussetzungen einer Realisierung des vorgeschlagenen *Unternehmens- und Marketing-Konzeptes* wird nunmehr im Rahmen der Detailplanung näher eingegangen.

3.5 Detailplanung zur Verwirklichung des Unternehmens- und Marketing-Konzeptes

Einer der wesentlichsten Eckpfeiler der künftigen Marketing- und Unternehmenspolitik wäre, wie im Rahmen der strategischen Überlegungen ausgeführt, einmal das bewußt gestaltete, marktadäquate Altbier-Spezialistenkonzept. Als zweiter Eckpfeiler würde zudem das geplante Kooperationskonzept zur Sicherung des Pilsbiergeschäfts dienen. Als zusätzliche Absicherung, vor allem in der langen Sicht, würde darüber hinaus das Diversifikationskonzept Gastronomie herangezogen werden.

3.5.1 Detailplanung Altbier-Spezialistenkonzept

Voraussetzung für die Tragfähigkeit des Altbier-Spezialisten-Konzeptes ist, daß bewußt die Politik eines Altbier-Spezialisten gewählt und am Markt konsequent durchgesetzt wird. Neben den notwendigen produktpolitischen Entscheidungen ist das vor allem auch die Frage einer optimalen Kommunikationsstrategie.

Die entscheidende Grundproblematik des Altbieres insgesamt besteht darin, daß die vergleichsweise dunkle Farbe die Assoziation des zu schweren, vollen Bieres hervorruft, was im Gegensatz zu dem generellen Trend hin zu helleren, leichteren Bieren (z. B. Pils-Trend) steht. Die spezielle Problematik von Diebels darüber hinaus ist darin zu sehen, daß Diebels-Alt im Vergleich zu den Konkurrenzprodukten besonders dunkel und damit besonders schwer wirkt. Hieraus ergeben sich unmittelbare produktpolitische Konsequenzen speziell für die Brauerei Diebels. Angesichts dieser Ausgangslage bieten sich praktisch drei grundlegende Alternativen an:

- Beibehaltung der Charakteristik des Diebels-Alt (insbesondere dunkle Farbe) und Schaffung bzw. Bestätigung eines eigenen Marktsegments
- Trendgerechte Angleichung des Diebels-Alt (d. h. insbesondere Aufhellung des Bieres)
- Sortimentsdifferenzierung, d. h. Schaffung einer zweiten, helleren Sorte Diebels-Alt und Vereinigung beider Sorten unter dem Dach „obergärige Biere".

Alle aufgeführten Alternativen besitzen sowohl Vor- als auch Nachteile. Es gilt, diese vor allem unter dem Gesichtspunkt der Absatzgebiete im einzelnen abzuwägen. Während das nördliche linksrheinische Kernabsatzgebiet von Diebels-Altbier bisherige Farbe und Konsistenz voll akzeptiert und daran auch über viele Jahre hinweg gewöhnt ist, besteht außerhalb dieses Kernabsatzgebietes, wo Diebels zugleich über einen wesentlich geringeren Bekanntheitsgrad und Marktanteil verfügt, eine ausgesprochene Tendenz zu helleren, leichteren Bieren. Eine unveränderte Beibehaltung der bisherigen Charakteristik des Diebels-Altbieres würde demnach weitgehend den Bedürfnissen des Kernabsatzgebietes entsprechen (wenngleich auch hier allmählich Tendenzen im Hinblick auf hellere Biere via Pils-Trend nicht auszuschließen sind); sie würde jedoch mit Sicherheit eine Barriere für die Intensivierung der übrigen Absatzgebiete, wie auch insbesondere für die Neugewinnung von Absatzgebieten, darstellen.

Ein in dieser Hinsicht theoretisch optimales Konzept wäre eine echte Sortendifferenzierung dahingehend, neben den unveränderten Diebels-Altbiertyp eine trendgerechte, hellere Altbiersorte zu stellen. Auf diese Weise könnten unterschiedliche Konsumbedürfnisse befriedigt und vor allem den unterschiedlichen Bedingungen der jeweiligen Teilabsatzmärkte entsprochen werden. Die Problematik eines solchen Schrittes bestünde jedoch darin, daß man durch eine solche Sortendifferenzierung die Verbraucher verunsichern würde. Weitere Probleme ergäben sich darüber hinaus daraus, daß man nur sehr schwer einen geeigneten Dachbegriff für zwei verschiedene Altbiere finden und dann marktentsprechend durchsetzen könnte, um beide Sorten für den Verbraucher eindeutig einzuordnen. Doch wenn es gelänge, einen geeigneten Dachbegriff zu finden, der hinreichend klar oder dessen Verankerung mit vertretbaren Mitteln erreichbar wäre, entstünde das Problem der jeweiligen Ansiedlung der zwei Diebels-Altbiersorten. Es entstünde nämlich die Frage, welche der beiden Sorten image-, wert- bzw. präferenzmäßig „oben" (d. h. als gehobenes Markenbier) und welche Sorte „unten" (d. h. als alltägliches Konsumbier) angesiedelt werden sollte. Wie die Abb. 46 verdeutlicht, könnte im Prinzip diese Entscheidung gar nicht generell getroffen werden, sondern müßte je nach dem betrachteten Teil-Absatzgebiet gelöst werden.

Dieses Schema besagt nichts anderes, als daß in den beiden unterschiedlichen Absatzgebieten der jeweils präferierte Altbiertyp zum Standardangebot (Konsumbier) gemacht werden müßte, nämlich

– im Kernabsatzgebiet Diebels Alt dunkel,

– im übrigen Absatzgebiet Diebels Alt hell.

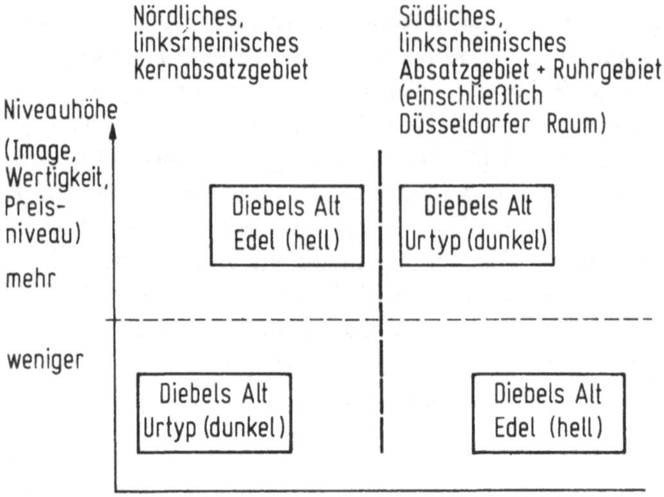

Abb. 46 Problematik der Gebietsdifferenzierung bei zwei Altbiersorten

Daß dieser Weg, der aus Gründen der Marktadäquanz beschritten werden müßte, nicht praktikabel ist, weder betriebswirtschaftlich noch unter dem Gesichtspunkt der problematischen Durchführung einer sauberen Separierung der unterschiedlichen Absatzgebiete, liegt auf der Hand.

Aus dem Problem einer sauberen, exakten Bearbeitung der jeweiligen Absatzgebiete heraus wäre im übrigen auch der Weg nicht praktikabel, der sich im Prinzip als Alternative zur Lösung des oben diskutierten Dilemmas anbieten würde, nämlich: Die Beschränkung des bisherigen Diebels Altbiertyps (dunkel) auf das Kernabsatzgebiet und den ausschließlichen Vertrieb des neu entstandenen Diebels Altbieres (hell) im übrigen bisherigen wie auch neu zu gewinnenden Absatzgebiet.

Insoweit bleibt allein die Alternative übrig, die auf eine trendgerechte Angleichung des bisherigen dunklen Diebels Altbiertyps abzielt, das heißt durch eine in unmerklichen Stufen („infinitesimal") vollzogene Aufhellung des bisherigen Diebels Alt jenen Spielraum zu schaffen, um besser Eingang in die entfernteren Absatzgebiete zu finden und gleichzeitig die bisherigen Stammverbraucher in Kernabsatzgebieten nicht zu verunsichern, bzw. gar zu verlieren. Auf der Basis einer entsprechend gesicherten Angleichung des bisherigen dunklen Diebels Altbiertyps an die Marktgegebenheiten erscheint diese Alternative im Hinblick auf die spezifische Diebels-Ausgangslage als voll adäquat und zugleich operational.

Übersicht 15 faßt die wichtigsten Überlegungen im Hinblick auf die Ableitung dieser optimalen Produktstrategie nochmals zusammen.

Übersicht 15 Alternative Produktstrategien „Diebels Alt"

Alternativen	Marketingstrategische Überlegungen Vorteile	Nachteile	Empfehlung
1. Beibehaltung der Charakteristik des Diebels Alt (es bleibt dunkel)	Entspricht den Konsumbedürfnissen des Kernabsatzgebietes (aber auch hier ist mit Einflüssen des Pilstrends/Trend zu helleren Bieren zu rechnen)	Erschwert bzw. verhindert Expansion außerhalb des Kernabsatzgebietes bzw. Vordringen in neue Absatzgebiete	nicht realisieren
2. Sortendifferenzierung (ein dunkler und ein heller Typ)	Im Prinzip klare Lösung, entspricht differenzierten Verbraucherwünschen	Im Hinblick auf die unterschiedliche Gebiets-Struktur wie auch in bezug auf deren schwierige gegenseitige Abgrenzung kaum praktikabel	nicht realisieren
3. Trendgerechte Angleichung des bisherigen Diebels Alt (Aufhellung)	Bei sehr kleinen Schritten praktikabel, mit überschaubarem Risiko behaftete Lösung	Trendangleichung nimmt etwa 2–3 Jahre in Anspruch, Expansionstempo von daher beschränkt	realisieren*

* und zwar unter weitgehender Absicherung bestimmter Stufenabschnitte im Aufteilungsprozeß des Diebels Alt aufgrund von Testprogrammen.

Was die Verwirklichung der Empfehlung (Realisierung der Alternative 3) angeht, so ist der Erfolg sehr stark von einer das angestrebte Spezialistenkonzept unterstützenden Kommunikationsstrategie abhängig. Darauf soll jetzt näher eingegangen werden.

Eine entscheidende Voraussetzung für das Funktionieren des als optimal erkannten Altbier-Spezialistenkonzeptes ist in einem tragfähigen Kommunikationskonzept zu sehen, welches Diebels Alt im Wertniveau merklich anhebt und ihm durch spezielle Imagezüge den Charakter eines eigenständigen, markenartikel-adäquaten Angebots verleiht und es somit nicht austauschbar macht. Die durchgeführte Absatzmittlerstudie hat ebenfalls deutlich gezeigt, daß gerade auch in dieser Hinsicht ausgeprägte Kritik der Befragten einsetzt. Man hält der Brauerei Diebels vor, daß sie in der Vergangenheit praktisch keine nennenswerten Marketing- und Werbeaktivitäten entfaltet habe. Das gleiche gilt auch für das wichtige Instrument der Verkaufsförderung. Die Brauerei Diebels wird von den befragten Absatzmittlern in dieser Hinsicht auch als viel zu inaktiv charakterisiert.

Es ist daher nicht nur wichtig, daß die Brauerei Diebels zukünftig wesentlich aktiver wird, um von der Verbraucherseite her die Aufmerksamkeit und die Konsumwünsche verstärkt auf Diebels Alt zu lenken. Darüber hinaus müssen auch die Absatzmittler (namentlich die Verleger) mit in diese kommunikationspolitischen Maßnahmen einbezogen bzw. besonders angesprochen werden – u.a. auch, was die Information über die neue Konzeption angeht –, um ihnen das Bild einer aktiven Brauerei zu vermitteln, mit der zusammenzuarbeiten attraktiv und lohnend ist. Aber vor allem auch in bezug auf die Verbraucher sind verstärkt kommunikationspolitische Maßnahmen notwendig, um sie im Konsum von Altbier, und zwar von Diebels Alt, zu bestärken. Bei der Kommunikationsstrategie sind jedoch die unterschiedlichen Einstellungen bzw. das generelle Einstellungsniveau gegenüber der Brauerei Diebels wie auch gegenüber dem Diebels Altbier in den verschiedenen Absatzgebieten entsprechend zu berücksichtigen. Daher kommt es für Diebels nicht nur darauf an, eine geeignete Gesamtstrategie für die Kommunikationspolitik zu entwickeln, sondern vielmehr ist es notwendig, die kommunikationspolitischen Maßnahmen gebietsweise zu differenzieren. Nur so kann ein effizienter Einsatz der kommunikationspolitischen Aufwendungen erreicht werden.

Die unterschiedliche Ausgangslage hinsichtlich Bekanntheitsgrad, Image usw. der Brauerei Diebels bedingt eine spezifische Verteilung der insgesamt aufzuwendenden Mittel sowie einen differenzierten Einsatz des kommunikationspolitischen Instrumentariums in den einzelnen Gebieten. (Vgl. hierzu Abb. 47)

Im Kernabsatzgebiet sollte in erster Linie Verkaufsförderung eingesetzt werden, um bei Verbraucher und Absatzmittler das Bild einer dynamischen, marketingbewußten Brauerei zu vermitteln. Imagewerbung und damit Mediawerbung erscheint in diesem Gebiet weitgehend entbehrlich bis auf einen notwendigen akzessorischen Einsatz dieser Werbemittel. Wie verbraucherpsychologische Studien ergeben haben, besitzt Diebels Alt insbesondere im Düsseldorfer Großraum ein leicht negatives Image. Dabei kommt in diesem Gebiet der Imagewerbung entscheidende Bedeutung zu. Daher sollte dort die Mediawerbung dominieren, jedoch unter angemes-

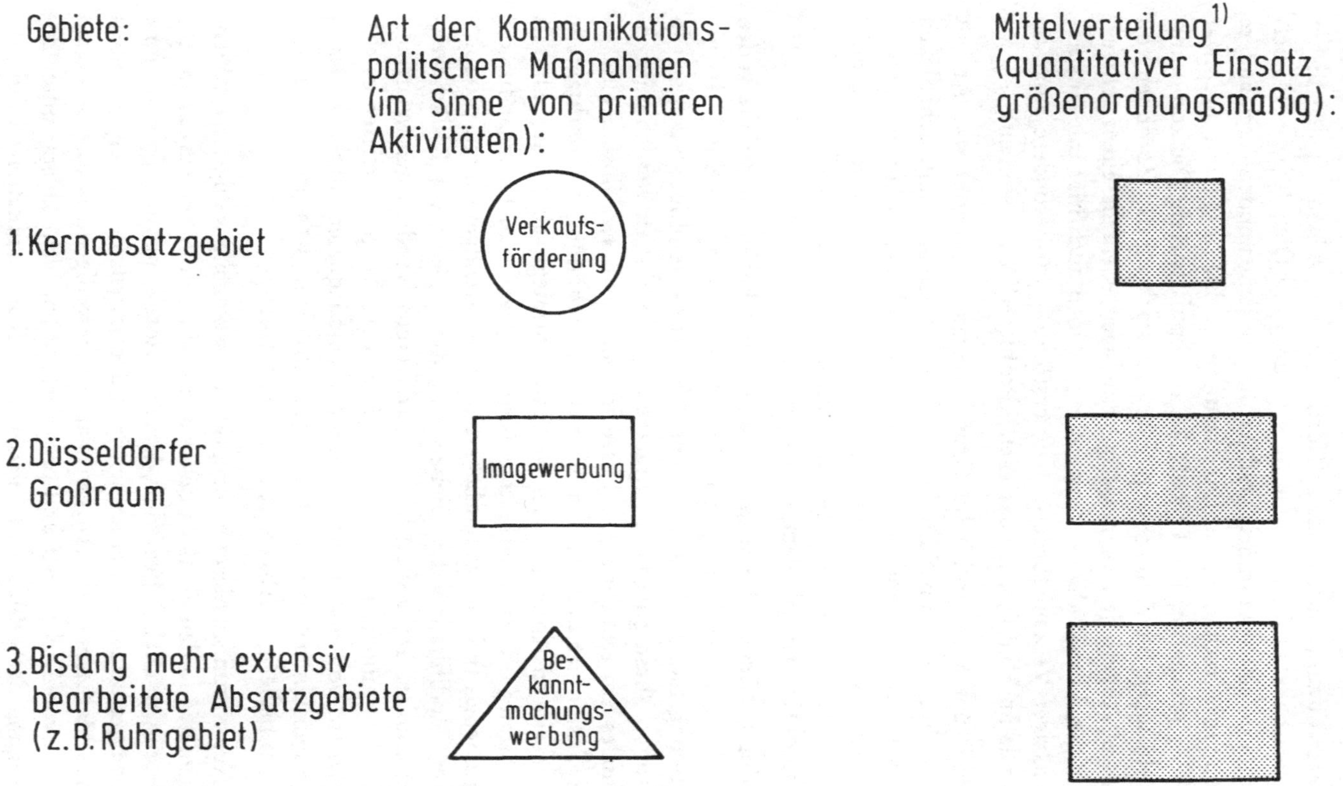

1) Daß gerade auch im Zusammenhang mit dieser schwerpunktmäßigen Mittelverteilung in Gebiet 2+3 eine entsprechende Lenkung der Vertriebsaktivitäten in diese Gebiete einhergehen muß, versteht sich von selbst.

Abb. 47 Kommunikationspolitische Maßnahmen und Mittelverteilung

sener Unterstützung durch verkaufsfördernde Aktivitäten. In den bisher extensiv bearbeiteten Gebieten, in denen durchweg Diebels bzw. Diebels Alt einen geringen Bekanntheitsgrad hat und in denen andererseits andere Biersorten vorherrschen, kommt es darauf an, Altbier insgesamt und zwar in enger Verklammerung mit Diebels Alt zu popularisieren. Die kommunikationspolitischen Bemühungen, die hier sehr stark auf das Gewinnen von „Probierern" abgestellt sein müssen, erzwingen ebenfalls einen schwerpunktmäßigen Einsatz der Mediawerbung, jedoch auch hier mit entsprechender aktiver Verkaufsförderungsunterstützung (insbesondere auch am point of sale im Hinblick auf das Ziel, „Probierer" zu gewinnen).

Diese kommunikationspolitische Grundstrategie – sowohl was Art als auch Verteilung der im Hinblick auf die einzelnen unterschiedenen Absatzgebiete einzusetzenden kommunikationspolitischen Mittel angeht – befindet sich zugleich in vollem Einklang mit der im nächsten Abschnitt noch zu entwickelnden Absatzgebiete-Politik bzw. der darauf abgestellten Absatz- und Marktanteilsplanungen.

Wie die durchgeführten Untersuchungen ergeben haben, weisen die in den einzelnen Teilgebieten bislang erreichten Marktanteile quer durch das gesamte Absatzgebiet noch auf genügend Absatzreserven hin, so daß erst in einer späteren Phase ganz neue Absatzgebiete erschlossen werden müssen. Als optimales Konzept der ersten Phase erscheint in dieser Hinsicht eine gezielte Expansion nach innen, d. h. eine auf die Erhöhung der Marktanteile in den derzeitigen Absatzgebieten gerichtete Strategie als richtig. Das als optimale Strategie herausgearbeitete Altbier-Spezialisten-Konzept für die Brauerei Diebels fußt im wesentlichen auf einer trendgerechten, produktpolitischen Modifikation des Diebels Alt, die zugleich das Risiko weitgehend minimiert und auf einem gebietsdifferenzierenden, markenartikeladäquaten kommunikationspolitischen Konzept. Aufgrund dieser in sich geschlossenen, voll markt- und unternehmensadäquaten Marketing- und Unternehmenskonzeption wird es möglich sein, wesentliche Absatzreserven im bisherigen Absatzgebiet zu mobilisieren.

Um die Auswirkungen dieser Konzeption umsatzmäßig wenigstens größenordnungsmäßig in den Griff zu bekommen, wurden in den einzelnen Absatzgebieten von Diebels bezüglich der Marktanteilsentwicklung bestimmte Annahmen getroffen. Sie berücksichtigen den jeweils in der Vergangenheit realisierten Marktanteil, die Ausgangslage des jeweiligen Absatzgebietes auf den Absatz von Diebels Alt und prognostizieren, nicht zuletzt unter Berücksichtigung der gebiete-differenzierenden Kommunikationspolitik, die

Marktanteilsentwicklung der nächsten Jahre (vgl. hierzu im einzelnen Tab. 27).

Tab. 27 Planung der Marktanteile von Diebels Alt bis 1975 in %

Gebiet	1970*	1971	1972	1973	1974	1975
Kleve, Geldern, Moers	18,0	19,5	21,0	22,5	24,0	25,0
Krefeld, Kempen-Krefeld, Gladbach, Rheydt, Erkelenz, Grevenbroich, Duisburg	10,9	11,5	12,5	13,5	14,5	15,0
Düsseldorf, Neuß, Düsseldorf-Mettmann	3,0	3,5	4,2	4,8	5,5	6,0
Rees, Dinslaken, Oberhausen, Essen, Mülheim	14,3	15,0	15,8	16,5	17,2	18,0
Gebiet insgesamt	8,8	9,5	10,4	11,3	12,2	12,8

* Ist-Marktanteile

Auf der Basis dieser als realistisch einzuschätzenden Marktanteilsentwicklung würde sich auf der Grundlage der angenommenen Gesamtmarktentwicklung der Altbierausstoß der Brauerei Diebels bis zum Jahre 1975 wie folgt entwickeln:

- bei einer jährlichen 2prozentigen Altbierkonsumsteigerung um rund 57% von 241.000 hl auf 378.000 hl
- bei jährlich 3prozentiger Altbierkonsumsteigerung um rund 64% von 241.000 hl auf rund 397.000 hl
- bei jährlich 5prozentiger Altbierkonsumsteigerung um rund 80% von 241.000 hl auf rund 436.000 hl.

Aus diesen Berechnungen, die größenmäßig realistisch erscheinen, geht deutlich hervor, daß mit dem Konzept einer konsequenten „Konzentration nach innen“ in den nächsten Jahren noch überdurchschnittliche Umsatz- und Gewinnchancen im bisherigen Absatzgebiet der Brauerei erschlossen werden können. Die Marktanteile in den einzelnen Absatzgebieten der Brauerei Diebels sind jedenfalls durchaus noch steigerungsfähig. Zweifellos erhöht sich andererseits der Marktwiderstand bei Marktanteilen, die ein gewisses Sättigungsmaß übersteigen, doch dürfte dies erst bei Marktanteilen von 20–25% erreicht sein. Mindestens in den näher bezeichneten Absatzgebieten ist eine Steigerung der Marktanteile absatzpolitisch möglich und zugleich notwendig, da eine Altbier-Spezialisten-Strategie im Sinne eines markenartikel-adäquaten Konzeptes höhere Anteile erfordert, als dies derzeit bei Diebels Alt der Fall ist. Erst bei höherer Präsenz in diesen Gebieten wird auch der für eine solche Marketing- und Unternehmenspolitik notwendige Bekanntheitsgrad gewährleistet (wie er umgekehrt zugleich auch Voraussetzung für eine derartige Präsenz bzw. Distribution ist).

3.5.2 Detailplanung Kooperationskonzept

Die Kooperationslösung erscheint sowohl aus allgemeinen Marktgründen wie aus der speziellen Situation der Brauerei Diebels heraus angezeigt. Der in Aussicht genommene Kooperationspartner wurde indirekt durch die durchgeführte Absatzmittler-, wie auch durch die verbraucherpsychologische Studie, auf seine grundsätzliche Eignung hin überprüft. Er ist, soweit es sich aus diesen Untersuchungen ableiten läßt, voll geeignet.

Was die verbraucherpsychologische Studie angeht, so hat sich gezeigt, daß die als Kooperationspartner in Erwägung gezogene Brauerei zu den renommiertesten Brauereien zählt und insgesamt über ein sehr positives Unternehmensimage verfügt. Den Untersuchungen nach wird diese Brauerei wie folgt charakterisiert:

- hat die sympathischsten Gastwirtschaften
- gibt viel Geld für die Werbung aus
- hat die besten Etiketten auf den Flaschen
- erscheint als am meisten typische Pils-Brauerei.

Jedoch nicht nur die Brauerei, auch das von ihr vertriebene Pils wird als ausgesprochen positiv angesehen. Es wird als

- besonders bekömmlich
- nicht zu herb im Geschmack
- lieblich und mild

beschrieben. Was die Beurteilung der Kooperationsbrauerei bzw. des von ihr vertriebenen Pils durch die Absatzmittler angeht, so kann sowohl das Unternehmens- als auch das Produktimage ebenfalls als ausgesprochen gut charakterisiert werden. Das vertriebene Pils rangiert in der Wertschätzung unmittelbar hinter den führenden Premium-Bier-Marken, wie König-

Pils, Pilsner Urquell bzw. auch Bitburger. Diese Wertschätzung ist Ausdruck für die Bekanntheit, Beliebtheit und Absatzfähigkeit des Bieres (wobei naturgemäß regionale Unterschiede – allerdings nicht gravierender Art – gegeben sind).

Was die Beurteilung einer Kooperation der Brauereien untereinander angeht, so sehen die Verleger durch ein solches Vorgehen der Brauereien grundsätzlich ihre Existenz in frage gestellt. Im Prinzip lassen sich die Befürchtungen der Absatzmittler in dieser Hinsicht nach zwei Haupteinwänden zusammenfassen. Erstens wird gesagt, ist die Großbrauerei – das gilt grundsätzlich auch für eine kooperative Zusammenschlußform – kein Verhandlungspartner mehr wie die kleineren Brauereien oder die privaten Brauereien, sondern der Konzern bzw. die Gruppe übt Macht aus und degradiert den Verleger zum reinen „Bierverteiler". Zweitens wird konkret mit angeführt, daß durch die Konzentration die sich zwangsläufig ergebende sortenmäßige Abrundung der einzelnen Brauereisortimente als unmittelbare Existenzbedrohung der Verleger angesehen werden muß. Es wird in dieser Hinsicht befürchtet, daß die eigentliche Verlegerfunktion, nämlich die Sortimentsfunktion, das heißt die Zusammenfassung eines attraktiven Sortiments, durch die Brauerei selbst übernommen wird, wodurch ihnen (d.h. den Verlegern) wirklich nur noch eine reine Verteilerfunktion zukommt, was ihre Verhandlungsposition gegenüber den einzelnen Brauereien ganz erheblich schwächt. Die durchgeführte Absatzmittleruntersuchung hat somit gezeigt, daß die Verleger einer Kooperationslösung gegenüber aufgrund der im einzelnen genannten Befürchtungen tendenziell negativ eingestellt sind. Es kommt deshalb darauf an, ein geschlossenes Konzept zu entwickeln, das den Verlegern die im Prinzip für Diebels unausweichliche Kooperationsstrategie entsprechend „verkauft". Hierfür muß insbesondere auch der Außendienst entsprechend vorbereitet werden. Darüber hinaus muß geprüft werden, welche Anreize den Verlegern gegeben werden können. Generelle „Aufhänger" für die Rechtfertigung bzw. Erläuterung der einzugehenden Kooperation muß sein: Bewahrung der Eigenständigkeit der Brauerei Diebels in einem schwieriger werdenden Biermarkt. Dabei erscheint es notwendig, daß die Argumentation nicht zu Lasten des Altbieres bzw. seiner tendenziell stagnierenden Entwicklung geht, sondern daß die Argumentation vielmehr in der Weise aufgebaut wird, daß es für eine Brauerei von der Struktur wie Diebels notwendig ist, ein attraktives Pilsbierangebot zu führen und daß Diebels andererseits die Mittel fehlen, ein eigenes attraktives Pilsangebot zu schaffen, bzw. daß die angestrebte reine Altbier-Spezialisten-Konzeption einen solchen Schritt gar nicht erlaubt.

Entscheidend ist demnach einmal, daß entsprechend klar gemacht wird, daß die Kooperation die geeignete Lösung darstellt, den von den Absatzmittlern geschätzten Status einer Privatbrauerei Diebels zu erhalten. Zum anderen muß jedoch unbedingt vermieden werden, daß der Eindruck entsteht, Diebels glaube nicht mehr an die mittel- und langfristige Tragfähigkeit des Altbiermarktes. Neben diesen inhaltlichen Fragen des „Verkaufs" der Kooperation an die Absatzmittler kommt es vor allem auch auf die Rechtzeitigkeit an. Zielgruppe der vollen Information über das Kooperationskonzept sollten primär die Absatzmittler sein. Darüber hinaus sollte jedoch auch eine entsprechende Unterrichtung der Verbraucher bzw. der Öffentlichkeit insgesamt sichergestellt werden. Kommunikationstechnisch muß die Öffentlichkeit (Verbraucher und Verleger) zunächst über eine entsprechende PR-Nachricht informiert werden. Für diesen Zweck wäre eine gut vorbereitete, zwischen den Partnern genau abgestimmte Pressekonferenz sinnvoll, wenn auch nicht notwendig. Parallel dazu bzw. noch vorher sollten die Absatzmittler schriftlich ausführlich über das Kooperationskonzept unterrichtet und ihnen diese Lösung als auch für sie geeignetes, vorteilhaftes Konzept „verkauft" werden. Wichtige Kunden sollten möglichst vor dem offiziellen Bekanntwerden der Kooperation persönlich von Mitgliedern des Managements der Brauerei Diebels aufgesucht und ihnen das Konzept dargelegt und entsprechend interpretiert werden.

Weiterhin ist es unabdingbare Voraussetzung, daß sichergestellt ist, daß ein geschlossenes, von beiden Partnern voll akzeptiertes Marketing- und Vertriebskonzept Bestandteil des Vertragswerkes ist, das jedoch nur insoweit generelle Rahmenbedingungen enthält, daß Diebels auf jeden Fall die Freiheit für notwendige, gebietsbezogen differenzierte Maßnahmen etwa im Hinblick auf die Preis- und Konditionen-Politik besitzt. Im übrigen muß das Vertragswerk sicherstellen, daß auch die Kooperationsbrauerei ihrerseits ausreichende Aktivitäten im Hinblick auf den Vertrieb von Diebels Alt entwickelt, um auf diese Weise das Diebels Altbier-Spezialisten-Konzept zu unterstützen.

3.5.3 Detailplanung Diversifikationskonzept

Im Rahmen der Grundsatzstrategie ist bereits näher begründet worden, daß das vorgeschlagene Altbier-Spezialisten-Konzept einerseits, wie auch das geplante Kooperationskonzept im Hinblick auf das Pilsbiergeschäft andererseits, unter Risikogesichtspunkten in erster Linie als mittelfristige Gewinn- und Existenzsicherung für die Brauerei Diebels anzusehen ist. Aus diesem Grunde wurde zusätzlich zur langfristigen Absicherung des Unternehmens eine Diversifikation in den Gastronomiebereich vorgeschlagen.

Eine Diversifikation in den Gastronomiebereich bietet sich für die Brauerei Diebels aus zweierlei Gründen an, nämlich aufgrund der Wachstumschancen in diesem Markt auf der einen Seite und dem grundsätzlichen „Know-how", das Diebels auf diesem Sektor bereits besitzt, auf der anderen Seite. Aufgrund der Einkommenssteigerung der privaten Haushalte (Ansteigen des frei verfügbaren Einkommens) kann Prognosen nach davon ausgegangen werden, daß die Wachstumskraft des Gastronomiebereiches in etwa doppelt so stark sein wird wie die des Nahrungs- und Genußmitteleinzelhandels.

Ziel des Diversifikationsprojektes Gastronomie ist zunächst einmal definitionsgemäß der bewußte Risikoausgleich, d.h. mit anderen Worten ein Engagement im Gastronomiebereich ohne Verknüpfung dieses neuen Unternehmensbereiches mit dem bisherigen Gegenstand der Brauerei Diebels bzw. ihres Biergeschäfts. In dieser Hinsicht würde es also Ziel sein, durch den Aufbau einer Gastronomie- und/oder Hotelkette einen eigenständigen Gewinnträger aufzubauen, der vor allem langfristig mögliche Ertragseinbußen im Biergeschäft der Brauerei Diebels egalisiert bzw. überkompensiert. Auf diese Weise würde ein eigenes Profitcenter im Unternehmen Diebels installiert, das völlig selbständig betrieben werden sollte.

Auf der anderen Seite könnte das grundsätzliche Engagement im Gastronomiebereich bzw. eine gesonderte Aktivität im Sinne einer zusätzlichen Gastronomiekette zu einer Aktualisierung des Diebels Altbierkonsums benutzt und damit insgesamt für eine Stützung des Diebels Altbier-Spezialisten-Konzepts eingesetzt werden. Während das „echte" Diversifikationsprojekt unabhängig vom Biergeschäft der Brauerei Diebels als selbständiges Profitcenter operieren sollte und muß, wird das hier angeführte „unechte" Diversifikationsprojekt unmittelbar von den Altbierinteressen der Brauerei Diebels gesteuert und zur systematischen Absatzgebieteaufbereitung genutzt.

Aus diesen Darlegungen geht hervor, daß sowohl für die „echte" als auch für die „unechte" Diversifikation durchaus Marktchancen bestehen. Die jeweilige Konkretisierung der beiden Diversifikationsprojekte bedarf jedoch andererseits intensiver Vorarbeiten, sowohl was den zu bestimmenden Grundtyp als auch das zu besetzende Gebiet angeht. Mit diesen Vorarbeiten muß unmittelbar begonnen werden.

3.6 Abschließende Bemerkungen

Gegenstand der hier vorgelegten Marketing- und Unternehmenskonzeption war es, eine Strategie zur mittel- und langfristigen Gewinn- und Existenzsicherung der Brauerei Diebels zu entwickeln.

Diese Strategie baut auf drei grundlegenden Säulen auf:

- Altbier-Spezialisten-Konzept
- Kooperations-Konzept für das Pilsbier-Geschäft
- Diversifikations-Konzept

Die Aufgabe besteht nun darin, diese als optimal erkannte Marketing- und Unternehmenspolitik entsprechend zu realisieren.

In bezug auf die Altbier-Spezialisten-Konzeption gilt es vor allem, die produktpolitischen Konsequenzen zu ziehen und eine geeignete Werbeagentur für die Umsetzung der erarbeiteten kommunikationspolitischen Strategie zu bestimmen.

Hinsichtlich des Kooperations-Konzeptes müssen die Verhandlungen möglichst umgehend und unter besonderer Berücksichtigung der in den Vertrag aufzunehmenden Regelungen abgeschlossen und die vorgeschlagenen Maßnahmen für den „Verkauf“ dieser Strategie insbesondere im Hinblick auf die Verleger vorbereitet werden.

Bezüglich des Diversifikationsprojekts gilt es zunächst, die notwendigen Grundlagen-Untersuchungen zu veranlassen, um dieses Projekt weiter konkretisieren zu können.

Abkürzungsverzeichnis

asw Absatzwirtschaft
JM Journal of Marketing
JMR Journal of Marketing Research
LZ Lebensmittelzeitung
MJ Marketing Journal
MS Management Science
OR Operations Research
ZfB Zeitschrift für Betriebswirtschaft
ZfbF Zeitschrift für betriebswirtschaftliche Forschung
HBR Harvard Business Review

Verzeichnis der Abbildungen

Verzeichnis der Tabellen

Verzeichnis der Übersichten

Anmerkungen und Quellenhinweise zum 1. Teil

[1] Vgl. Haedrich, G.: Werbung als Marketinginstrument. In: Marketing Management. Bd. 1. Berlin–New York 1976, S. 31.
[2] Siehe Berger, R.: Werbung als Marketinginstrument. In: Management-Enzyklopädie. Bd. 6. München 1971, S. 496.
[3] Bidlingmaier, J.: Marketing. Bd. 1. Reinbek 1973, S. 136f.
[4] Lazo, H. and A. Corbin: Management in Marketing. Kap. 5: Product-Planning – The Heart of Modern Marketing. New York usw. 1961, S. 191ff.
[5] Bidlingmaier, J.: Marketing. Bd. 2. Reinbek 1973, S. 229.

[6] Nieschlag, R., E. Dichtl und H. Hörschgen: Marketing. 8. Aufl. Berlin 1975, S. 179ff.
[7] Vgl. Nieschlag, R., E. Dichtl und H. Hörschgen: Marketing, a. a. O., S. 226ff.
[8] Nieschlag, R., E. Dichtl und H. Hörschgen: Marketing, a. a. O., S. 182.
[9] Die Begriffe Grund- und Zusatznutzen gehen bekanntlich auf Vershofen zurück. Vgl. Vershofen, W.: Handbuch der Verbrauchsforschung. Bd. 1. Berlin 1940, S. 69ff.
[10] Vgl. Abschnitte 3.2 und 3.3.
[11] Vgl. Abschnitt 3.2.4.
[12] Siehe auch die Darstellung bei Haedrich, G.: Marktforschung und Werbeplanung. In: Absatzpolitik und Distribution. Hrsg. Bidlingmaier, J., H. Jacobi und E. W. Uherek. Wiesbaden 1967, S. 117f.
[13] Spiegel, B.: Die Struktur der Meinungsverteilung im sozialen Feld. Bern und Stuttgart 1961, S. 29.
[14] Siehe auch Berger, R.: Marketingpolitik am Biermarkt. Referat, gehalten auf dem Arbeitsseminar „Praktisches Marketing in der Brauwirtschaft in den 70er Jahren". Unveröffentlichtes Manuskript. München 1971.
[15] Im Hinblick auf die „Range-Markentechnik" vgl. auch Buttler, A.: Mit Markentechnik Sortimente erweitern. In: MJ 4 (1978) S. 310ff.
[16] Vgl. Abschnitt 1.2.4. Der Begriff „Programm" wird häufig auf die Herstellerebene bezogen, während „Sortiment" handelsbezogene Aktivitäten meint.
[17] Vgl. hierzu auch Dr. Gabler's Wirtschaftslexikon. Spalte 368, Stichwort „Ausstattung". 4. Aufl. Wiesbaden 1960.
[18] Vgl. hierzu auch Berger, R.: Marketingpolitik am Biermarkt, a. a. O.
[19] Zur Abgrenzung dieser Kommunikations-Instrumente vgl. Haedrich, G.: Werbung als Marketinginstrument, a. a. O., S. 33ff.
[20] Vgl. Berger, R.: Marketingpolitik am Biermarkt, a. a. O.
[21] Vgl. Grosche, K.: Das Produktionsprogramm, seine Änderungen und Ergänzungen. Berlin 1967, S. 63f.
[22] Grosche, K.: Das Produktionsprogramm . . . , a. a. O., S. 64.
[23] Vgl. im einzelnen die Abschnitte 3.2 und 3.3.
[24] Vgl. hierzu auch die ausführliche Darstellung des NCR-Konzepts bei Haedrich, G.: Werbung als Marketinginstrument, a. a. O., S. 113ff.
[25] Vgl. Abschnitt 3.2.4.
[26] Vgl. Abschnitt 2.2.
[27] Vgl. hierzu Abschnitt 2.2.
[28] Vgl. Ruppe, H. und E. Bochtler: Nielsen-Modell PAKOM, ein neuer Weg zum optimalen Preis für Verbrauchsgüter. In: Operationale Entscheidungshilfen für die Marketingplanung. In: Marketing Management. Bd. 3. Hrsg.: G. Haedrich. Berlin–New York 1977, S. 93ff.
[29] Vgl. Kaas, K.: Eine Preis-Absatzfunktion zur optimalen Preis- und Qualitätspolitik bei heterogenen Gütern. In: ZfbF 25 (1973) S. 604ff.; Kaas, K.: Empirische Absatzfunktionen bei Konsumgütern. Berlin usw. 1977.
[30] Zur Entwicklung von Nachfrage-Reaktionsfunktionen vgl. im einzelnen auch Alpert, M. I.: Pricing Decisions. Glenview and London 1971, S. 75ff.
[31] Siehe u. a. auch Haedrich, G.: Preisfestsetzung mit Hilfe von Competitive Bidding-Modellen. In: Operationale Entscheidungshilfen für die Marketingplanung, a. a. O., S. 119ff., und die dort angeführte Literatur; ferner Kuß, A.: Competitive Bidding-Modelle. In: ZfbF-Kontaktstudium 4 (1977) S. 63ff.

[32] Vgl. Huppert, E.: Nielsen – Kontrollierter Markttest – ein Instrument der experimentellen Marktforschung. In: Nielsen-Beobachter 2 (1972) S. 11 ff.

[33] Hinsichtlich einzelner Informationsbereiche s. auch Bidlingmaier, J.: Marketing. Bd. 1, a. a. O., S. 34 ff.

[34] Vgl. dazu die einschlägige Literatur, u. a. Behrens, K.-Chr.: Demoskopische Marktforschung. 2. Aufl., Wiesbaden 1966; Opitz, L.: Prognosen in der Marktforschung. Wiesbaden 1969; Lewandowski, R.: Prognose- und Informationssysteme. Berlin–New York 1974; Haedrich, G.: Prognosen als Entscheidungsinstrumente in der Marketingplanung. In: Jahrbuch der Absatz- und Verbrauchsforschung, Heft 1 (1976) S. 1 ff.; Thies, G.: Voraussetzungen und Probleme bei der Prognoseerstellung im Marketing, ebenda, S. 7 ff.; Kuß, A.: Neuere Ansätze für Prognosen im Marketing, ebenda, S. 13 ff.; Naeve, P.: Verfahren zur Absatzvorausschätzung. In: Operationale Entscheidungshilfen für die Marketingplanung, a. a. O., S. 53 ff.

[35] Siehe auch Winters, P. R.: Forecasting Sales by Exponentially Weighted Moving Averages. In: MS Vol. 6 (1960) S. 324 ff.

[36] Vgl. hierzu u. a. Linstone, H. A., and M. Turoff (Hrsg.): The Delphi Method, Technique and Application. London usw. 1975; ein Beispiel für die Anwendung dieser Technik befindet sich in Abschnitt 2.2.2.3 dieses Buches.

[37] Vgl. hierzu die ausführliche Darstellung der Portfolio-Planungsmethode in Teil II.

[38] Vgl. u. a. Haedrich, G.: Werbung als Marketinginstrument, a. a. O., S. 63 ff.

[39] Vgl. u. a. Bidlingmaier, J.: Marketing, Bd. 2, a. a. O., S. 235 ff.

[40] Bidlingmaier, J.: Marketing, Bd. 2, a. a. O., S. 236 f.

[41] Siehe Abschnitt 1.2.

[42] Vgl. hierzu die Systematisierung der Absatzziele bei Meyer, P. W.: Die Absatzziele der Unternehmung. In: Der Betrieb in der Unternehmung. Festschrift für W. Rieger. Hrsg.: J. Fettel und H. Linhardt. Stuttgart 1963, S. 280 ff.

[43] Vgl. Tietz, B.: Die Herausforderung des ökologischen Marketing. Heft 1 der Schriftenreihe Werbeforum. Hrsg.: BDW. Bonn 1978, S. 38 ff.

[44] Ein ähnliches Schema findet sich bei Berger, R.: Werbung als Marketinginstrument, a. a. O., S. 502.

[45] Vgl. Abschnitt 2.2.2.

[46] Vgl. hierzu auch Salcher, E.: Psychologische Marktforschung. In: Marketing Management. Bd. 4. Hrsg.: G. Haedrich. Berlin–New York 1978, insbesondere S. 201 ff.; Behrens, K.-Chr.: Demoskopische Marktforschung, a. a. O.

[47] Siehe hierzu auch Haedrich, G. (Hrsg.): Operationale Entscheidungshilfen für die Marketingplanung, a. a. O., insbes. S. 69 ff.

[48] Vgl. Abschnitt 1.2.

[49] Vgl. Abschnitt 3.1.

[50] Vgl. hierzu auch Behrens, K.-Chr.: Demoskopische Marktforschung, a. a. O., S. 24 ff.

[51] Zu derartigen Techniken siehe z. B. Linneweh, K.: Kreatives Denken. Insbes. Kap. 4: Innovationstechniken. Karlsruhe 1973, S. 57 ff.; Tumm, G. (Hrsg.): Die neuen Methoden der Entscheidungsfindung. Insbes. 2. Teil: Methoden zur Informationsgewinnung. München 1972, S. 93 ff.; Schlicksupp, A.: Kreative Ideenfindung in der Unternehmung – Methoden und Modelle. Berlin–New York 1977; Kotler, Ph.: Marketing-Management. Stuttgart 1974, S. 464 ff.

[52] Siehe auch Behrens, K.-Chr.: Demoskopische Marktforschung, a. a. O., S. 17 f.

[53] Behrens, K.-Chr.: Demoskopische Marktforschung, a. a. O., S. 35 ff.

[54] Vgl. hierzu Osborn, A. F.: Applied Imagination, Principles and Procedures of Creative Thinking. New York 1963.
[55] Im einzelnen siehe auch Schlicksupp, H.: Kreative Ideenfindung in der Unternehmung, a. a. O., S. 215ff.
[56] Vgl. Zwicky, F.: Morphologisches Denken und Vorgehen. In: Die neuen Methoden der Entscheidungsfindung, a. a. O., S. 130ff.
[57] Vgl. auch Haedrich, G.: Einsatzmöglichkeiten der Morphologischen Methode bei der Planung angebotspolitischer Maßnahmen. In: Jahrbuch der Absatz- und Verbrauchsforschung. Heft 2 (1977) S. 131ff.
[58] Zum Decision Calculus-Ansatz vgl. Little, John D. C.: Models and Managers: The Concept of a Decision Calculus. In: MS Vol. 16, No. 8 (1970) S. B 466ff.; eine Übersetzung dieses wichtigen Beitrages findet sich bei Haedrich, G. (Hrsg.): Operationale Entscheidungshilfen für die Marketingplanung, a. a. O., S. 201ff.
[59] Zum Programmieren in der Programmsprache APL vgl. u. a. Gilman, L., und A. J. Rose: APL, Anwendung auf IBM-Systemen. München–Wien–Frankfurt 1973.
[60] Bidlingmaier, J.: Marketing. Bd. 2, a. a. O., S. 242ff.
[61] Kotler, Ph.: Marketing-Management, a. a. O., S. 470ff.
[62] Bidlingmaier, J.: Marketing. Bd. 2, a. a. O., S. 244.
[63] Vgl. auch Dreyer, A.: Scoring-Modelle bei Mehrfachzielsetzungen – eine Analyse des Entwicklungsstandes von Scoring-Modellen. In: ZfB 4 (1974) S. 255ff.
[64] Vgl. Kreilkamp, E.: Entwicklung eines praxisorientierten Scoring-Modells nach dem Decision Calculus-Ansatz zur Bewertung von Neuproduktideen. Arbeitspapier Nr. 3 des Instituts für Markt- und Verbrauchsforschung der Freien Universität Berlin. Berlin 1976, S. 97; ders.: Praxisorientierte Entwicklung eines Scoring-Modells. In: Operationale Entscheidungshilfen für die Marketingplanung, a. a. O., S. 79ff.
[65] Ders.: Entwicklung . . . , a. a. O., S. 109; Ders.: Praxisorientierte Entwicklung . . . , a. a. O., S. 86.
[66] Vgl. Dean, B. V., and M. J. Nishry: Scoring and Profitability Models for Evaluating and Selecting Engineering Projects. In: OR Vol. 13 (1965) S. 555; ferner Kreilkamp, E.: Entwicklung . . . , a. a. O., S. 107.
[67] Vgl. Kreilkamp, E.: Entwicklung . . . , a. a. O., S. 104ff.
[68] Ders.: Entwicklung . . . , a. a. O., S. 109; Ders.: Praxisorientierte Entwicklung . . . , a. a. O., S. 86.
[69] Ders.: Praxisorientierte Entwicklung . . . , a. a. O., S. 87ff.; zum Decision Calculus-Ansatz vgl. Little, John D. C.: Models and Managers . . . , a. a. O.
[70] Vgl. u. a. Gilman, L., und A. J. Rose: APL, Anwendung . . . , a. a. O.
[71] Vgl. Kreilkamp, E.: Praxisorientierte Entwicklung . . . , a. a. O., S. 86f.
[72] Brockhoff, K.: The Performance of Forecasting Groups in Computer Dialogue and Face-to-Face Discussion. In: Linstone, H. A., and M. Turoff (Hrsg.): The Delphi Method, a. a. O., S. 312f. und S. 320.
[73] Best, R. J.: An Experiment in Delphi Estimation in Marketing Decision Making. In: JMR Vol. XI (1974) S. 448ff.
[74] Kleinert, H., und Ch. Blom: Scoring-Modelle – Entscheidung nach Punkten. 2. Teil. In: asw 1 (1977) S. 57.
[75] Vgl. Abschnitt 2.2.1.
[76] Siehe auch Haedrich, G., A. Kuß und G. Thies: Projektkontrolle mit Netzplantechnik. In: asw 10 (1974) S. 118.

[77] Als Literatur über Netzplanung ist u. a. zu empfehlen: Thumb, N.: Grundlagen und Praxis der Netzplantechnik. München 1968; Zimmermann, H.-J.: Netzplantechnik. Berlin 1971; Haedrich, G.: Einführung neuer Produkte mit Netzplantechnik. In: Modernes Marketing – Moderner Handel. Hrsg.: J. Bidlingmaier. Wiesbaden 1972, S. 347ff.

[78] Vgl. u.a. Behrens, K.-Chr.: Demoskopische Marktforschung, a. a. O., S. 143ff.; Rehorn, J.: Markttests. Neuwied 1977; Haedrich, G.: Werbung als Marketinginstrument, a. a. O., S. 94ff. und S. 161ff.

[79] Vgl. Huppert, E.: Nielsen – Kontrollierter Markttest – ein Instrument der experimentellen Marktforschung, a. a. O., S. 11ff.

[80] Vgl. auch Bidlingmaier, J.: Marketing. Bd. 2, a. a. O., S. 249.

[81] Vgl. auch Riebel, P.: Einzelkosten- und Deckungsbeitragsrechnung. Opladen 1972, S. 61ff.

[82] Vgl. hierzu auch Jaedicke, R., und R. T. Sprouse: Cash-flow als Steuerungsinstrument. München 1975.

[83] Vgl. Karger, D. W., and R. G. Murdick: New Product Venture Management. New York usw. 1972, S. 171.

[84] Vgl. LZ 32 (1976) S. 26.

[85] Vgl. Nielsen-Beobachter. Sonderausgabe Testmarketing. Heft 1 (1973) S. 17f.

[86] Green, P. E., R. E. Frank and P. J. Robinson: Cluster Analysis in Test Market Selection. In: MS Vol. 13 (1966/67) S. B 387ff.

[87] Vgl. Nielsen-Beobachter. Sonderausgabe Testmarketing, a. a. O., S. 5. In die Untersuchung wurden 80 Produkte einbezogen.

[88] Vgl. Rehorn, J.: Labortestmarkt und Minitestmarkt – Alternativen zum Prüfen von Marktchancen. In: asw 9 (1977) S. 51ff.

[89] Zum Begriff und zur Durchführung von Handels-Panels vgl. u. a. Stern, H.: Der Testmarkt und sein Meßinstrument Handelsforschung. Sonderdruck der A. C. Nielsen Company, o. J.; über Haushalts-Panels siehe u. a. Behrens, K.-Chr.: Demoskopische Marktforschung, a. a. O., S. 40ff.

[90] Vgl. Köhler, R. und A. Stölzel: Der General – Lösungshinweise für die Fallstudie zur Entwicklung, Einführung und Erfolgskontrolle eines neuen Produktes. Aachen 1976, S. 39.

[91] Siehe hierzu Kuß, A.: Sicherer planen mit der Risiko-Analyse. In: MJ 1 (1978) S. 33ff.

[92] Einzelheiten siehe bei Müller-Merbach, H.: Risiko-Analyse. In: Die neuen Methoden der Entscheidungsfindung, a. a. O., S. 234ff.

[93] Vgl. Abschnitte 1.2.8 und 3.2.

[94] Vgl. Abschnitte 1.2.8 und 3.3.

[95] Vgl. Kap. 2.

[96] Vgl. Meffert, H.: Die Einführung des Kundenmanagements als Problem des geplanten organisatorischen Wandels. In: Humane Personal- und Organisationsentwicklung. Berlin 1979, S. 306.

[97] Vgl. hierzu auch Linnert, P.: Produkt-Manager, Aufgaben und Stellung im Betrieb. Gernsbach 1974, S. 63ff.

[98] Vgl. im einzelnen Abschnitt 3.2.

[99] Vgl. hierzu auch Wild, J.: Product Management. München 1972, S. 52ff.

[100] Vgl. Diller, H.: Produkt-Management und Marketing Informationssysteme. Berlin 1974.

[101] Zum Thema „Führen durch Zielvereinbarung und Kontrolle" vgl. ausführlich bei Raia, A. P.: Managing by Objectives. Glenview-Brighton 1974, sowie die einschlägige Organisations- und Führungsliteratur.
[102] Wille, F.: Management mit Profit-Centers. 2. Aufl. München 1973, S. 13.
[103] Vgl. Köhler, R.: Profit-Center. In: Marketing. Hrsg.: L. G. Poth. Neuwied 1978, Sp. 4.2.4., S. 3.
[104] Auf die Probleme einzelner Bezugsgrößen in der Deckungsbeitragsrechnung kann an dieser Stelle nicht eingegangen werden. Vgl. in diesem Zusammenhang u. a. Riebel, P.: Einzelkosten- und Deckungsbeitragsrechnung, a. a. O., S. 36ff.
[105] Vgl. auch Welge, M. K.: Profit-Center-Organisation. Wiesbaden 1975, S. 84ff.
[106] Welge, M. K.: Profit-Center-Organisation, a. a. O., S. 88.
[107] Vgl. hierzu auch Welge, M. K.: Profit-Center-Organisation, a. a. O., S. 44ff.
[108] Schumpeter, J.: Theorie der wirtschaftlichen Entwicklung. 5. Aufl. Berlin 1952, S. 100f.
[109] Kieser, A.: Innovationen. In: Handwörterbuch der Organisation. Hrsg.: E. Grochla. Stuttgart 1973, Sp. 742.
[110] Kieser, A.: Innovationen, a. a. O., Sp. 743.
[111] Kieser, A.: Management der Produktinnovation: Strategie, Planung und Organisation. In: management international review Vol. 14 No. 1 (1974) S. 3f.
[112] Anders beispielsweise auch als Staub, der darauf hinweist, daß die Innovation neu sein muß „ . . . für die Organisation und/oder für die relevante Umgebung (beispielsweise neu auf dem Markt)". Staub, A.: Die Unternehmenskooperation für Produktinnovationen. Bern und Stuttgart 1976, S. 5.
[113] Vgl. im einzelnen die Ausführungen über die Angebots-Strategie, Abschnitte 3.2 und 3.3.
[114] Martino, R. L.: Project Management and Control. Vol. I, New York 1964/65, S. 17; zitiert nach Schröder, H. J.: Project-Management. Wiesbaden 1973, S. 15f.
[115] Vgl. auch Schröder, H. J.: Project-Management, a. a. O., S. 75ff.
[116] Vgl. die Ausführungen in Abschnitt 3.1.1.3; ferner Karger, D. W., and R. G. Murdick: New Product Venture Management, a. a. O., S. 55f.
[117] In der amerikanischen Literatur wird manchmal die Bezeichnung „Product Champion" für eine solche Persönlichkeit verwendet. Vgl. Chakrabarti, A. K.: The Role of Champion in Product Innovation. In: California Management Review Vol. XVII No. 2 (1974) S. 58ff.
[118] Bekannt geworden sind derartige Versuche in Deutschland von Werbeagenturen, für Neuentwicklungen Arbeitsgruppen herauszulösen und an einem für die „kreative" Arbeit vermeintlich günstigen Ort zu etablieren; nicht immer waren diese Unternehmungen erfolgreich.
[119] Zu den organisatorischen und führungsmäßigen Voraussetzungen des Venture-Management vgl. auch Hill, M., and J. D. Hlavacek: The Venture Team: A New Concept in Marketing Organization. In: JM 36 (1972) S. 44ff.
[120] Kieser, A.: Management der Produktinnovation . . . , a. a. O., S. 4.
[121] Vgl. auch den erwähnten Aufsatz von Kieser, A.: Management der Produktinnovation . . . , a. a. O., S. 12ff., sowie Karger, D. W., and R. G. Murdick: New Product Venture Management, a. a. O., S. 57.
[122] Siehe auch Übersicht 1 in Abschnitt 1.2.8.
[123] The Nielsen Researcher No. 1 (1974) S. 7ff.

[124] Vgl. u. a. Berger-Stüssgen, S.: Ladenverschleiß (Store Erosion) – ein Beitrag zur Theorie des Lebenszyklus von Einzelhandelsgeschäften. In: selbstbedienung – dynamik im handel Nr. 3 (1977) S. 70ff.

[125] Vgl. hierzu und zu den folgenden Ausführungen u. a. Kotler, Ph.: Marketing-Management, a. a. O., S. 421ff.; Bidlingmaier, J.: Marketing. Bd. 2, a. a. O., S. 257ff.; Meffert, H.: Interpretation und Aussagewert des Produkt-Lebenszyklus-Konzeptes. Arbeitspapier Nr. 5 des Instituts für Marketing der Universität Münster. Münster 1974, sowie die bei den genannten Autoren zitierte Literatur.

[126] Entnommen aus Meffert, H.: Interpretation . . . , a. a. O., Abb. 2 im Anhang.

[127] Vgl. Wind, Y., and H. J. Claycamp: Planning Product Line Strategy: A Matrix Approach. In: JM Vol. 40 (1976) S. 3; als praxisnahe Anhaltspunkte zur Definition einzelner Phasen des Lebenszyklus von Produkten werden neuerdings folgende Relationen angesehen (vgl. Stoff, W.-D.: Moderne Analyse: Den Konkurrenz-Code knacken. In: asw Sonderausgabe 10 (1978) S. 112): Im *Wachstumsstadium* beträgt die Wachstumsrate ca. das $1^1/_2$-fache der realen Wachstumsrate der industriellen Produktion; im *Reifestadium* liegt das Wachstum zwischen dem 0,75- bis 1,5-fachen der Wachstumsrate der industriellen Produktion; in der *Sättigungsphase* ist die Wachstumsrate dann kleiner als das 0,75-fache der industriellen Produktion.

[128] Vgl. hierzu u. a. Behrens, K.-Chr.: Demoskopische Marktforschung, a. a. O.; Salcher, E.: Psychologische Marktforschung, a. a. O.

[129] Vgl. Haller, P.: Spielregeln für erfolgreiche Produkte. Wiesbaden 1980, S. 25.

[130] Vgl. Rogers, E.: The Diffusion of Innovations. Glencoe Ill. 1962.

[131] Kaas, K.: Diffusion und Marketing. Stuttgart 1973, S. 2.

[132] Siehe dazu den Aufsatz von Grefe, R., und S. Müller: Interpersonelle Beeinflussung durch „opinion leader". In: Marketing-Soziologie. Hrsg.: K. G. Specht und G. Wiswede. Berlin 1976, S. 281ff.

[133] Vgl. Day, G. S.: Diagnosting the Product Portfolio. In: JM April 1977, S. 29ff.; ferner Krautter, J., und J. Link: Marktorientierte Sortimentsplanung. In: RKW-Handbuch Forschung, Entwicklung, Konstruktion (F+E). Berlin 1978, Sp. 4210, S. 8f.; vgl. hierzu auch die ausführliche Darstellung der Portfolio-Methode in Teil II.

[134] Häufig arbeitet man nicht mit absoluten, sondern mit *relativen* Marktanteilen (Marktanteil eines Produktes, bezogen auf den Marktanteil des bzw. der stärksten Mitbewerber im Markt). Vgl. hins. der Portfolio-Planungsmethode auch den 2. Teil dieses Buches.

[135] Entnommen aus Wind, Y., and H. J. Claycamp: Diagnosting . . . , a. a. O., S. 5.

[136] Vgl. Abschnitt 2.2.3.2.

[137] Vgl. Wind, Y., and H. J. Claycamp: Diagnosting . . . , a. a. O., S. 8.

[138] Vgl. Krautter, J., und J. Link: Marktorientierte Sortimentsplanung, a. a. O., S. 12f.

[139] Vgl. The Nielsen Researcher No. 1 (1973).

[140] Vgl. hierzu u. a. Scheuing, E. E.: Das Marketing neuer Produkte. Wiesbaden 1972, S. 221; Staudt, Th. A.: Higher Management Risk in Product Strategy. In: JM Vol. 37 (1973) S. 4ff.

[141] Vgl. hierzu auch Haedrich, G.: Werbung als Marketinginstrument, a. a. O., S. 68ff.

[142] Nielsen Researcher No. 1 (1974) S. 3f.

[143] Bidlingmaier, J.: Marketing. Bd. 2, a. a. O., S. 231.

[144] Vgl. Nielsen Researcher No. 1 (1974) S. 3.

[145] Entnommen aus Mason, R. S.: Product Maturity and Marketing Strategy. In: European Journal of Marketing. Vol. 10 No. 1 (1976) S. 41.

[146] Vgl. auch Alpert, M. I.: Pricing Decisions, a. a. O., S. 47f.

[147] Alexander nennt 6 Kriterien für Eliminationsentscheidungen: Umsätze, Preise, Gewinntrends, Substituierung durch andere Produkte, Wirksamkeit des Produkts im Markt und die Zeitbelastung der Unternehmensorgane. Vgl. Alexander, R. S.: The Death and Burial of „Sick" Products. In: JM Vol. 28 No. 2 (1964) S. 1ff.; siehe auch Baker, M. J., and R. McTavish: Product Policy and Management. London–Basingstoke 1976, S. 154.

[148] In diesem Zusammenhang sind die Gesichtspunkte einer ausgewogenen Programmplanung zu berücksichtigen, die in Abschnitt 1.2.4 im einzelnen behandelt worden sind.

[149] Siehe auch Baker, M. J., and R. McTavish: Product Policy . . . , a. a. O., S. 154.

[150] Entnommen aus Hinkel, M.: Schmarotzer im Produktprogramm. In: asw 1 (1976) S. 42.

[151] Vgl. hierzu auch Voitl, F.: Kosten senken durch Wertanalyse. In: MJ 4 (1975) S. 288ff.

[152] Vgl. Kap. 2.

[153] Kiwitz, H.: Produktplanung. München–Wien 1974, S. 128.

[154] Vgl. auch die Ausführungen zu den Diversifikationsmotiven bei Freudenmann, H.: Planung neuer Produkte. Stuttgart 1965, S. 15ff.

[155] Vgl. Thies, G.: Vertikales Marketing–Marktstrategische Partnerschaft zwischen Industrie und Handel. In: Marketing Management. Bd. 2. Hrsg.: G. Haedrich. Berlin–New York 1976.

Anmerkungen und Quellenhinweise zum 2. Teil

[1] Vgl. The Boston Consulting Group Limited (Hrsg.): The Product Portfolio. Perspective No. 66, Boston 1970; Mc Kinsey & Co. (Hrsg.): Approaches to Planning. Verfielfältigtes Manuskript eines Vortrages in der Harvard Business School, Jan. 1977; Wright, R. V. L.: A System for Managing Diversity. Arthur D. Little Inc., Cambridge Mass. 1974; einen umfassenden Überblick gibt: Wittek, Burkhard F.: Strategische Unternehmensführung bei Diversifikation. Berlin–New York 1980, S. 137ff.

[2] Vgl. Hinterhuber, Hans H.: Strategische Unternehmensführung. 2. Aufl. Berlin–New York 1980, S. 71.

[3] Vgl. Albach, Horst: Stategische Unternehmensplanung bei erhöhter Unsicherheit. In: ZfB. 48. Jahrg. (1978) S. 705.

[4] Vgl. Abell, Derek F., and John S. Hammond: Strategic Market Planning. Englewood Cliffs 1979, S. 173.

[5] Vgl. Wittek, Burkhard F.: Strategische Unternehmensführung bei Diversifikation, a.a.O., S. 135.

[6] Vgl. Szyperski, Norbert und Udo Winand: Strategisches Portfolio-Management: Konzept und Instrumentarium. In: ZfbF-Kontaktstudium. Jahrg. 30 (1978) S. 123.

[7] Vgl. Dunst, Klaus H.: Portfolio-Management. Berlin–New York 1979, S. 38.

[8] Vgl. Kotler, Philip: Principles of Marketing. Englewood Cliffs, N. J. 1980, S. 294.

[9] Vgl. Wittek, Burkhard F.: Strategische Unternehmensführung bei Diversifikation, a.a.O., S. 108f. und die dort angegebene Literatur.

[10] Die Begriffe Geschäftsfeld, Geschäftseinheit und Geschäftsbereich werden synonym verwendet.

[11] Hinterhuber, Hans H.: Strategische Unternehmensführung, a. a. O., S. 220.

[12] Abbildung entnommen aus Hinterhuber, Hans H.: Strategische Unternehmensführung, a.a.O., S. 220.
[13] Vgl. Wittek, Burkhard F.: Strategische Unternehmensführung bei Diversifikation, a.a. O., S. 114.
[14] Vgl. Abschnitt 1.2.4.
[15] Vgl. Neubauer, F. F.: Wer wird durch die Rezession besonders hart getroffen? In: Blick durch die Wirtschaft vom 17. 4. 1980, Nr. 90, S. 3.
[16] Abbildungen entnommen aus Dunst, Klaus H.: Portfolio-Management, a.a.O., S. 81f.; der relative Marktanteil, der den Untersuchungen des PIMS-Programms zugrundeliegt, wird definiert als Quotient aus dem Geschäftsfeldmarktanteil und der Summe der Marktanteile der drei größten Anbieter. Der relative Marktanteil, der in der Portfolio-Matrix der Boston Consulting Group verwendet wird (vgl. Abschnitt 1.3.2), wird definiert als der Quotient aus dem Marktanteil der untersuchten Geschäftseinheit und dem Marktanteil des größten Wettbewerbers.
[17] Abbildung entnommen aus Dunst, Klaus H.: Portfolio-Management, a.a.O., S. 84.
[18] Vgl. Wittek, Burkhard F.: Strategische Unternehmensführung bei Diversifikation, a.a.O., S. 165.
[19] Weitere Ergebnisse aus dem PIMS-Programm siehe Abell, Derek F., and John S. Hammond: Strategic Market Planning, a.a.O., S. 271ff.; Schoeffler, Sidney u.a.: Impact of Strategic Planning on Profit Performance. In: HBR, 3/4 (1974) S. 137ff.; Wittek, Burkhard F.: Strategische Unternehmensführung bei Diversifikation, a.a.O., S. 160ff.; Dunst, Klaus H.: Portfolio-Management, a.a.O., S. 79ff.
[20] Unter Cash-flow versteht man den Einnahmenrest einer Periode, der nicht durch Ausgaben dieses Zeitraumes kompensiert wird. Der Cash-flow spiegelt daher die Finanzierungskraft bzw. die Mittelfreisetzung einer Unternehmung wider.
[21] Abbildung entnommen aus Abell, Derek F., and John S. Hammond: Strategic Market Planning, a.a.O., S. 283.
[22] Zum Produktlebenszyklus-Konzept vgl. die Ausführungen in Abschnitt 3.2.1 im ersten Teil dieses Buches und die dort angegebene Literatur.
[23] Vgl. Abschnitt 1.2.2.
[24] Vgl. Wittek, Burkhard F.: Strategische Unternehmensführung bei Diversifikation, a.a. O., S. 118f.
[25] Vgl. Henderson, Bruce D.: Die Erfahrungskurve in der Unternehmensstrategie. Frankfurt–New York 1974, S. 13ff.
[26] Ders.: Die Erfahrungskurve . . . , a.a.O., S. 19.
[27] Abbildungen entnommen aus Henderson, Bruce D.: Die Erfahrungskurve . . . , a.a. O., S. 21.
[28] Wittek, Burkhard F.: Strategische Unternehmensführung bei Diversifikation, a.a.O., S. 100.
[29] Abbildung entnommen aus Wittek, Burkhard F.: Strategische Unternehmensführung bei Diversifikation, a.a.O., S. 101.
[30] Vgl. Hinterhuber, Hans H.: Strategische Unternehmensführung, a.a.O., S. 41.
[31] Vgl. auch Abschnitt 2.1.1 im ersten Teil dieses Buches.
[32] Zur Bedeutung der logarithmischen Skala vgl. Dunst, Klaus H.: Portfolio-Management, a.a.O., S. 98.
[33] Zu den Typen strategischer Positionen vgl. Wittek, Burkhard F.: Strategische Unternehmensführung bei Diversifikation, a.a.O., S. 139f.; Abell, Derek F., and John S.

Hammond: Strategic Market Planning, a.a.O., S. 177f.; Lohstöter, Heinrich: Planung des einzelwirtschaftlichen Wachstums unter Beachtung der Unternehmenssicherung. Frankfurt am Main/Thun 1978, S. 131ff.

[34] Vgl. Mann, Rudolf: Praxis strategisches Controlling mit Checklists und Arbeitsformularen. München 1979, S. 92.

[35] Vgl. Day, George S.: Diagnosting the Produkt Portfolio. In: JM (1977) S. 29ff.

[36] Vgl. Mc Kinsey & Co. (Hrsg.): Approaches to Planning . . . , a.a.O.

[37] Vgl. Hinterhuber, Hans H.: Strategische Unternehmensführung, a.a.O., S. 73.

[38] Vgl. Hinterhuber, Hans H.: Strategische Unternehmensführung, a.a.O., S. 84ff.; Wittek, Burkhard F.: Strategische Unternehmensführung bei Diversifikation, a.a.O., S. 144ff.; Albach, Horst: Strategische Unternehmensplanung bei erhöhter Unsicherheit, a.a.O., S. 706ff.

[39] Vgl. Wright, R. V. L.: A System for Managing Diversity, a.a.O.

[40] Vgl. Wittek, Burkhard F.: Strategische Unternehmensführung bei Diversifikation, a.a.O., S. 151ff.; Albach, Horst: Strategische Unternehmensplanung . . . , a.a.O., S. 708f.; Abbildung entnommen aus Wittek, Burkhard F.: Strategische Unternehmensführung bei Diversifikation, a.a.O., S. 153.

[41] Vgl. Hinterhuber, Hans H.: Strategische Unternehmensführung, a.a.O., S. 107f.

[42] In der Literatur werden von den meisten Autoren unterschiedliche Begriffe zur Bezeichnung der Normstrategien gewählt, wobei jedoch die inhaltlichen Aussagen größtenteils übereinstimmen.

[43] Vgl. Wittek, Burkhard F.: Strategische Unternehmensführung bei Diversifikation, a.a.O., S. 140.

[44] Vgl. Hinterhuber, Hans H.: Strategische Unternehmensführung, a.a.O., S. 93.

[45] Vgl. Zahn, Erich: Strategische Planung zur Steuerung der langfristigen Unternehmensentwicklung. Berlin 1979, S. 257ff.

[46] Der Geldsaldo entspricht der Differenz zwischen Mittelfreisetzung und Mittelbindung. Da die Mittelbindung die Investitionskosten für bestehende laufende Projekte und Produktionsprogramme einschließt, dient ein positiver Geldsaldo der Finanzierung neuer Geschäftsmöglichkeiten, dem Abbau der Verbindlichkeiten, der Dividendenzahlung usw.

[47] Vgl. Kreilkamp, Edgar: Praxisorientierte Entwicklung eines Scoring-Modells. In: Operationale Entscheidungshilfen für die Marketingplanung. Marketing Management. Bd. 3. Hrsg.: G. Haedrich. Berlin–New York 1977, S. 72–92 und Abschnitt 2.2.2.3 im ersten Teil dieses Buches.

[48] Abbildung entnommen aus Day, George S.: Diagnosting the Product-Portfolio, a.a.O., S. 34.

Sachregister

Kolibri 360 GmbH
Ferdinand-Jühlke-Straße 7
99095 Erfurt, Deutschland
produktsicherheit@kolibri360.de